25 ANOS
autêntica

NEGRITUDES

Diálogos com o pensamento de Kabengele Munanga

Organizadores
Jadir Anunciação de Brito
Fabiana Lima
Fernanda Felisberto
Sergio Luiz Baptista da Silva

Coleção Cultura Negra e Identidades

autêntica

COORDENADORA DA COLEÇÃO
Nilma Lino Gomes

CONSELHO EDITORIAL
Marta Araújo (Universidade de Coimbra);
Petronilha Beatriz Gonçalves e Silva (UFSCar);
Renato Emerson dos Santos (UERJ);
Maria Nazareth Soares Fonseca (PUC Minas);
Kabengele Munanga (USP)

EDITORAS RESPONSÁVEIS
Rejane Dias
Cecília Martins

REVISÃO
Bruni Emanuele Fernandes

CAPA
Alberto Bittencourt
(foto da capa: Marcos Santos/USP Imagens)

DIAGRAMAÇÃO
Waldênia Alvarenga

Dados Internacionais de Catalogação na Publicação (CIP)
(Câmara Brasileira do Livro, SP, Brasil)

Negritudes : diálogos com o pensamento de Kabengele Munanga / organização Jadir Anunciação de Brito ...[et al.]. -- 1. ed. -- Belo Horizonte : Autêntica, 2022.

Outros organizadores : Fabiana Lima, Fernanda Felisberto, Sergio Luiz Baptista da Silva .

ISBN 978-65-5928-176-3

1. Antirracismo 2. Cultura afro-brasileira 3. Experiências - Relatos 4. Munanga, Kabengele 5. Negros - Identidade racial 6. Professores - Biografia 7. Relações étnico-raciais 8. Relatos pessoais I I. ito, Jadir. II. Lima, Fabiana. III. Felisberto, Fernanda. VI. Silva, Sergio Luiz Baptista da. V. Título. VII. Série.

22-109448 CDD-306.0899608107

Índices para catálogo sistemático:
1. Cultura afro-brasileira : Sociologia : Estudo e ensino 306.0899608107

Aline Graziele Benitez - Bibliotecária - CRB-1/3129

GRUPO **AUTÊNTICA**

Belo Horizonte
Rua Carlos Turner, 420
Silveira . 31140-520
Belo Horizonte . MG
Tel.: (55 31) 3465 4500

São Paulo
Av. Paulista, 2.073, Conjunto Nacional
Horsa I . Sala 309 . Cerqueira César .
01311-940 São Paulo . SP
Tel.: (55 11) 3034 4468

www.grupoautentica.com.br
SAC: atendimentoleitor@grupoautentica.com.br

7 Prefácio
Nilma Lino Gomes

13 "Ainda vamos trabalhar juntos!"
Petronilha Gonçalves e Silva

17 Apresentação
Jadir Anunciação de Brito, Fabiana Lima, Fernanda Felisberto e Sergio Luiz Baptista da Silva

PARTE 1 – NEGRITUDES: AMIZADES E AFETOS ANTIRRACISTAS

25 Capítulo 1: O tempo do professor Kabengele Munanga
Maria de Lourdes Siqueira

43 Capítulo 2: Meu irmão: um pensador africano
Olabiyi Yai

55 Capítulo 3: Caos organizado: a cor da pele na TV e na mídia brasileiras
Bukassa Kabengele

75 Capítulo 4: Reflexões de um discípulo
Fernando Conceição

PARTE 2 – NEGRITUDES: AÇÕES AFIRMATIVAS E EDUCAÇÃO ANTIRRACISTA

89 Capítulo 5: Na sala do meu pai: um pesquisador, curador, ativista, professor e orientador negro-africano
Alex Ratts

109 Capítulo 6: Kabengele Munanga e a luta pelas ações afirmativas no ensino superior: o caminho para a pós-permanência
Elisabete Aparecida Pinto, Sergio Luiz Baptista da Silva

129 Capítulo 7: Kabengele Munanga: racismo e antirracismo no Brasil
Petrônio Domingues

147 Capítulo 8: De Munanga a Lobato: um relato sobre (anti)racismo na escola de educação básica
Alessandra Pio

PARTE 3 – NEGRITUDES: PENSAMENTO E ARTE AFRICANA

167 Capítulo 9: Nosso racismo é um crime perfeito, sintetiza Kabengele Munanga
Juarez Tadeu de Paula Xavier

183 Capítulo 10: De Bakwa Kalonji à cidadania baiana: Kabengele Munanga
Luiz Marcio S. Farias

203 Capítulo 11: Nação como ficção: um espaço no imaginário para a ruptura com o mito da democracia racial brasileira
Fernanda R. Miranda

221 Capítulo 12: Encontros e narrativas: ações afirmativas em territórios de cultura africana
Luci Chrispim Pinho Micaela

243 Capítulo 13: Homenagem ao professor Dr. Kabengele Munanga na concessão do título de Doutor *Honoris Causa* pela UFRJ em 25 de maio de 2021
Jadir Anunciação de Brito

ANEXOS

265 Palestra proferida no 1º Seminário Nacional de Estudantes Universitários Negros, em 5 de setembro de 1993, Salvador (Bahia)
Kabengele Munanga

283 O papel da universidade na luta antirracista e na defesa das políticas de ações afirmativas
Texto da Aula Magna do professor Kabengele Munanga no Programa de Pós-Graduação em Políticas Públicas em Direitos Humanos da UFRJ (PPG-PPDH/UFRJ)

299 **Relicário de Imagens**

311 **Sobre os autores e as autoras**

Prefácio

Nilma Lino Gomes

Prefaciar este livro que homenageia o intelectual e professor Kabengele Munanga é uma tarefa que muito me honra, carregada de responsabilidade, reverência e admiração.

Primeiro, porque sei que inúmeras pessoas gostariam e poderiam realizar essa tarefa e se sentiriam honradas, pois Kabengele tem presença marcante na vida de um enorme grupo de pesquisadoras/es, militantes, educadoras/es negras/os e não negras/os, no Brasil e em outros países.

Em segundo lugar, porque todos os ensinamentos que ele nos tem legado, repletos da sabedoria de quem entende o sentido da luta política por equidade, do combate ao racismo estrutural, institucional e epistêmico, revela-nos que estamos diante de um sábio, alguém cujas palavras e atitudes são capazes de admoestar, denunciar, transformar e fortalecer - sempre de forma calma, generosa e segura.

É visível no seu modo de ser e de participar da vida política e acadêmica brasileira o quanto aprendeu a amar essa nossa sociedade tão complexa, alicerçada em processos de colonização, escravidão e relações de poder que geraram seculares hierarquias e desigualdades econômicas, raciais e de gênero. E, mesmo assim, ele escolheu aqui se radicar e contribuir para tornar o Brasil um país mais justo. Sorte a nossa por essa escolha.

E por amar este país, Kabengele reconhece suas virtudes e seus defeitos e explicita em seus artigos, livros, palestras e conferências as qualidades desta terra que o atraíram a aqui permanecer e criar a sua família. Coerente com a sinceridade intelectual do professor, esse amor é acompanhado de uma severa análise crítica da conjuntura e das relações raciais e sociais desiguais brasileiras. Por isso, nunca deixou de denunciar a forma como o racismo incrustrado em nossa estrutura social e imbricado nas desigualdades socioeconômicas humilha, inferioriza, desqualifica e violenta as vidas negras.

Esse misto de sinceridade, sensibilidade e assertividade, algo que parece ser incomum de alojar-se em uma mesma personalidade, faz dele uma pessoa ainda mais especial. Uma pessoa de luz e amada. Amada e querida. Querida e respeitada. São percepções e sentimentos unânimes entre as pessoas que o conhecem, que convivem com ele e que compartilham da sua experiência de vida e acadêmica.

Esse reconhecimento acadêmico, político e humano transborda nas narrativas desta coletânea. Nela, ex-orientandas/os, colegas de trabalho acadêmico e de militância, amigas e amigos de longa data e pesquisadoras/es das mais diversas áreas do conhecimento se reuniram para escrever artigos sobre experiências intelectuais e de vida marcadas pelo encontro com Kabengele Munanga. Por meio das reflexões sobre as principais narrativas, experiências, lutas por ações afirmativas e conceitos por ele construídos e adotados, as autoras e os autores deste livro atestam a forte compreensão de Kabengele dos dilemas brasileiros, sem perder de vista a realidade africana e os vínculos que ele tem com a República do Congo.

Hoje estudamos mais e produzimos mais conhecimento sobre racismo epistêmico, racismo estrutural, antirracismo, negritude e branquitude, os conceitos de raça e etnia, ser negra/o no Brasil graças à vasta obra desse intelectual. Temas que ele já abordava muito antes de se tornarem mais consensuais pelas intepretações críticas que compõem a nossa gramática acadêmica e política do século XXI, sempre com impecável profundidade teórica, conhecimento profundo de autores, autoras e teorias que vão muito além do recorte antropológico.

Merece destaque, também, o respeito que Kabengele nutre pelo movimento negro brasileiro e suas lutas. É comum vê-lo participar de importantes e destacados fóruns acadêmicos nacionais e internacionais, no Brasil e no exterior, além de encontros, reuniões e seminários das mais diversas organizações do movimento negro do país. É possível encontrá-lo nesses espaços não somente como palestrante ou conferencista, mas também como ouvinte atento, fazendo anotações no seu caderno como se fosse um estudante aprendendo com grandes mestres.

Ele sempre reconheceu a sabedoria do movimento negro e da comunidade negra brasileira, cujos integrantes nem sempre passaram pelos bancos escolares e acadêmicos, o que não os impede de serem sujeitos de conhecimentos – conhecimentos emancipatórios forjados nas lutas sociais. Essa capacidade de transitar com respeito e humildade pelos mais diferentes lugares e públicos o alimentam e o revitalizam. E resulta em mais admiração, reconhecimento e carinho.

Sua intensa atuação no campo teórico da antropologia, com ênfase no estudo sobre a Antropologia da África e da população afro-brasileira e nas questões do racismo, sempre foi acompanhada de um profundo domínio teórico do campo das artes que nem sempre é de conhecimento geral e merece ser destacado. Ele atuou na gestão do Museu de Arte Contemporânea (MAC), foi diretor do Museu de Arqueologia e Etnologia, ambos da Universidade de São Paulo (USP), e tem realizado várias curadorias de arte, com destaque para a exposição Arte Afro-Brasileira, que integrou a Mostra do Redescobrimento, em 2000.

Também faz parte de sua trajetória a direção do Centro de Estudos Africanos da USP, onde realizou produções e eventos importantes sobre a temática afro-brasileira e africana, que dialogam com a comunidade em geral, não somente com o público acadêmico. Após a aposentadoria como professor titular da USP, compartilhou seus conhecimentos com a comunidade da Universidade Federal do Recôncavo da Bahia (UFRB), na qual atuou como professor visitante sênior (CAPES), entre os anos 2014 e 2020.

Este livro é, portanto, mais uma entre as muitas homenagens que Kabengele Munanga recebe em vida. E isso é muito importante – precisamos olhar nos olhos das pessoas que amamos e admiramos e dizer-lhes o quanto tornam a nossa vida melhor.

Esta coletânea representa também nosso reconhecimento deste intelectual engajado com o qual tenho aprendido a olhar sempre para a frente, sem perder a conexão com as nossas aprendizagens do passado, na perspectiva Sankofa. Aprendo que àquelas e àqueles que escolheram lutar contra o racismo e pela democracia não é permitido esmorecer. Temos ainda muito trabalho pela frente. Há uma infância, uma adolescência e uma juventude negras crescendo e temos que pavimentar seu caminho na sociedade, garantindo-lhes uma vida com direitos. Há um mundo adulto que precisa ser menos adultocêntrico e aprender com os diferentes ciclos da vida a melhor maneira de lutar por dignidade e igualdade, e de garantir direitos humanos para todas e todos. E há um conjunto de anciãs e anciãos negras/os cuja velhice precisa ser respeitada e vivida com dignidade, e da qual temos o dever cívico e político de cuidar. Para todos esses ciclos e sujeitos é urgente a construção, o fomento e a manutenção de políticas sociais justas e equânimes juntamente com políticas de igualdade racial, entre elas, as ações afirmativas.

Convivendo com Kabengele Munanga, pude reconhecer que as várias gerações negras de hoje podem pisar – mesmo com todos os limites e desafios – em um chão mais democrático do que as gerações passadas. Temos que continuar lutando pela democracia que reconhece e respeita a diversidade e se contrapõe a toda forma de desigualdade e discriminação, principalmente quando é colocada em risco pelos setores capitalistas, reacionários, racistas e fundamentalistas religiosos.

Ao desmistificar a democracia racial brasileira, Kabengele Munanga ajudou e tem ajudado o Brasil a indagar e romper com a visão eurocêntrica de mundo e a lutar pela construção de condições adequadas para a efetiva participação igualitária da população negra nos mais diversos setores da sociedade. Ajuda-nos, também, a compreender que a única saída para a manutenção de uma democracia plena é a mobilização social e popular em defesa de direitos, principalmente quando nos encontramos diante de um processo de desmonte de conquistas históricas.

Devemos a ele a reconexão do Brasil com a África, feita por meio de uma leitura crítica, histórica e política que nos ajuda a superar interpretações míticas sobre o continente e a afirmar nossas identidades negras, sem perder o orgulho dos vínculos africanos. Por isso, a sua leitura sobre a importância da Lei n.º 10.639/03, ao alterar a Lei de Diretrizes e Bases da Educação Brasileira e introduzir a obrigatoriedade do ensino de História e Cultura Afro-brasileira e Africana nas escolas públicas e privadas da Educação Básica, atrai muitas educadoras e educadores. A educação precisa, e muito, contribuir para uma formação antirracista que inclua a leitura crítica e política das conexões ancestrais e atuais entre a África e o Brasil como uma das formas de desvelamento do mito da democracia racial e de superação de estereótipos, preconceitos e racismo.

Os campos da Antropologia, da Sociologia, da Filosofia, das Artes, da Educação, dos Estudos Africanos e das Relações Étnico-raciais têm sido impactados pela presença, reflexão e contribuição epistemológica e política de Kabengele Munanga. Um homem dotado de uma força ancestral que irradia perseverança e esperança a todas e a todos que com ele convivem. A imbricação de força, competência, generosidade e simplicidade presentes no seu jeito de ser, lidar com o mundo e fazer ciência o tornam a expressão viva do que nos ensina a filosofia Ubuntu: *eu sou porque nós somos.*

Nilma Lino Gomes
Professora Titular Emérita da UFMG,
foi doutoranda do professor Kabengele Munanga de 1999 a 2002.

“Ainda vamos trabalhar juntos!”

Petronilha Gonçalves e Silva

“Ainda vamos trabalhar juntos!” – assim convocou Kabê, num intervalo para o cafezinho, depois de acalorados debates sobre identidade dos negros brasileiros, no Seminário Raça Negra e Educação, organizado, em 1986, em São Paulo pela Fundação Carlos Chagas e pelo Conselho de Participação da Comunidade Negra. Não nos conhecêramos antes, nem mesmo por meio da leitura de alguma produção acadêmica.

Embora nunca tenhamos trabalhado numa mesma instituição nem mantido convívio frequente e assíduo, em muitas oportunidades temos juntado forças e conhecimentos para combater o racismo, para colaborar para a formulação de políticas públicas institucionais e de Estado que contemplem interesses da população negra, para debater caminhos de pesquisas que valorizem experiências da população negra, sua história, sabedoria, conhecimentos.

Tranquilo, teoricamente sustentado, ele formula e discute ideias, propostas. Às vezes criticado, pela juventude, por não ser mais agressivo, segue com paciência e quase sempre sorridente. Assim, faz avançar ideias, posições, fortes pensamentos, indicando possibilidades de caminhos e combatendo, com sabedoria e delicadeza, o persistente racismo, notadamente o institucional, que tenta desqualificar ou impedir profissionais negros de avançar. Tal postura atenta, firme tem sido muito importante para defender suas posições teóricas e políticas. Com paciência e sabedoria, ele resiste a agressões, tentativas de desqualificação e engendra conhecimentos úteis para construir uma sociedade equânime e fortalecer a população negra.

A partir de sua experiência de homem africano com educação marcada pela sabedoria do seu povo, mas também fortemente influenciado por conhecimentos introduzidos pela escola, por universidades, vai trilhando a vida. Vai ensinando outros, estudantes, colegas pesquisadores com suas investigações e sua postura delicada, paciente de construir a vida.

Estudioso, atento aos interesses e problemas das pessoas negras, estejam elas onde estiverem neste vasto mundo, neste imenso Brasil, estuda nos livros, nas relações do dia a dia. Dialoga com simplicidade e firmeza, com igual respeito a todos os pesquisadores, tenham eles/elas muita ou pouca experiência. Com sorriso suave e fala tranquila, firme, incisiva, precisa, expõe seu pensamento, sempre embasado em consistentes referências constituídas na vida e em suas pesquisas.

Não há como discutir negritude, africanidades, mestiçagem enquanto experiências afro-brasileiras sem estudar a produção acadêmico-científica de Kabê. Ele fez parte da banca de meu concurso para Professora Titular em Ensino-Aprendizagem – Educação das Relações Étnico-Raciais na Universidade Federal de São Carlos (UFSCar). Depois das provas, comentei com ele: "Pensei que não virias, pois soube que estavas por viajar ao exterior". Ao que ele respondeu: "Transferi a viagem, não podia deixar de participar. Milton Santos também transferiu uma viagem para participar da minha banca para Professor Titular".

O convívio mais prolongado que tivemos em torno de um trabalho foi entre 1995 e 1996, quando a Universidade de São Paulo (USP) incluiu, entre as celebrações dos 300 anos da Morte de Zumbi dos Palmares, grupos de estudos para formular sugestões de políticas públicas para a população negra. O Prof. Dr. Edson Moreira, da área de Computação da USP/São Carlos formulou o convite. Então todos os meses nos reuníamos no campus São Paulo da USP. Em nome dessa comissão, Edson, Kabê e eu fomos apresentar e defender no Conselho Universitário da USP uma primeira tímida proposta de ações afirmativas, que foi atentamente ouvida, havendo em seguida algum debate, mas que, mais tarde soubemos, não havia sido aceita.

No âmbito dessas discussões, Kabê organizou um importante seminário para tratar de políticas de ações afirmativas, do qual participaram pesquisadores de diferentes universidades nacionais e internacionais, entre eles oriundos da África do Sul, onde, após o então recente fim do *apartheid*, implantavam-se políticas de ações afirmativas. Memorável foi a abertura do evento pelo geógrafo Prof. Dr. Milton Santos.

Outra experiência importante de que participamos foi a construção de um livro, o *Superando o racismo na escola* (2005), que o Ministério da Educação (MEC) criou condições para ser escrito, promovendo encontro entre os autores, em Brasília. A obra resultou de propostas do Grupo de Trabalho Interministerial de Trabalho para Valorização da População Negra, diante de veementes críticas que professores negros e o Movimento Negro apresentavam aos Parâmetros Curriculares Nacionais (PCNs) no que dizia respeito à pluralidade cultural, que ignorava o racismo na sociedade, nos estabelecimentos de ensino.

Nunca vi Kabê reclamar, fazer exigências absurdas. Ao contrário, está sempre disposto a colaborar. Supera atitudes muitas vezes agressivas de colegas, pesquisadores, acolhe críticas com serenidade. E sorri quando jovens afoitos e com pouco respeito aos mais velhos dizem que tão longa trajetória atrapalharia as suas de jovens, já que com mais facilidade ele obteria financiamento para pesquisas e projetos.

Assim – com serenidade e sabedoria – ele segue construindo a sua vida, a sua trajetória de pai de família, professor, pesquisador, militante junto ao Movimento Negro.

Porto Alegre, janeiro de 2020

Apresentação

Jadir Anunciação de Brito
Fabiana Lima
Fernanda Felisberto
Sergio Luiz Baptista da Silva

A presente proposta de publicação se constitui em uma homenagem ao legado intelectual do Prof. Dr. Kabengele Munanga, antropólogo e professor titular aposentado da Faculdade de Filosofia, Letras e Ciências Humanas da Universidade de São Paulo (FFLCH-USP). Este projeto surge em razão da longa trajetória de vida intelectual de Munanga na universidade e no engajamento sociopolítico em defesa dos direitos humanos, por sua produção intelectual crítica de combate ao racismo e promoção da equidade étnico-racial, tanto por ter formado, na USP, gerações de intelectuais negros e negras que hoje atuam em todo o Brasil e em outros países quanto por participar da proposição de políticas públicas antirracistas.

O principal objetivo do livro *Negritudes: diálogos com o pensamento de Kabengele Munanga* é reunir autores e autoras que são ex-orientandos, colegas docentes, intelectuais, pesquisadores, amigos, amigas, familiares pertencentes à história de vida do professor Kabengele Munanga no Brasil, no continente africano e nos Estados Unidos, os quais realizam reflexões a partir do legado intelectual e afetivo do professor. Este livro é composto por textos inter e multidisciplinares nas áreas das Letras e Artes, Audiovisual, Educação, Antropologia, Ciência Política, Ciências Sociais, Comunicação Social e Direito. Os artigos traduzem a importância acadêmica, intelectual, social e política do legado do professor Kabengele Munanga.

Além disso, esta publicação inclui álbum de fotos em torno da trajetória desse importante intelectual público africano no Brasil, além de fotos suas em dois capítulos da obra. Também consta, aqui, um anexo com uma palestra inédita, na escrita original do autor, proferida no I Seminário Nacional de Universitários Negros (SENUN), realizado em Salvador (Bahia) em 1993. Além desse anexo, há também outros dois, um deles sendo o texto da aula inaugural do professor Kabengele Munanga no Programa de Pós-Graduação em Políticas Públicas em Direitos Humanos (PPDH-UFRJ) realizada em 2 de maio de 2021, e o outro, o texto do pronunciamento do professor Jadir Brito na concessão do Título de Doutor *Honoris Causa* outorgado pela UFRJ no dia 25 de maio de 2021.

No intuito de abordar nuances de perspectivas em torno da contribuição do professor Munanga, este livro é dividido em três seções que traduzem eixos de ação na trajetória desse intelectual público afrodiaspórico. Na seção "Negritudes: amizades e afetos antirracistas", encontramos no primeiro capítulo, intitulado "O tempo do professor Kabengele Munanga", escrito afetuosamente pela sua amiga e professora Maria de Lourdes Siqueira, um relato afetivo-epistemológico da trajetória de vida Prof. Dr. Kabengele Munanga, seu grande amigo por mais de 4 décadas. Segundo a autora, a produção intelectual de Munanga é imbuída de um propósito maior: contribuir com o processo de construção de uma nova epistemologia – uma epistemologia a partir do ponto de vista africano-brasileiro.

No segundo capítulo, intitulado "Meu irmão: um pensador africano", Olabiyi Yai (*in memoriam*) conta sua experiência no seu primeiro curso de Linguística, na Universidade Federal da Bahia (UFBA), em 1975. Olabiyi descreve um triplo choque: a constatação de que não havia nenhum/a aluno/a negro/a, a perplexidade e o desprezo dos estudantes com a sua presença e a informação de que ele era professor de Linguística. O autor disserta acerca da importância da presença do "nós", um "nós" que é inclusivo. Por "nós", ele considera os africanos do continente e os afrodescendentes da África global. Ao longo do texto, ele desenvolve uma análise do termo *afrodescendente* à luz da filosofia africana e do sentido do "nós" enquanto coletividade de matriz africana. O autor destaca o conhecimento da África continental, diaspórica e global, como condição para a possibilidade de qualquer outra forma de conhecimento. Conclui afirmando que a presença afrodescendente e africana nas salas de aula hoje resulta das lutas coletivas, mas que ainda resta um longo caminho a ser percorrido.

No terceiro capítulo, intitulado "Caos organizado: a cor da pele na TV e na mídia brasileiras", Bukassa Kabengele, numa experiência filial, traz um testemunho crítico sobre a contribuição intelectual e a luta de vida que seu pai travou em sua brilhante, honrada e respeitada carreira como um dos mais importantes intelectuais na luta contra o racismo no Brasil, além de se constituir numa figura pública única em virtude de ser o primeiro antropólogo a se formar na República Democrática do Congo.

No capítulo intitulado "Reflexões de um discípulo", Fernando Conceição retoma a análise feita por Kabengele Munanga em *Rediscutindo a mestiçagem no Brasil*, obra de maturidade do autor, publicada em 1999. O texto é uma forma de tributo dialogado entre mestre e discípulo, trazendo importantes reflexões sobre o tema.

Na seção "Negritudes: ações afirmativas e educação antirracista", que começa com o texto de Alex Ratts, intitulado "Na sala do meu pai: um pesquisador, curador, ativista, professor e orientador negro-africano". Para a escrita do texto, o principal percurso metodológico do autor foi a consulta ao *curriculum vitae* de Kabengele Munanga, detendo-se na produção bibliográfica (1977-2017) do professor, com foco nos seguintes temas: antropologia das sociedades africanas; arte africana e afro-brasileira; antropologia das populações afro-brasileiras e relações raciais; ações afirmativas. O autor tomou por base alguns livros autorais e coletâneas organizadas, capítulos de livro, artigos em periódicos e catálogos de exposições, com a intenção de referenciar determinadas produções.

No sexto capítulo, sob o título "Kabengele Munanga e a luta pelas ações afirmativas no ensino superior: o caminho para a pós-permanência", os autores Elisabete Aparecida Pinto e Sergio Luiz Baptista da Silva se debruçam sobre as perspectivas do professor Munanga em relação à educação, enfatizando as específicas sobre ações afirmativas, objetivando destacar o seu pensamento e quais os debates travados com a sociedade mais ampla quanto aos interesses e necessidades da população negra, verificando o impacto de sua produção nos desenhos e implementação de políticas públicas destinadas à população negra no ensino superior trazendo uma nova categoria de análise para refletir sobre tais ações afirmativas no campo da educação: a pós-permanência.

No sétimo capítulo, "Kabengele Munanga: racismo e antirracismo no Brasil", Petrônio Domingues afirma que Munanga se transformou em um dos principais intelectuais públicos no debate sobre racismo e antirracismo no Brasil. Sua voz e sua escrita foram lavradas com um pé na academia e outro no diálogo com o movimento social negro, observando, aprendendo e ensinando os desafios da luta por direitos e cidadania. Afinal, a construção da cidadania brasileira se inscreveria no processo de problematização e entendimento da questão racial, com suas demandas sociais que têm pautado a agenda nacional. Cidadania, ontem e hoje, corresponderia aos direitos à igualdade e às diferenças.

Fechando essa seção do livro, Alessandra Pio, no oitavo capítulo, "De Munanga a Lobato: um relato sobre (anti)racismo na escola de educação básica", faz um relato de experiência que busca ilustrar inconsistências e incoerências percebidas no âmbito de uma escola de educação básica acerca das práticas que circundam as relações raciais. O marco temporal se impõe em 2014, quando um dos bastiões da literatura antirracista no Brasil – o professor Kabengele Munanga – participa como conferencista de uma Aula Magna do Colégio Pedro II, inaugurando não só aquele ano letivo, como também as atividades do recém-criado Núcleo de Estudos Afro-brasileiros (NEABCPII). Para tanto, Monteiro Lobato é utilizado como um dos argumentos que ilustram um (dos) *modus operandi* para a manutenção dos privilégios da branquitude docente na escola, que ainda se mantém racista apesar dos discursos.

Na última seção, "Negritudes: pensamento e arte africana", Juarez Tadeu de Paula Xavier apresenta, no nono capítulo, "Nosso racismo é um crime perfeito, sintetiza Kabengele Munanga!", a relação entre a síntese criativa que Miles Davis promoveu no *jazz* e a síntese criativa que Kabengele Munanga produziu na Antropologia. O mundo do *jazz* seria uma síntese criativa da cultura negra norte-americana, um território de sucessivas "destruições criativas" e "criações destrutivas". A síntese criativa de Miles Davis traduz um processo criativo pelo qual ele enuncia que "menos é mais!". Este é um modo de fazer a partir de um conceito criativo em que menos vale mais devido à riqueza contida na síntese. O autor sustenta que o antropólogo Kabengele Munanga, nas Ciências Sociais, produziu uma dessas sínteses criativas que concentram um amplo espectro conceitual, ao analisar as relações entre o processo colonial, o racismo e os seus impactos sobre os africanos e a diáspora africana.

No décimo capítulo, "De Bakwa Kalonji à cidadania baiana: Kabengele Munanga", Luiz Marcio S. Farias nos faz um convite para apreciar a obra de Kabengele Munanga produzida no Brasil de forma ilustrativa. Seu texto são quadros muito bem desenhados sobre a importância do pensamento do sociólogo congo-brasileiro, permitindo encontrar o sentido ou sentidos de suas reflexões sobre raça e racismo em diversos momentos da história brasileira.

No décimo primeiro capítulo, "Nação como ficção: um espaço no imaginário para a ruptura com o mito da democracia racial brasileira", Fernanda R. Miranda salienta a importância das narrativas de autoras negras no conjunto de esforços empenhados para a superação do mito da democracia racial, ao qual Munanga se refere em diversos de seus trabalhos, atribuindo principalmente à educação, à formação e à descolonização de saberes e práticas a perspectiva real de mudança – tanto na nossa sociedade como em nossa imaginação e autorreflexo.

No décimo segundo capítulo, o texto "Encontros e narrativas: ações afirmativas em territórios de cultura africana", Luci Chrispim Pinho Micaela relata, em primeira pessoa, a experiência do professor Munanga no Instituto Cultural Babá Toloji, localizado na cidade de Campinas, no estado de São Paulo. Luci compartilha a vivência dessa experiência de afeto e memória na cidade de Campinas através de imagens produzidas durante o evento, as quais revelam aspectos estéticos e culturais da arte africana presente no acervo. A pesquisadora ainda argumenta que, no caso do Brasil, o fortalecimento desse processo de construção de memória cultural coletiva sobre as culturas africanas passa pela promoção de políticas de ações afirmativas, a exemplo de como estas são desenvolvidas nos estudos de Munanga, para a formulação de política social que, além de um caráter redistributivo, deve ter um papel de fortalecimento de ações de reconhecimento das culturas africanas e afro-brasileiras.

Por fim, no décimo terceiro e último capítulo, Jadir Anunciação de Brito, em "Homenagem ao Professor Dr. Kabengele Munanga na Concessão do Título de Dr. *Honoris Causa* pela UFRJ em 25 de maio de 2021", apresenta seu pronunciamento em homenagem à trajetória de vida e ao legado do professor Kabengele Munanga feito na cerimônia de concessão do título de Dr. *Honoris Causa* outorgado pela UFRJ no Dia da África em 2021. A escrita parte da premissa que a concessão desse título pode ser compreendida por um movimento não linear do tempo, como se apresenta na cultura iorubá a partir do aforismo nagô "Exu matou um pássaro ontem com a pedra que atirou hoje". Dessa forma, Exu inventa o seu Tempo, que traduz a compreensão do Tempo iorubano através de temporalidades circulares, de giros, de transversalidades que rompem com a linearidade temporal ocidental. A partir dessa compreensão, o autor descreve a atualidade das contribuições da vida e as realizações do homenageado, que, enquanto um brasileiro-congolês, expressa a dimensão ancestral, sentido de fundação do grupo e uma gira de laços afetivos, culturais, intelectuais, religiosos e políticos entre a diáspora africana no Brasil e o continente africano, que estão representados na pessoa do professor Kabengele Munanga.

A homenagem à trajetória intelectual e pública do professor Kabengele Munanga neste livro, embora não tenha a intenção de ser exaustiva, cobre amplo aspecto do seu pensamento e do seu legado político pela luta antirracista no Brasil. Com esta obra, esperamos que gerações mais jovens de acadêmico/as, professor/as, intelectuais e cidadãos em geral tenham percepção crítica acerca do legado do professor Munanga e que o próprio homenageado possa, uma vez mais, se (re)conhecer nos artigos de seus amigos, orientandos e familiares, bem como ser reconhecido pela significativa produção de um de nossos maiores intelectuais negros da contemporaneidade.

PARTE 1

NEGRITUDES: AMIZADES E AFETOS ANTIRRACISTAS

CAPÍTULO 1

O tempo do professor Kabengele Munanga

Maria de Lourdes Siqueira

A vida nos surpreende com delicadezas, honrarias, compromissos que constituem sublimes oportunidades de buscar e reencontrar em nós mesmos a coragem e a competência necessárias para saber agradecer, com a dignidade merecida pela circunstância. Aprendo e apreendo a cada dia entre uma das mais belas lições da disciplina que estudo e pratico: a Antropologia, entre dádivas e reciprocidades.

Meus especiais agradecimentos à comissão organizadora deste livro, aos professores Dr. Sergio Batista, Dra. Fernanda Felisberto, Dra. Fabiana Lima e Dr. Jadir Brito.

Este livro é uma homenagem à vida e ao legado intelectual e científico do professor Dr. Kabengele Munanga a partir de uma proposta lançada no contexto das preparações para a concessão do título de Doutor *Honoris Causa* pela Universidade Federal do Rio de Janeiro (UFRJ).

A iniciativa do livro e da homenagem parte do testemunho de uma história de vida, de uma lição de vida construídas com inteligência, competência, sensibilidade, solidariedade e compartilhadas há mais de 45 anos com seus familiares, com a sociedade brasileira, entre universidades, comunidades negras, movimentos sociais, movimentos negros. Há uma força ancestral, que ele trouxe consigo, lá de sua aldeia Bakwa Kalonji, suas escolas em Mwene-Ditu, Gandagika, até chegar à Université officielle du Congo, de onde partiu para o seu doutorado na Université de Louvain, na Bélgica, cuja continuidade, por razões político-sociais e coloniais do seu país, ele realizou na Universidade de São Paulo (USP).

A África nos ofereceu a dádiva de um mestre, um irmão, um amigo, parceiro de tantas jornadas na academia, nos movimentos negros, em movimentos sociais, em meio aos quais ele convive entre a ciência e uma alma militante. O respeito e o reconhecimento que eu cultivo, com o tempo, pelo professor Kabengele Munanga me animam a escrever estas linhas neste livro, que tão justamente o homenageia.

Eis de onde parte meu conhecimento com o professor Kabengele Munanga: lembro-me perfeitamente, e foi em 1975, eu também recém-chegada à Bahia, quando tive a oportunidade de participar, por intermédio de dois amigos – os senhores Pierre Fatumbi Verger e François Marie de L'Espinay –, do contexto no qual três pesquisadores africanos chegam a Salvador para realizar trabalhos de pesquisa junto ao Centro de Estudos Afro Orientais (CEAO/UFBA): Kabengele, Olabiyi (*in memoriam*) e Dohú. Kabengele vindo do Reino do Congo – antigo Zaire, hoje República Democrática do Congo –, Olabiyi e Dohú originários do antigo Reino do Daomé, atual República Popular do Benin.

A instituição CEAO constitui-se um lugar de referência para estudos e pesquisas africanos e orientais no Brasil, oferecendo cursos de línguas, seminários, história da África, além de dispor de uma biblioteca especializada e arquivos. Um lugar, um tempo de efervescência, uma porta aberta para o mundo. Lugar de trocas de saberes, experiências, conhecimentos científicos principalmente sobre Brasil, África e Ásia. Um tempo privilegiado dos estudos e pesquisas africanas no Brasil e na Bahia, que abrigava estudiosos, estudantes e pesquisadores visitantes.

Os três pesquisadores do continente africano recém-chegados à Bahia conviveram de perto com personalidades reconhecidas no âmbito de estudos e pesquisas africanas e afro-brasileiras no CEAO, onde eram membros, naquele momento, os antropólogos Vivaldo da Costa Lima, Yeda Pessoa de Castro, Júlio Braga; o artista plástico Barnabé Carybé; o bibliotecário Climério; o diretor de teatro Nelson Araújo; o etnólogo Pierre Fatumbi Verger; o escritor Jorge Amado; o linguista Pierre Agenor; a tradutora D. Margarida; a musicóloga Yeda Machado; o poeta Antônio Vieira; o diretor do CEAO, professor Guilherme de Castro; além do próprio fundador da instituição, o professor Agostinho da Silva.

Origens e trajetórias acadêmicas do professor Kabengele Munanga[1]

As origens do professor Kabengele Munanga vêm do Reino do Congo – uma das civilizações mais prestigiosas da África Central, que remonta ao fim do século XIV e que ocupou um território que se estendia do Rio Kwilu Nyari (ao norte do Porto de Loango) até o Rio Loje (ao norte da atual República Democrática do Congo). Quando o desbravador português Diogo Cão lançou a âncora em 1842, o Reino do Congo já existia há quase um século.

A unidade base da estrutura política do Congo é a aldeia, cujo núcleo era formado pelos membros da linhagem maternal localizados (Munanga, 2009a, p. 71). É nessa estrutura que o professor Kabengele tem suas origens, partindo da aldeia Bakwa Kalonji, filho do senhor Ilunga Kalama e da senhora Mwanza Wa Biaya, que viveu 100 anos e foi considerada uma senhora generosa, solidária, muita amada pelas pessoas.

Órfão de pai biológico, desde os seus primeiros meses de vida, segundo as tradições africanas do Congo, seus pais sociais, seus tios, assumiram a responsabilidade pela sua educação.

Em referência às suas origens

O professor Kabengele Munanga citando professor Milton Santos: "Para ser cidadão do mundo é preciso em primeiro lugar ser cidadão do lugar de onde falamos".

Ele lembra seu tempo de criança, no Congo, seu lugar de origem: "*Foi o pedaço mais feliz da minha vida.* Acordávamos como a luz do dia. Brincávamos bastante, quando não chovia, as refeições coletivas eram feitas embaixo das árvores. Em noites de lua cheia, brincávamos até que ela parasse de brilhar em cima da aldeia. Quando não havia a lua cheia, sentávamos ao redor das fogueiras para ouvir histórias contadas pelos mais velhos".[2]

Batizado em 1953 na Igreja Católica, recebendo o nome de Crispim, logo passou a ser chamado Kabengele Crispim "até a revolução

---

1 SILVA, R. S.; SOUSA, T. C. S.; FARIAS, L. M. S. Cidadãos daqui cidadãos do mundo. Trajetórias e contribuições para guardar em família. Salvador: Impressão Bigfral, 2016.

2 Trecho de entrevista concedida a Pedro Jaime Coelho Jr. e Ari Lima.

cultural quando todos foram obrigados a utilizar o nome étnico. [...] Na realidade, para os congoleses, meu sobrenome é Kabengele e meu nome é Munanga" (MUNANGA, 2016, p. 138).

Na USP, em seu diploma constava de Kabengele Crispim, e no passaporte, Kabengele Munanga. No ano de 1976, a embaixada do então Zaire em Brasília resolveu o problema, retornando às origens de Munanga.

Seu tempo de formação entre Europa, África e Brasil

Ele realizou seus primeiros níveis de escolarização em Mwene-Ditu, onde estudou no colégio interno de jesuítas, seguindo para Gandagika até o 3º ano colegial. Seus primeiros estudos foram interrompidos pelos conflitos étnicos fomentados pela colonização belga no país. Retornando aos seus estudos, sempre bem-sucedido, ele foi o primeiro antropólogo formado pela então Université officielle du Congo.

Ao concluir o curso de Antropologia, o professor Kabengele foi convidado para ser professor assistente no Departamento de Antropologia e Linguística da universidade em que se formou. Na sequência, ele conquista o direito à bolsa de estudos do organismo belga Office de Coopération au Développement (OCD) para cursar sua pós-graduação no Programa de Doutoramento da Université de Louvain, na Bélgica – uma das maiores universidades do país –, sob orientação do professor Albert Maesen, especialista em Arte Africana.

Após três anos na Europa, tendo realizado a parte teórica do seu doutorado, o professor Kabengele Munanga retorna ao Congo com seus dois filhos nascidos em Bruxelas, na Bélgica, para realizar sua pesquisa de campo. Contudo, sérios problemas políticos no pós-colonial dificultaram seus trabalhos acadêmicos para continuidade de seu doutorado.

Nesse ínterim ele se encontra, no Congo, com o professor Fernando Mourão, que o convida para inscrever-se no projeto de cooperação com as universidades africanas, e aí se dá outra mudança de continente, cruzando mais uma vez mares e oceanos para conviver com culturas, línguas, costumes e tradições diferentes.

O professor Kabengele Munanga vem para o Brasil, inscreve-se no doutorado na USP sob a orientação do professor João Batista Borges Pereira e integra-se perfeitamente à nova realidade do país. Conclui seu doutorado na USP em tempo recorde, tanto devido à sua dedicação aos estudos quanto pelas referências intelectuais trazidas dos continentes onde estudou e conviveu anteriormente: África e Europa.

Então, já cientista social, ele retorna ao Congo com o propósito de contribuir social e intelectualmente com o seu país. Mas, mais uma vez, a situação política do país pós-independência dificulta essa realização. A história se repete: ele recebe um inesperado convite do Brasil para ser professor de Antropologia em Natal, na Universidade Federal do Rio Grande do Norte (UFRN).

Professor Kabengele parte, então, do Congo para o nordeste do Brasil, com o mesmo ideal de realizar um trabalho intelectual na área da Antropologia e da militância com estudos étnicos-raciais.

Nesse sentido, parte para o Rio Grande do Norte com a família completa. Casado com Irene Bertazini, paulistana, sua contemporânea na USP, hoje senhora Irene Kabengele e psicóloga. Do seu casamento no Brasil nasce o seu filho brasileiro: Mulumba. E com Bukassa, Kolela, Ilunga e Mbiya, filhos dele com a senhora Yombo (*in memoriam*), toda a família – pai, mãe e cinco filhos – viveram em Natal por três anos de trabalho de Kabengele na UFRN.

> Uma história de vinte anos atrás: quando comecei a dar aulas na UFRN, em Natal, em 1979, tentei criar um Núcleo de Estudos Negros naquela universidade. Alguns colegas me criticaram por tentar criar falsos problemas, ao inaugurar um tema de pesquisa sobre uma realidade que não existiria no estado do Rio Grande do Norte (Munanga, 1979, p. 2).

Um novo retorno: de Natal, Kabengele e sua família seguem para São Paulo após o convite que a USP fez a ele para ser professor de Antropologia onde realizou toda sua brilhante carreira de professor universitário, assumindo lugares significativos.

A partir de então, ele foi professor de Antropologia nos cursos de pós-graduação (mestrado e doutorado) na Faculdade de Filosofia, Letras e Ciências Humanas (FFLCH-USP); vice-diretor do Museu de Arte Contemporânea; diretor do Museu de Arqueologia e Etnografia (MAE); e diretor do Centro de Estudos Africanos (CEA) da mesma universidade.

Participou de comissões de estudo, conselhos, organização de congressos, seminários nacionais e internacionais, entrevistas, publicações e edições de livros, revistas e participação em bancas examinadoras de TCC, dissertações de mestrado e teses de doutorado. Orientou dezenas de mestres e doutores, hoje professores em grandes universidades brasileiras como USP, Universidade Estadual de Campinas (UNICAMP), Universidade Estadual Paulista (UNESP), Universidade Federal de Minas Gerais (UFMG), Universidade Federal Fluminense (UFF), UFRJ, Universidade Federal de Goiás (UFGO), Universidade Federal do Maranhão (UFMA), Universidade Estadual de Londrina (UEL), Universidade Candido Mendes (UCAM), Pontifícia Universidade Católica de Campinas (PUC-Campinas).

Durante 20 anos, ele ofereceu uma disciplina, frequentada por alunos de pós-graduação da USP e outras universidades, sobre as teorias que definem e analisam o racismo e discursos antirracistas entre relações interétnicas.

O trabalho acadêmico do professor Kabengele Munanga sempre esteve aliado à compreensão da necessidade de contribuir com a sociedade brasileira, da qual ele faz parte, assumindo posicionamento firme contra o racismo e toda sorte de negação de direitos, sobretudo junto às equivocadamente denominadas minorias socioeconômico-culturais, étnico-raciais e religiosas.

Kabengele é um cidadão negro africano naturalizado brasileiro que chegou ao topo da sua carreira acadêmica sempre com o mesmo propósito de articular ciência e consciência crítica da sociedade.

Concurso de livre-docência

Tive a alegria de apreciar, entre seus familiares, colegas de trabalho na universidade, amigos, alunos, ex-alunos, em presença da banca examinadora, a avaliação do processo de progressão do professor Kabengele Munanga ao título de professor livre-docente na USP.

Da banca de livre-docência participaram ícones, professores-referência em estudos afro-brasileiros: o seu orientador de doutorado, o professor João Batista Borges Pereira; a professora Josildeth Gomes Consorte; o professor Teófilo de Queiroz Junior; e o professor Clóvis Moura – este, hoje, *in memoriam*.

Em prefácio ao livro do professor Kabengele Munanga *Rediscutindo a mestiçagem no Brasil: identidade nacional* versus *identidade negra*, o professor Dr. Teófilo de Queiroz Júnior refere-se ao seu concurso de livre-docência, e nos diz: "Rediscutir a mestiçagem na sociedade brasileira é uma disposição que atesta competência científica e expressa responsabilidade social" (Queiroz Júnior, 2009, p. 15).

O livro é fruto de uma tese defendida com brilho, aprovada como excelente por unanimidade, equacionada com clareza e tratada com material copioso e manipulado com rigor metodológico por um antropólogo que vai ao âmago do problema.

Concurso para professor titular na USP

Ele chega ao ápice de sua carreira, que se consolida com o concurso para professor titular da USP, tendo sido aprovado sempre com um conceito excelente por unanimidade, ritual maior, celebrado após as solenidades acadêmicas com uma festa de gala, animada com vinho da África do Sul.

Homenagens em diferentes tempos e lugares

Entre as homenagens recebidas pelo professor Dr. Kabengele Munanga, relembramos o convite da ministra professora Dra. Nilma Lino Gomes a ele para integrar o Conselho Nacional de Promoção de Políticas da Igualdade Racial (CNPIR) na categoria de Notório Saber – Honraria, manifestação honrosa compartilhada com a professora Dra. Petronilha Beatriz Gonçalves e Silva e comigo mesma. O VII Congresso de Professores Pesquisadores Negros (COPENE) homenageou lideranças negras reconhecidas por sua militância nas lutas de combate ao racismo, na construção de autoestima e por consciência negra, liberdade, igualdade. Foram homenageados Kabengele Munanga, Lélia Gonzalez (*in memoriam*) e Abdias Nascimento (*in memoriam*). Além dessas premiações, cito:

- *Membro do Conselho Científico nos cadernos no PENESB/EdUFF*, Niterói (Rio de Janeiro), 2006;
- *Comenda da Ordem do Mérito Cultural*, por sua contribuição à cultura brasileira, da Presidência da República do Brasil, 2002;
- *Comenda Zumbi dos Palmares*, grau cavaleiro mérito da liberdade, do jovem estado do Alagoas;

- *Homenagem como Decano em Estudos Antropológicos e Processos de Produção de Diferenças: Etnicidade, Raça, Sexualidade, Gênero e Idade* do Departamento de Antropologia da FFLCH-USP, 2008;
- *Homenagem da Associação de Docentes da USP* pela contribuição à superação das desigualdades raciais no Brasil e por sua trajetória acadêmica;
- *Homenagem pelo conjunto da obra* conferido pela Universidade Federal de Santa Catarina (UFSC), 2012;
- *Prêmio Benedito Galvão da Ordem dos Advogados do Estado de São Paulo*, 2012;
- *Homenagem da Associação Brasileira de Pesquisadores(as) Negros(as)* pela dedicação e contribuição à promoção da igualdade e à valorização das populações afro-brasileiras, 2012;
- *Medalha Roquete Pinto*, concedida pela Associação Brasileira de Antropologia (ABA), em 2020;
- *Título de Pesquisador Emérito Ano 2022*, concedido pelo Conselho Nacional de Desenvolvimento Científico e Tecnológico (CNPQ), no dia 04/05/22.

Parcerias acadêmicas, culturais e solidariedade com o Programa de Pós-Graduação da Faculdade de Educação da UFBA

Em *Um cidadão prestante: entrevista biográfica com Edivaldo M. Boaventura/Sérgio Mattos* (Mattos, 2014), o professor Dr. Sérgio Mattos pergunta a Edivaldo M. Boaventura: "Como coordenador de mestrado e doutorado, o senhor se concentrou em alguma área específica?". Ao que o professor Edivaldo responde:

> [...] com a professora Maria de Lourdes Siqueira, doutora pela Universidade de Paris, desenvolvemos uma pesquisa sobre Educação dos Afrodescendentes e Ações Afirmativas com Ana Célia Silva, Sandra Maria Bispo, Narcimária Luz, Amélia Conrado, Nanci Franco, Joseania Miranda Freitas, Elias Lins Guimarães. O Dr. Kabengele Munanga, professor de Antropologia da USP, nos ajudou bastante. [...] Ele participou da maioria das bancas examinadoras de mestrado e doutorado de nossos orientandos da Faculdade de Educação da UFBA (FACED/UFBA). Suas vindas ao nosso Núcleo de Estudos sobre Identidade e Diversidade Étnico-Racial, eram

> sempre uma festa. As arguições das dissertações e teses eram trabalhos preciosos entre o rigor, o cuidado, e a pedagogia utilizada para aprofundamento das questões, às vezes utilizando algumas palavras em língua estrangeira – em francês, por exemplo, tudo era acolhido com gratidão.
>
> [...]
>
> O Professor Kabengele contribui em diferentes áreas; por exemplo, na pesquisa do tema *Civilizações Bantu* e *África: ventre fértil do mundo* contamos com sua orientação. Ele participou do desfile do Ilê Aiyê subindo a ladeira do Curuzu no bairro da Liberdade, em Salvador (Boaventura *apud* Mattos, 2014, p. 20).

Foi assim que os professores Dr. Kabengele Munanga, Dr. Edivaldo M. Boaventura e eu mesma asseguramos um processo de formação de mestres e doutores na UFBA no período de 1982 a 1991. Essa parceria-resistência durou o tempo possível dentro das circunstâncias.

Reencontros que animaram nossos estudos em direção ao conhecimento africano e afro-brasileiro com a presença do professor Kabengele.

O professor Kabengele esteve presente no Encontro de Professores(as) e Pesquisadores(as) Negros(as) da Universidade Marília em São Paulo, no ano de 1989. Eram tempos muito difíceis, em que muito poucos de nós negras e negros cursávamos mestrado e muito menos doutorado. O professor Henrique Cunha organizou essa edição do encontro. Por ocasião dele, o professor Kabengele testemunhou que é possível negros(as) iniciarem e concluírem seus cursos de pós-graduação (mestrado e doutorado). Além disso, marcou presença nos COPENEs a nível nacional.

Um reencontro inusitado lá no continente africano, na Costa do Marfim, com os professores doutores Kabengele, Olabiyi (*in memoriam*) e Dohú

Depois do CEAO na Bahia em 1975, nos reencontramos em 1998, convidados pelo professor Louis Bertrand, da Universidade de Alcalá de Henares, na Espanha, a participar do Seminário Internacional de

Professores Pesquisadores de Estudos Africanos de Língua Espanhola, na Costa do Marfim, em Grand-Bassam. Foi uma glória.

Fomos recepcionados por uma família africana da Costa do Marfim no melhor dos estilos, relembramos a Bahia, o Brasil, onde essa amizade começou em 1975, no CEAO.

Uma celebração de Ano Novo na Casa Fanti Ashanti: Terreiro de Mina e Candomblé, em São Luís do Maranhão

Era o dia 31 de janeiro de 2010. O senhor Kabengele Munanga e a senhora Irene Kabengele nos deram a honra de celebrar as festas de passagem do Ano Novo conosco em São Luís no Maranhão. Após uma celebração com as lideranças do Movimento Negro maranhenses, na qual o Mestre Bamba de Capoeira Angola cantou e tocou louvores a Yuna, seguimos para "romper" o Ano Novo na Casa Fanti Ashanti, então sob a responsabilidade do *alaxé* senhor Euclides Menezes Ferreira Talabyan, que prestou homenagem especial ao professor e à sua esposa com as merecidas honras.

Fomos recebidos pelo próprio pai de santo (*alaxé*). Então, todos se preparam para louvar orixás, inquices, voduns, encantados em seus rituais para Ogum Odé, Xangô, Oyá, Dangouve, Sakpatá, Nanã, Legbá, Egum - Dam.

As filhas, os filhos de santo e a hierarquia já ocupavam seus lugares. Iniciam-se as cerimônias rituais. O pai de santo anunciou que estávamos acolhendo no terreiro um representante de nossa ancestralidade africana - o professor Kabengele Munanga, africano, filho do Congo, em companhia de sua esposa, brasileira, paulista, psicóloga Irene Bertazini Kabengele. Agradecendo às presenças, foi celebrado um brinde especial.

Seguiram-se as *louanges* às divindades - cantos, danças em louvor aos ancestrais da Costa do Ouro.

Algumas passagens do tempo do professor Kabengele Munanga na sua produção intelectual e científica

Continuo este texto destacando estudos e pesquisas que eu realizo através de uma leitura cuidadosa das *lições* e do *tempo* do professor

Kabengele Munanga. Lições e tempo que ele competente e solidariamente disponibiliza, compartilha com a sociedade brasileira há mais de quarenta anos. São algumas ideias, análises, aulas, publicações, conferências, palestras e participações em fóruns, debates, congressos, seminários e reuniões científicas.

Do ponto de vista teórico-metodológico, são ações apoiadas entre as Ciências Humanas e as Sociais, privilegiando as lições da Antropologia.

A sua proposta maior é contribuir com a compreensão e a transformação social e racial das diásporas africanas, bem como discutir suas especificidades nas lutas contra o racismo e as desigualdades, em defesa da justiça social, da democracia e da cidadania.

A produção intelectual do professor Munanga envolve mais de 150 publicações, entre livros, artigos científicos e capítulos em obras bibliográficas. É nesse sentido que consideramos fundamental representar, aqui, a dinâmica do seu tempo a partir de engajamentos, compromissos, militância entre universidades, sociedade civil organizada, movimentos sociais e movimentos negros nos níveis nacional e internacional.

Em "Educação e diversidade étnico cultural: a importância da história do negro e da África no sistema educativo brasileiro" (Munanga, 1979), o professor Kabengele analisa que, apesar dos africanos escravizados terem sido arrancados de suas raízes culturais, eles não perderam sua memória coletiva.

Nossa memória é herdada de seus ancestrais. Foram conservados diversos saberes sobre medicina das ervas, técnicas de agricultura, de caça, de pesca, de metalurgia, de mineração, sobre as artes visuais, a música, a dança, o esporte e ainda os sistemas de pensamentos míticos relativos às religiões, sabedoria ou visões de mundo. Como uma cultura arrancada do seu meio de origem pode resistir ao rolo compressor do sistema servil e às repressões de uma cultura hegemônica dogmaticamente afirmada? (Munanga, 1979).

"Quadro atual das religiões africanas e perspectivas de mudança" (Munanga, 1985): depois de cerca de nove séculos de contato do islã com a parte ocidental da África Negra e de quase cinco séculos de contato com o cristianismo na totalidade da África Negra, depois de quase dois séculos de violência colonial, há de se perguntar, a justo título, o que tem sobrado das estruturas tradicionais africanas e, consequentemente, de suas religiões.

> [...] Eis o quadro complexo em que se encontram as religiões africanas hoje. Uma justaposição de religiões. Nessa justaposição há algo que persiste que poderia caracterizar as religiões africanas de amanhã: a relação de força vital que explica a comunhão constante entre o homem e a natureza. Cada africano protestante, cristão, muçulmano, qual quer que seja sua profissão religiosa, conserva ainda este fundamento da relação de *força vital*, que se constata particularmente nas situações de crise (Munanga, 1985, p. 60).

Cultura – *Jornal da USP*, 1996

Kabengele Munanga, professor do Departamento de Antropologia da USP, define o livro que organizou através de projeto especial coordenado pela Estação Ciência, editado pela EDUSP, da seguinte forma: *Estratégias e políticas de combate à discriminação racial documenta os debates e questões* levantadas, na USP, no transcorrer das rememorações do tricentenário da morte de Zumbi dos Palmares. Nele, discute-se, por meio de 23 temas, a problemática do negro no Brasil e no mundo. O livro reúne a pesquisa de diversos estudiosos dos Estados Unidos, França, Alemanha e África do Sul que vieram à universidade para trocar ideias sobre como combater a discriminação racial.

Algumas considerações sobre a obra do professor Abdias Nascimento

Fala do professor Kabengele Munanga:

> [...] O primeiro livro que li, antes de conhecer pessoalmente o professor Abdias, foi o *Sitiado em Lagos*, que ele escreveu como denúncia e protesto às manobras orquestradas pela representação oficial [Itamaraty] do governo brasileiro, impedindo-o de falar em nome da comunidade afrodescendente [do seu povo] durante o II Festival Mundial das Artes e Culturas Negras e Africana, em Lagos, Nigéria 1977.
>
> A leitura do *Genocídio do negro brasileiro* me abriu os olhos sobre um processo de duplo genocídio que visava, através da miscigenação e da imposição de uma cultura hegemônica eurocêntrica, exterminar física culturalmente o negro da terra que ele construiu.
>
> No *Quilombismo*, o professor Abdias aprofunda as questões enunciadas no *Genocídio do negro brasileiro*, analisando os mecanismos

> e as armadilhas do racismo à brasileira: um racismo sutil, difuso, evasivo, camuflado, porém muito eficiente em seus objetivos. Um racismo que emprestando as palavras de Elie Wiesel, Nobel da Paz, age como um carrasco, matando sempre duas vezes, a segunda pelo silêncio (Munanga, 2004, [s.p.]).

Lendo atentamente a obra de Abdias do Nascimento, não temos dúvida nenhuma sobre o encontro de suas ideias com a dos poetas, romancistas, etnólogos, filósofos e historiadores da Negritude e do Pan-africanismo, o que faz dele um cidadão do mundo.

> [...] no plano internacional, o tema da solidariedade, muito caro a todos os africanos do continente, das ilhas, e da diáspora, o coloca ao lado de: Du Bois, Henry Sylvester Williams, Marcus Garvey, George Padmore, Kwame Nkrumah, Sékou Touré, Julius Nyerere, Cheikh Anta Diop, Léopold Sédar Senghor, Aimé Césaire, Patrice Émery Lumumba. Na liderança negra, ele se aproxima também de Luther King ele se aproxima também de Malcolm X, pela sua luta na defesa da dignidade, do orgulho e da autonomia do pensamento negro... militante incansável e incorruptível (Munanga, 2004, [s.p.]).

1º SENUN – Seminário Nacional de Universitários Negros. Salvador, Bahia, 5 de setembro de 1993

> Não sei se os organizadores do 1º SENUN sentiram as mesmas reações do Encontro organizado em Marília, reunindo docentes, pesquisadores, pós-graduandos negros... A ideia foi considerada por alguns negros como uma proposta elitista. [...]
>
> A crítica branca considerava a ideia como uma espécie de gueto intelectual negro. [...]
>
> Era 1989, as ideias mudam rapidamente e já estamos em 1993.
>
> A questão fundamental, como já disse, é uma questão política. Ela passa pela questão da formação ou melhor da busca da identidade do negro no Brasil. Identidade esta a ser entendida, do meu ponto de vista, como meio e não como finalidade. [...]
>
> É necessário aprofundar o conceito de identidade, para que possamos enquanto militantes, definir melhor, e orientar o tipo de identidade que queremos, na nossa luta contra a discriminação racial: fortalecer a unidade do grupo, defender sua cultura, facilitar politicamente a mobilização em torno dos objetivos comuns (Munanga, 1993, [s.p.]).

Movimentos negros brasileiros contemporâneos

Os movimentos negros brasileiros contemporâneos, nascidos na década de 1970, retomaram a bandeira de luta dos movimentos anteriores, representados pela Frente Negra, substituindo o antirracismo universalista pelo antirracismo diferencialista (Munanga, 2004).

> O antirracismo diferencialista, oposto ao racismo diferencialista do qual nasceu, busca a construção de uma sociedade igualitária baseada no respeito às diferenças tidas como valores positivos e como riqueza da humanidade. [...] Ele prega a construção de uma sociedade plurirracial e pluriculturais; defende a coexistência no mesmo espaço geopolítico em pé de igualdade de direitos e sociedade e culturas diversas (Munanga, 2019, p. 139).

Pensando como uma categoria que serviria de base na construção da identidade nacional, a mestiçagem não conseguiu resolver os efeitos da hierarquização dos três grupos de origem e os conflitos de desigualdades raciais resultante dessa hierarquização.

Relações entre a Antropologia e a militância universitária negra

Em comunicação apresentada no V COPENE, em Goiânia, 2008, o professor Kabengele Munanga disse:

> Quando chegamos ao Brasil, os estudos sobre as relações raciais na nossa universidade, a Universidade de São Paulo, já existiam há duas décadas, sob a iniciativa da UNESCO, que tinha patrocinado e financiado um projeto de pesquisa para averiguar a existência real e o funcionamento do modelo de relações raciais brasileiras representadas democráticas. Nesse projeto, trabalharam Roger Bastide e seus discípulos Florestan Fernandes, Fernando Henrique Cardoso, Octavio Ianni, Oracy Nogueira, entre outros.
>
> Três anos depois da defesa de nossa Tese de Doutoramento sobre um assunto de Antropologia Africana, integramos nessa linha de pesquisa sobre relações raciais no Departamento de Antropologia Social da Universidade de São Paulo, onde fomos o primeiro e único professor negro desde a fundação da universidade, há cerca de 70 anos. É, então, no quadro dessa experiência de 30 anos como

pesquisador e estudioso das questões do negro no Brasil que propomos fazer algumas considerações sobre este assunto que ainda não foi objeto de uma análise crítica sistemática.

> Por volta da primeira metade do século XX, começa uma nova fase da Antropologia da população negra no Brasil. Tenta-se fugir da explicação racialista e evolucionista para apreender os negros através de uma explicação culturalista da Antropologia Americana (Munanga, 2008, p. 20).

Disse ainda o professor Kabengele Munanga sobre os seus passos na antropologia e na militância:

> "Como é que eu me situo nesse cenário ambivalente como antropólogo e como negro nascido na África, e não no Brasil? Sinto-me aceito, com certa reserva, por meus colegas antropólogos brancos, num departamento onde eu sou o único negro, pois eles não teriam nenhum argumento válido para negar meu estatuto intelectual numa universidade onde fomos submetidos às mesmas provas.
>
> No entanto, quando nós damos uma olhada rápida nas referências bibliográficas das disciplinas de seus ensinamentos, raramente nós estamos representados, pelo contrário, eles estão todos presentes nas nossas. Disso poderíamos intuitivamente deduzir que nossa posição, enquanto negro, no discurso antropológico é tolerada, mas não inteiramente aceita por colegas, que continuariam a considerar-nos como objeto" (Munanga, 2008, p. 20).

Na entrevista intitulada "Nosso racismo é um crime perfeito" (Munanga, 2009b, [s.p.]), Kabengele Munanga denuncia a farsa da democracia racial, defende o sistema de cotas e discute o espaço do negro na sociedade. A seguir, um trecho:

> **Fórum**: O senhor veio do antigo Zaire, que apesar de ter alguns pontos comuns de contato com a cultura brasileira e a cultura do Congo, é um país bem diferente. O que o senhor sentiu quando veio pra cá em relação a questão racial? Como foi essa mudança para o senhor?
>
> **Professor Kabengele**: Essas coisas não são tão abertas como a gente pensa. Cheguei aqui em 1975, diretamente para a USP para fazer doutorado. Não se depara com o preconceito à primeira vista, logo que saí do aeroporto. Essas coisas vêm pouco a pouco, quando se começa a descobrir, você entra em lugares e percebe que é o único,

que te olham a já sabem que não é d'aqui... que não é como "nossos negros", é diferente. Poderia dizer que esse estranhamento é por ser estrangeiro, mas essa comparação na verdade é feita em relação aos negros da terra, que não entram em alguns lugares ou não entram de cabeça erguida.

Depois com o tempo na Academia, fiz disciplinas em Antropologia, e alguns de meus professores eram especialistas em questão racial. Foi através da Academia, da literatura que comecei a descobrir que havia problemas no país, e uma das primeiras aulas que fiz foi em 1975, 1976, e já era uma disciplina sobre a questão racial com meu orientador João Batista Borges Pereira. Depois, com o tempo, você vai entrar em algum lugar sozinho e se pergunta: onde estão os outros? As pessoas olhavam mesmo, inclusive olham mais quando eu estava com minha mulher a meus filhos. Porque é uma família inter-racial: a mulher branca, o homem negro, um filho negro e o outro mestiço. Em todos os lugares em que a gente entrava, era motivo de curiosidade. O pessoal tentava ser discreto, mas nem sempre escondia. Entrávamos em lugares onde geralmente os negros não entram.

A partir daí você começa a buscar uma explicação para saber o porquê, e se aproxima da literatura e das aulas que tratam da discriminação racial no Brasil. Mas o problema é que, quando a pessoa é adulta, sabe se defender, mas as crianças, não. Tenho dois filhos que nasceram na Bélgica, dois no Congo e meu caçula é brasileiro. Quantas vezes, quando estavam sozinhos na rua, se depararam com a polícia... Meus filhos, até hoje, não saem de casa para atravessar a rua sem documento. São adultos e criaram esse hábito, porque até você provar que não é ladrão... A geografia do corpo não indica isso. Então essa coisa de pensar que a diferença é simplesmente social, é claro que o social acompanha a geografia do corpo (Munanga, 2009b, [s.p.]).

Conferência IX COPENE "Contribuição da África para Civilização para a civilização na obra de Cheikh Anta Diop", por Kabengele Munanga

Cheikh Anta Diop, da etnia Ouolof, nasceu em dezembro de 1923 em Diourbel, no interior do Senegal, e morreu em 8 de fevereiro de 1986, aos 63 anos, vítima de uma crise cardíaca. Dotado de uma inteligência incomum, um espírito metódico, ele teve a coragem, a tenacidade e integridade moral necessária para empreender e

> conduzir o combate que o lançou nas pesquisas para encontrar as raízes do passado negro africano (Munanga, 2017, p. 3).

A África, através dele, foi reconhecida como berço da humanidade, e a civilização egípcia, vinculada ao ser negro africano, muda o esquema anterior, fazendo da África o primeiro marco da história da humanidade, perspectiva articulada pelo professor Munanga na referida conferência.

Concluindo

Uma vida plena, iluminada pela felicidade passar a primeira infância numa aldeia africana e arrodeado pela natureza, pela sua família, entre parentes, amigos, vizinhos, lá em Bakwa Kalonji, no centro do Zaire, hoje República Democrática do Congo. É de lá que ele sai para iniciar uma carreira brilhante, distinguindo-se, sempre, por estudos, pesquisas, seriedade, dedicação, sabedoria com inteligência e a herança dos seus ancestrais. Essas distinções levam o professor Kabengele a cruzar mares, oceanos, terras, céus entre continentes: da África à Europa, depois às Américas até chegar ao Brasil, onde retoma um caminho novo de sul a norte, de leste a oeste.

Um intelectual, um amigo, um irmão que convive perfeitamente com a dinâmica do cotidiano, aliando uma aguda percepção à análise da realidade que o rodeia, ao que se acrescenta um fino senso de humor. Aí está o professor Dr. Kabengele Munanga com sua marcha singular. E ele tem sempre diferentes *démarches* a responder.

É assim que, quando é possível apreciar num cidadão um exemplo de vida que envolve competência em articular teoria e prática com uma consciência crítica, um intelectual engajado que se dedica à construção de conhecimento cientifico com o propósito maior de construir uma sociedade mais justa, mais igualitária, com liberdade, bem-estar, cidadania e compromisso com suas origens, estamos diante de um ícone: o professor Dr. Kabengele Munanga.

São múltiplos trabalhos, lutas, estudos, pesquisas, trilhas revolucionárias solidárias. Para tudo isso, um propósito maior: contribuir com o processo de construção de uma nova epistemologia – uma epistemologia do ponto de vista africano-brasileiro.

Referências

MATTOS, Sérgio. *Um cidadão prestante: entrevista biográfica com Edivaldo M. Boaventura/Sérgio Matos*. Salvador: Quarteto, 2014.

MUNANGA, Kabengele. Quadro atual das religiões africanas e perspectivas de mudança. *Revista do Centro de Estudos Africanos da USP*, São Paulo, n. 8, 1985.

MUNANGA, Kabengele (Org.). *Estratégias e políticas de combate à discriminação racial*. São Paulo: Edusp; Estação Ciência, 1996.

MUNANGA, Kabengele. Fórum Cultural Mundial. Abdias 90 anos, um brasileiro do mundo. Lançamento Campanha Abdias Prêmio Nobel. Brasília: SEPPIR, 2004. Disponível em: https://bit.ly/3wzOaDu. Acesso em: 20 maio 2022.

MUNANGA, Kabengele. Entre a Antropologia e a militância universitária negra. Comunicação apresentada no V COPENE, Goiânia, 2008.

MUNANGA, Kabengele. *Origens africanas do Brasil contemporâneo: histórias, línguas, culturas e civilizações*. São Paulo: Editora Globo, 2009a.

MUNANGA, Kabengele. Nosso racismo é um crime perfeito. Entrevista concedida a Camila Sousa Ramos e Glauco Faria. *Portal Geledés*, 2009b. Disponível em: https://bit.ly/39JmBP3. Acesso em: 20 maio 2022.

MUNANGA, Kabengele. Contribuição da África para a civilização na obra de Cheikh Anta Diop. Conferência apresentada no IX COPENE, 2017.

MUNANGA, Kabengele. Discurso de agradecimento – outorga do Prêmio de Direitos Humanos, USP, 2018.

MUNANGA, Kabengele. *Rediscutindo a mestiçagem no Brasil: identidade nacional* versus *identidade negra*. 5.ed. rev. ampl. Belo Horizonte: Autêntica, 2019.

MUNANGA, Kabengele. *Educação e diversidade étnico-racial: a importância da história do negro da África no sistema educativo brasileiro*. Centro de Estudos Africanos da USP [1979].

MUNANGA, Kabengele. Por que ensinar a história da África e do negro no Brasil de hoje? *Revista do Instituto de Estudos Brasileiros*, Brasil, n. 62, p. 20–31, dez. 2015.

QUEIROZ JÚNIOR; Teófilo de. Prefácio (2009). In: MUNANGA, Kabengele. *Rediscutindo a mestiçagem no Brasil: identidade nacional* versus *identidade negra*. 5. ed. rev. ampl. Belo Horizonte: Autêntica, 2019.

SEMINÁRIO NACIONAL DE UNIVERSITÁRIOS NEGROS – 1º SENUN. *Anais* [...]. Salvador, 1993.

CAPÍTULO 2

Meu irmão: um pensador africano

Olabiyi Yai (in memoriam)

Após ter invocado os ancestrais, me permitam evocar uma lembrança pessoal que, entretanto, possui relação com o assunto que nos reúne.

A anedota concerne ao meu primeiro curso de Linguística na Universidade Federal da Bahia (UFBA), em 1975, que foi marcado por um choque triplo.

O primeiro, que diz respeito a mim, foi constatar que não havia nenhum aluno afro-brasileiro em uma sala de cerca de quarenta estudantes. De fato, eu estava na Bahia e não no Rio Grande do Sul!

O segundo choque foi dos estudantes, que, pasmos, se perguntavam sobre o que eu poderia ter ido fazer naquele lugar. Eu era muito franzino para ser um inspetor negro. É certo que eles me tomaram por um jovem faxineiro, recentemente contratado, e que havia se perdido numa sala de estudantes. Em consequência disso, inicialmente, a maioria deles me olhava com desprezo, depois, me ignorava.

O terceiro choque veio ainda da parte dos estudantes, quando eu me apresentei como o professor de Linguística, encarregado de lhes dar algumas aulas sobre as línguas tonais. Eu podia ler a incredulidade em seus rostos e, por ricochete, foi um choque para mim constatar que eles jamais tinham *visto* um professor negro-africano.

Ora, no entanto, eu me queixava com meus colegas do Centro de Estudos Afro-Orientais (CEAO-UFBA) da notória falta de baianos negros em lugares de poder em Salvador. Meus colegas, todos "brancos" ou, ao menos, no caso de alguns, "brancos da Bahia", que sob outros céus (nos Estados Unidos, por exemplo) seriam classificados como "negros", me retorquiam que os negros brasileiros tinham o poder "espiritual" e me acusavam de querer impor aos "nossos" negros a ideologia americana do "Black Power", da qual, segundo eles, o Brasil absolutamente não necessitava. Eles não estavam conscientes nem mesmo do racismo implícito no emprego do possessivo em "nossos" negros.

Hoje, quando eu lanço um olhar para a nossa sala, eu meço o caminho que nós percorremos graças às nossas lutas. E digo a mim mesmo que jamais ganhamos tudo e que nos resta ainda um longo caminho a percorrer. Então vocês poderão compreender o quanto é grande a minha emoção.

Caras irmãs, caros irmãos,

Nós estamos em uma época crucial da trajetória histórica da humanidade. Nosso mundo parece estar no zênite de sua imundície (imundo, *immonde*). Ocorre, às vezes, talvez mesmo frequentemente, de perguntarmo-nos se não teria sido melhor nascermos em outra época, se pudéssemos escolher. Da mesma forma, ocorre de perguntarmo-nos se merecemos, de fato, os dirigentes políticos que o neoliberalismo mundial nos impõe.

Eu gostaria, desde o início, de lhes chamar a atenção para uma grande ameaça que pesa sobre nós. Mas, talvez, eu deva me explicar sobre o que eu compreendo por "nós". Meu "nós" é inclusivo. Por "nós", quero dizer os africanos do continente e os "afrodescendentes" da África global.

"Africanos do continente" fala por si. Por outro lado, o termo "afrodescendente" é um conceito complexo que eu gostaria de analisar à luz da filosofia africana. Esta, sobretudo, a filosofia iorubá, concebe a existência como um fluxo, um rio. Tudo o que existe, inclusive os humanos que somos, *fluímos* uns para os outros, como as gotas d'água ou as ondas de um riacho; *Odò layé*, diz a fórmula iorubá.

Em virtude desse conceito e diante da evidência, hoje cientificamente provada, de que a humanidade começou na África, todos os seres humanos poderiam pretender a designação de "afrodescendente". Contudo, não é desse sentido trivial da afrodescendência que eu desejo falar. O vergonhoso tráfico atlântico deportou, para este país, milhões de escravizados africanos.

E se na América hispanofônica costuma-se dizer que

"Quien no tiene de Inga
Tiene de Mandinga"

["Quem não tem de Inga
Tem de Mandinga"]

poderíamos dizer, em se tratando do Brasil, que

["Quem não tem de Tupi ou de Guarani
Tem de Nagô ou de Gurunsi."]

Mas a concepção da vida como um rio se aplica também à história, e nos permite complexificar nossos critérios e parâmetros da afrodescendência para além de nossos genes.

É um fato evidente na história da humanidade, mesmo se não é ensinado, que a acumulação primitiva capitalista e, consequentemente, a prosperidade atual da Europa e das Américas são, em grande parte, resultados do trabalho, do suor e do sangue dos africanos escravizados. Desse ponto de vista, e se somos os produtos e beneficiários de nossos ancestrais, se o nosso "hoje" é filho do nosso "ontem", então devemos admitir que não há um único ser humano, do Canadá à Terra do Fogo, que não seja um pouco afrodescendente. De fato, há uma certa inconsequência, incoerência e talvez uma incongruência ao comer arroz, vatapá, ao beber café e rum sem sentir ou reconhecer a afrodescendência implícita nos gestos. Nós somos todos produtos da história, e da mesma forma que existe afrodescendentes biológicos que não se assumem, há afrodescendentes históricos, de todas as "raças", que se ignoram.

Nicolás Guillén tinha razão ao falar dos afro-cubanos biológicos, em seu célebre poema intitulado "Llegada" ("Chegada"), mas suas palavras se aplicam a todos os descendentes de africanos das Américas e do Caribe:

"Traemos
Nuestro rasgo al perfil definitivo de América.
¡Eh compañeros, aquí estamos!"

["Trazemos
nosso traço ao perfil definitivo da América.
Ei, companheiros, aqui estamos!"]

Agora que eu explicitei o "nós" e que agreguei um conteúdo inclusivo aos conceitos de África e afrodescendência, me reporto à *ameaça*, ao *perigo* que nos ameaça. Os africanos e os afrodescendentes que se assumem necessitam ter uma consciência aguda da *ameaça de obliteração definitiva* de nossas culturas, de nossa identidade, ameaça que nos é destilada sob a forma de "mundialização" e através dos discursos sedutores e pseudocientíficos universalistas que são, na realidade, novas formas de intolerância, de racismo sutil, e do que eu chamo pior que uma europeização, uma *europenalização* dos africanos, onde quer que eles estejam.

A ameaça da obliteração definitiva de nossa identidade nos obriga a fazer uma pausa e refletir. Vem à tona a questão radical e peremptória contida no primeiro verso de Countee Cullen, em seu famoso poema intitulado "Heritage" ["Herança"]:

> "*What is Africa to me?*" ["O que é África para mim?"]

Que pergunta maciça! Não podemos começar a respondê-la sem voltar a nossa atenção sobre as condições que a tornaram possível. Uma tal interrogação, de fato, apenas poderia surgir fora da África. Ela apenas poderia vir de um indivíduo oprimido, no exílio, e cuja situação de exilado o faz duvidar de sua *africanidade*. Chamarei de *exceção africana* as condições de possibilidade da interrogação radical e maciça de Countee Cullen.

A exceção africana é aquilo a que nenhum outro continente, nenhum outro grupo humano ou – para usar um termo sem valor científico, mas de uma dolorosa eficácia – ao que nenhuma "raça" foi submetida por séculos – tanto sofrimento indizível, desumanização e coisificação quanto o que se abateu sobre os negro-africanos. Eu digo "coisificação" porque éramos designados como "peças", "madeira de ébano" etc.; sofremos longos séculos de tráfico e escravidão transaariana e transmediterrânea pelos árabes e europeus; longos séculos de tráfico e escravidão para além do Oceano Índico; quatro séculos de tráfico e escravidão transatlântica, dos quais vocês são os produtos e dos quais vocês se tornaram, eu ouso acreditar, "as Flores do Mal" (para pegar emprestada essa metáfora de Baudelaire, que não pensava em nós); e dois séculos de colonialismo, neocolonialismo e *apartheid*.

A exceção africana nos é brutalmente revelada, hoje, a cada vez que um ciclone atinge duramente uma região das Américas ou do Caribe, onde vive uma grande maioria de negro-africanos; lembremo-nos da indolente reação dos presidentes J. W. Bush e Donald Trump quando os ciclones Katrina e Maria atingiram a Luisiana e Porto-Rico, respectivamente.

A reação teria sido outra se os estados vitimados fossem Massachusetts ou Rhode Island, estados majoritariamente "brancos". Como diz o provérbio cubano: "*Si la hormiga fuera blanca, no la mataran*" ("Se a formiga fosse branca, não a matariam").

A exceção africana lhes acena assim que vocês entram em uma agência de turismo ou em uma agência aérea como Delta, Air France, Alitalia, Lufthansa ou Aeroflot: para todos os destinos africanos, vocês verão cartazes com animais selvagens, tais como leões, elefantes, hipopótamos etc. Para os destinos europeus ou americanos como Paris, Roma, Atenas e Nova Iorque, respectivamente, lhes mostrarão a Torre Eiffel, o Coliseu, a Acrópole ou a Estátua da Liberdade. A mensagem é clara e maniqueísta: na África, há a natureza e os animais; na Europa e nos Estados Unidos, há os monumentos, signo de cultura e civilização.

Portanto, é como se a África não fosse habitada por homens e mulheres. Mas, como seria exorbitante sugerir isso, as mesmas fontes de desinformação, quando se dignam a falar sobre mulheres e homens na África, falando em termos de AIDS, ebola, malária; em termos de guerras, chamadas "civis" em todos os lugares, mas "tribais" na África, onde africanos se destroem e se matam em nome de ideologias e de religiões não africanas, e sempre com armas e munições fabricadas e fornecidas pelos países "civilizados", não africanos, evidentemente.

Todas essas declinações da exceção africana fornecem imagens negativas da África e são uma resposta negativa à interrogação de Countee Cullen. Em análise, elas são ainda piores, na realidade, pois, ao término de um olhar mais aprofundado, elas acabam significando que "*A África não existe ou, para sermos mais precisos, a África existe apenas quando certas 'autoridades' não-africanas nomeiam-na, definem-na, situam-na*".

Estamos diante da presença de uma versão colonial do mito da criação, segundo as religiões judaico-cristãs: Deus criou o homem, o homem judeu-cristão, que fique bem entendido. Este último, por sua vez, criou a África. O homem judeu-cristão criou o homem à sua imagem, ao passo que o homem-deus-judeu-cristão criou a África e o africano como o seu contrário, sua anti-imagem, seu antônimo.

Caras irmãs e caros irmãos, vocês entenderão que nosso primeiro dever é de *protesto* e *negação: negamos a qualquer pessoa o direito de se erigir como um "ser supremo" para nos definir, nos nomear, contar nossos passado e presente e prever nosso futuro.* Se somos seres humanos como os outros, nosso dever fundamental é assumir o direito à existência e à autodefinição. Não nos enganemos: o direto à existência e à autodefinição constitui a *aposta* da interrogação de Countee Cullen.

É por isso que responderemos, de forma breve, mas adequada à interrogação, dizendo:

> "A África é uma grande dama,
> A África é uma bela dama,
> A África é uma mãe-coragem."

A África é uma grande dama agredida em todas as suas partes pela coalisão mundial dos machos vorazes. Ela sangrou. Ela sempre sangra. Entretanto, ela vive, ela vibra. Violada, ela continuou bela e impassivelmente xenófila e "porosa a todos os ventos do mundo" (Aimé Césaire). Assim, ela pôde dar à luz às "Flores do Mal", que são vocês. Nossa presença aqui é prova disso. Estamos aqui para continuar a aperfeiçoar o exercício coletivo do direito à existência e à autodefinição, seguindo os passos de Zumbi, Luísa Mahin, Lélia González, Abdias Nascimento e de milhões outros que permanecem anônimos.

Eu dizia, no início de minha proposta, que nosso mundo está no auge de sua imundície (imundo, *immonde*). Muitos pensam da mesma forma, em todos os continentes, que a (re)humanização do mundo virá da África, como intuiu Aimé Césaire, esse grande poeta-profeta:

> *"La relance ici se fait*
> *par le vent qui d'Afrique vient*
>
> *la relance ici se fait par l'influx*
> *plus encore que par l'afflux."*
>
> ["O estímulo aqui se faz
> Pelo vento que vem da África
>
> o estímulo aqui se faz pelo influxo
> Mais ainda que pelo afluxo."]

Tais versos nos permitem avançar uma resposta à questão de Countee Cullen, para dizer que a África, acima de tudo, é a soma dos valores civilizacionais, em todos os domínios da existência, que têm permitido aos africanos e africanas viver e sobreviver onde quer que eles estejam. É o que Césaire significa por *influxo*. Contudo, a África, tanto em sua geografia como em sua história, sempre foi o que Césaire nomeou como "ilha não-fechada". É aí que intervém o conceito de *afluxo*.

A África como lugar geométrico vital (é esse o sentido de Ilê Aiyê) é constitutiva do Brasil. Os destinos do continente africano e do Brasil estão consubstancialmente ligados, não devemos jamais nos esquecer disso.

De todos os países da diáspora africana, o Brasil ocupa uma posição particular, não somente porque ele abriga a mais numerosa população africana depois da Nigéria, mas principalmente porque as instituições africanas e as tradições intelectuais africanas foram preservadas com notável inventividade.

Encontramos, na metáfora do barco que nos vem da travessia do Atlântico com seus sofrimentos, suas lutas, suas revoltas, suas solidariedades, seus fracassos e seus sucessos, o tipo de relações desejáveis entre o continente africano e sua diáspora. É o sentido profundo dessa metáfora que encontramos na expressão afro-brasileira *barco de iaôs*, no vocabulário da educação e da iniciação ao interior do candomblé.

A sacralidade conferida à busca de conhecimento e sabedoria, à humildade, à solidariedade humana sem fronteiras ou preconceitos que ensina a iniciação no *barco de iaôs* poderia constituir uma preciosa fonte de inspiração em nossos esforços para pensar sobre as relações entre o continente africano e o Brasil no nível universitário.

Quais seriam as implicações de nossa crítica da exceção africana para o conceito de Estudos Africanos, por exemplo? Estou ciente que estou propondo aqui um problema fundamental e maciço. Epistemologicamente, não é razoável esperar que um só indivíduo, por mais genial que ele ou ela seja, lhe dê uma resposta adequada.

É por isso que eu gostaria de sugerir que vocês pensassem na possibilidade de organizar, no Brasil, dentro de dois anos, um congresso de africanistas brasileiros com o tema: "Quais estudos africanos para o Brasil?".

Tal temática converge com as preocupações e interrogações atuais de inúmeros pesquisadores africanos que fazem apelo à urgente descolonização dos estudos africanos e trabalham sobre isso. A Conferência

Mundial das Humanidades, ocorrida em Liège, em agosto de 2017, concedeu aos pesquisadores africanos a oportunidade de insistir sobre essa urgência e algumas iniciativas já são tomadas para sua implementação.

Permitam-me lançar aqui algumas ideias pessoais, como uma contribuição aos primeiros lineamentos do projeto de conteúdo dessa temática que, naturalmente, virá da parte de vocês:

O princípio básico é que nem a África nem o Brasil deveriam conceber e praticar os Estudos Africanos como são concebidos e praticados em Londres, Paris, Hamburgo, Chicago, Alcalá, Coimbra, Bruxelas ou Tóquio, porque o coletivo de disciplinas que são denominadas Estudos Africanos é a periferia do orientalismo. Como tal, trata-se, em seu princípio, essência, orientação, telos e financiamento, de uma *ciência colonial* por excelência. Digo *ciência colonial* como um oximoro supremo que confessa o eurocentrismo dos saberes constituídos.

Nos anos 1960 a 1980, os estudos africanos alcançaram um avanço com a criação das *area studies* pelos Estados Unidos com sua gana de bloquear o avanço do comunismo na África. A África era e continua sendo um "objeto de estudo" não por si mesma, mas por interesses externos ao continente.

De toda forma, nossas burguesias africanas cleptocratas praticamente jamais se interessaram por estudos científicos que interessassem às populações africanas. Portanto, os Estudos Africanos sempre carregam o estigma de serem concebidos para interesses não africanos e, logo, essencialmente extrovertidos. É verdade que africanos lideram uma guerrilha no interior desse pacote global de extroversão e, às vezes, pepitas emergem da lama generalizada.

Vocês conhecem perfeitamente a situação dos Estudos Africanos na América de língua espanhola e no Brasil, de modo que não me debruçarei sobre isso. Basta mencionar que as independências do seu continente, no século XIX, deram origem a um colonialismo interno, cuja vítima é o africano. Nesse contexto, o que eu gostaria de chamar de *tropismo de Sarmiento* (o mesmo que publicou o influente *Civilización y Barbarie*) informa os Estudos Africanos por toda a América ibérica.

A África e o africano, vítimas da *negação da contemporaneidade*, são estudados como representando a barbárie, o desvio, o anormal ou patológico. Não nos esqueçamos de "La Hampa afro-cubana", de Fernando Ortiz, e dos escritos de Nina Rodrigues. Há menos de um século, no congresso afro-brasileiro de 1934, comunicações "científicas" eram apresentadas sobre as medições dos crânios africanos da mesma forma que "indícios nasal e cefálico", por Gilberto Freyre e outros.

Penso que uma das tarefas incontornáveis dos africanistas brasileiros é levar a sério essa "biblioteca colonial" brasileira, traçar seus contornos, fazer uma arqueologia crítica e localizá-la até os seus avatares e sucedâneos modernos. Devemos queimar essa "biblioteca colonial", não da maneira que Rui Barbosa queimou os arquivos que nos concerniam, mas com o fogo mais ardente, mais humano e mais perene de nossa crítica informada e exigente. É nas ruínas dessa biblioteca colonial brasileira que um africanismo resolutamente descolonial pode ser estabelecido, numa ruptura consciente e assumida com esse passado.

O tropismo do *barco* nos obriga a considerar o Atlântico como uma ponte ou *mare nostrum*, e não como uma barreira. Portanto, as paredes desaparecem entre os chamados "africanistas puros" e "afro-brasilianistas", entre os especialistas da África "tradicional" e os da África "moderna". A África deve ser estudada em toda a sua complexidade e em longo prazo. A pesquisadora ou pesquisador brasileiro/a deve se apropriar da famosa frase de Terêncio:

> *"Africanus/Africana sum: africani nihil a me alienum puto."*
> ["Eu sou africano/a: nada do que é africano me é estranho."]

Que nenhum tema seja para nós tabu, da egiptologia aos roubos de terras na África (*land grabbing*) ou ao Hip Hop, em Nova York, Lagos, Luanda ou Salvador da Bahia.

Outra consequência do tropismo do *barco* é a predileção por equipes de pesquisa transatlânticas, como a predileção pela cooperação em vez da competição.

As línguas: aqui, o grau zero do gesto descolonial consiste em tomar consciência que são ficções as expressões como "países lusófonos", "países francófonos" etc. Os estados africanos não são anglófonos, francófonos ou lusófonos. Felizmente, os povos ainda falam as línguas africanas. As línguas europeias serão úteis para as pesquisas na África, mas elas nunca permitirão, por si só, a captura das realidades africanas em profundidade. Como hoje é difícil conceber um brasileiro especialista sobre Rússia ou França que não fale ou leia russo ou francês, assim também deveria ser difícil conceber um brasileiro africanista que não compreenda nenhuma língua africana. Do contrário, se perpetua a colonização nos Estudos Africanos.

No que diz respeito ao Brasil, eu devo insistir que a escolha atual da "lusofonia", o tratamento preferencial concedido aos estados lusófonos é uma escolha da colonialidade, que deve ser desejada temporariamente e como último recurso. Apegar-se à ficção de que a África é "francófona", "lusófona", "hispanofônica" ou "anglófona" significa dizer que a África só existe desde que foi "descoberta" pelos franceses, portugueses, espanhóis e ingleses.

Epistemologia, pluralismo epistemológico

Este é um continente de pesquisa para o qual o africanismo brasileiro pode oferecer valiosas contribuições. Outras formas de saber, sentir, conhecer o mundo existem e permanecem a serem descobertas. A obra de Boaventura de Sousa Santos sobre as epistemologias do Sul aponta para uma boa direção. Há uma necessidade de diálogo entre as narrativas e os textos fundamentais de nossas tradições orais, como *ifá*, *kurukan fuga*, *ker issa* etc., os textos de escritores modernos como Cheikh Anta Diop, Frantz Fanon, Kwame Nkrumah, Ngũgĩ wa Thiong'o e insuspeitadas tradições epistemológicas alternativas que aguardam serem descobertas em nossos quilombos e candomblés.

Feminismo africano

A questão do feminismo africano advém da epistemologia. Não há renovação de conhecimento sobre a África continental e a África global sem a contribuição de um paradigma feminista que venha de dentro. O africanismo brasileiro terá que se informar sobre os trabalhos teóricos inovadores de feministas africanas como Ifi Amadiume, Molara Ogundipè-Leslie, Oyèrónkẹ́ Oyěwùmí, entre outras. Uma das principais linhas do pensamento feminista reside nas tradições, insuficientemente exploradas, cujas detentoras são as nossas iyalorixás e outras mulheres de conhecimento e sabedoria das instituições afro-brasileiras.

Queridas irmãs e queridos irmãos, estas são algumas linhas de reflexão que proponho, no âmbito das próximas sessões, que enfaticamente convoco sobre o tema *"Quais estudos africanos para o Brasil?"*. Tenho certeza de que tais reflexões contribuirão para renovar o africanismo aqui e alhures. As linhas, obviamente, não são limitativas; são minimamente indicativas. Devo insistir, mais uma vez, que a ruptura epistemológica nos Estudos Africanos, a que aspiramos, somente acontecerá se as aspirações das comunidades africanas e as suas tradições intelectuais forem a força motriz de nossas pesquisas, e não as agendas e as teorias duvidosas inventadas fora delas.

Nós sabemos, desde o início dos tempos, antes que Habermas lembrasse a nós que não há conhecimento sem interesses humanos. Portanto, não se tratará de aspirar a formar "especialistas" (*experts*) sobre a África que nos tragam o "conhecimento de lixeira" (*savoir poubelle*), completamente estranho aos problemas de homens e mulheres comuns. Antes, trata-se de formar estudantes brasileiros dotados de um novo tipo de *dupla consciência*, diferente daquela mencionada por W.E.B. Du Bois, na medida em que ela não passará mais por uma peneira constituída pela ideia colonial da África e de sua diáspora tal como apresentada na biblioteca colonial, e pelo contrário estará diretamente relacionada à história, aos problemas existenciais, ao conhecimento e às epistemologias africanas do continente e da diáspora brasileira, permanecendo à escuta das outras tradições intelectuais do mundo. Os estudos africanos seguirão, necessariamente, os contornos das lutas dos povos africanos em todos os continentes. Será uma luta de longo fôlego. Ela requer que o/a pesquisador/a africanista, se ele/a for sério/a, esteja armado/a com *ciência*, *consciência* e *coragem*.

Permitam-me, para (não) concluir, lhes ofertar uma anedota:

Minha irmã-amiga, a professora Sheila Walker, antropóloga afro-americana dos Estados Unidos e inquestionavelmente a mais perspicaz investigadora e conhecedora da diáspora africana, destacou o famoso verso de Nicolás Guillén na edição, em espanhol, de seu recente livro, *Conocimiento desde adentro*:

> "*Sin conocernos, nos reconoceremos.*"
> ["Sem nos conhecermos, nos reconheceremos."]

Este verso diz, de forma excelente, sobre o elo de solidariedade visceral que une todos os africanos, onde quer que eles estejam no mundo. Em uma edição sul-americana do livro, o verso de Guillén se tornou:

> "*Sin conocernos, NO reconoceremos.*"
> ["Sem nos conhecermos, NÃO reconheceremos."]

A mudança de "*nos*" para "*não*" provém de um erro tipográfico ou de uma esperteza, portanto, manipulação deliberada? É impossível e desnecessário sabê-lo com certeza. No entanto, essa mudança transforma o verso de Guillén e lhe confere um feliz excedente de sentido, da mesma forma que, na tradição da poesia oral africana, o público se apodera, se apropria de uma frase típica do poeta oral e a reveste infinitamente de novos sentidos. Um exemplo dessa prática de criatividade poética e coletiva nos é ofertada na diáspora, em Cuba, durante a famosa "crise dos mísseis", em 1961, pela reação popular à decisão do presidente soviético Nikita Khrushchev. Tomando o nome do presidente soviético (Nikita) por sua conta e de forma poeticamente criativa, o povo cubano, em sua maioria africano, compôs espontaneamente o seguinte "som", em coro pelas ruas de Havana:

> "*Ni quita, ni quita*
> *Lo que se da no se quita.*"

Retornemos ao verso de Nicolás Guillén. Ele permite a nossos irmãos e irmãs da América espanhola de criar a frase gêmea:

> "*Sin conocernos, NO reconoceremos.*"
> ["Sem nos conhecermos, NÃO reconheceremos."]

Em outras palavras, o conhecimento da África continental, diaspórica e global é a *condição de possibilidade* de qualquer outra forma de conhecimento. De forma epigramática e proverbial, poderíamos dizer: *O conhecimento da África é o começo da sabedoria.*

Permitam-me, então, repetir, como um lema, os dois versos, daqui em diante, gêmeos, *ibeji*, *mabaça*:

> "*Sin conocernos, nos reconoceremos*
> *Sin conocernos, NO reconoceremos.*"

> ["Sem nos conhecermos, nos reconherecemos
> Sem nos conhecermos, NÃO nos reconheceremos."]

Muito obrigado e um imenso axé para todos!

CAPÍTULO 3

Caos organizado: a cor da pele na TV e na mídia brasileiras

Bukassa Kabengele

Um dia desses, em uma viagem a trabalho de São Paulo para o Rio de Janeiro, ao olhar pela janela do avião na decolagem reparei o panorama de grandeza e complexidade de uma cidade com seus prédios, ruas, carros, casas e movimentos. Do alto das nuvens, pude pensar sobre sistemas complexos e diversos da vida de pessoas, nos quais estão organizadas sociedades de maneira geral. Parecia um enorme formigueiro. Dessa visão, comecei a tentar entender: como pode ser isso um "caos organizado?".

Daquela distância, tudo parecia funcionar perfeitamente. De súbito, me vem à mente: é muita gente, são milhões de pessoas lá em baixo. O que posso fazer para conversar com elas, quem faz isso, e como? Tive, nesse momento, o entendimento de minha fragilidade e dificuldade em acessar meios e ferramentas de comunicação massiva, e, portanto, como poderia eu, mais um entre milhões de brasileiros, pelos meus desejos artísticos, políticos e intelectuais dialogar com meu povo negro, independentemente de gênero, religião, classe social e idade.

Nesses 45 minutos de voo, divaguei em pensamentos, refleti sobre a enorme desigualdade social que paira sobre a terra. No meu devaneio lúdico e contemplativo no avião, ironicamente, fiz uma analogia entre "o céu da altitude", que nada tinha além de ar e nuvens, e o céu como "símbolo das divindades", onde devíamos ser todos iguais. Faço aqui a provocação de propor "meu céu imaginário visto da janela", ou seja, entre nuvens, um céu não excludente socialmente e ausente de racismo, um desejo utópico, mas ainda assim o sonho pelo qual luto como meta de vida.

O que eu chamo de "caos organizado", ou seja, a forma como se organiza a sociedade brasileira, passa também por um sistema complexo de "guerra do controle à informação e à comunicação", envolvendo reduzidos grupos de poderosas empresas que dominam e determinam os caminhos da mídia no país inteiro.

Eu sou Kabengele Bukassa, artisticamente conhecido como Bukassa Kabengele, o mais velho de cinco filhos do professor Kabengele Munanga. Sou artista, ator, cantor e pensador, um herdeiro informal da intelectualidade de meu pai. Costumo brincar e me dizer um autodidata muito bem instruído pela base familiar calcada em educação, cultura e liberdade de expressão, com fundamentos democráticos, banhados a muito respeito e amor, acima de tudo.

Nesse testemunho despretensioso, darei meu ponto de vista sobre a contribuição e a luta de vida que meu pai – professor Kabê, para muitos –, travou em sua brilhante, honrada e respeitada carreira como um dos mais importantes intelectuais na luta contra o racismo no Brasil, além de se constituir numa figura única em virtude de ser o primeiro antropólogo a se formar na República Democrática do Congo.

Um dia, por algum motivo do qual não me lembro exatamente, fui buscar na internet um currículo resumido de meu pai e caí de costas ao me deparar com a quantidade de informações a seu respeito. A única coisa que pude pronunciar foi: "Meu Deus, papai fez tudo isso?". Me proponho aqui a resgatar alguns fragmentos de memórias de minha infância e vida com meu pai, para dividir meu questionamento sobre "a cor da pele na mídia e na TV brasileiras", segundo minhas andanças entre estúdios, bastidores e grupos do WhatsApp, enfim, pelo mundo artístico de alguém que de alguma forma, por necessidade do trabalho, se vê refém da mídia. O que acontece com a imagem do negro na televisão? Cheguei ao Brasil em 1980, e escrevo essa vivência e experiência em 2020.

Sou do tipo de pessoa que dialoga constantemente com a minha "criança interna", elo de conexão de minhas referências paternas e maternas com meu entorno, certamente parte da formação do meu caráter. "Referência" parece-me um ponto de convergência entre um indivíduo com outros indivíduos, que por identidade se tornam simbolicamente "iguais" ou "heróis", em sua vida. A meu ver, só há referência quando existe "visibilidade" da "vida ou pessoa" a ser "usada" como modelo.

Assim, meu desafio é trazer a vocês a importância da ideia de "referência" e seu impacto na vida das pessoas; por exemplo, eu tive com meu pai, embora atuemos em profissões e meios diferentes. Num âmbito mais pessoal, fugindo de enfoques acadêmicos, essa referência me deu instrumentos em termos de retórica e preparo psicológico dentro de minha arte e posição política na luta contra o racismo.

Como é a minha sobrevivência na televisão, um meio onde o racismo estrutural também atua de forma agressiva e, ainda hoje, um dos mais poderosos veículos da mídia? Dentro dos meus desafios pessoais e incertezas na minha trajetória, sou seguro, altivo e persistente, porque vi isso em casa, não apenas nos ensinamentos na base do discurso, mas nas ações não ditas, visíveis a meus olhos, disponíveis nas minhas vivências em casa, aprendidas por mim observando meu pai, alguém humilde e inteligente como ninguém, alguém que se sentava ao lado de um porteiro do prédio mantendo conversas da vida cotidiana e, da mesma forma, encarava bancas em mesas de conferências e exames, como o fez com seu doutorado na Universidade de São Paulo (USP) ao chegar ao Brasil, o qual foi concluído em tempo recorde, obtendo nas avaliações notas máximas (dez com louvor) diante das bancas examinadoras, e recomeçando, assim, sua carreira intelectual, em um novo e difícil país onde poucos e raros negros tinham acesso ao ensino superior, tornando-se professor em uma das maiores universidades do país.

Um belo dia, na faixa dos 13 anos de idade, estava eu com meus irmãos Kolela, Ilunga, Mbiya e Mulumba, nosso caçula, numa sala de cinema do Clube da Associação Atlética do Banco do Brasil (AABB), onde éramos sócios como dependentes da nossa mãe brasileira Irene Bertazini Kabengele.[1] Estávamos assistindo a um filme quando fomos surpreendidos por uma senhora branca, sentada duas fileiras atrás de nossas poltronas, que aos berros dizia que os pretinhos, sujos e maloqueiros a tinham molestado. Já vivi e vivo ainda muitos casos de

[1] Faço aqui um esclarecimento: eu e meus irmãos, fora o caçula Mulumba, somos filhos de Yombo Masanga, nossa finada mãe que ficou no Congo (República Democrática do Congo), mas culturalmente não reconhecemos o termo "madrasta", portanto, Irene Kabengele sempre foi também nossa mãe, quando passamos também a ser filhos de um casamento inter-racial de um negro com uma branca.

racismo, precisaríamos de livros para expor cada um deles aqui, mas esse foi daqueles marcantes na alma dentro de minha vida.

As luzes do cinema se acenderam, o filme foi interrompido e a senhora gritava que, enquanto não fossemos expulsos da sala, ela não sossegaria. Todos no recinto se voltaram para nós, com olhares de ódio que feriam nossas almas, corpos e mentes. Nós, as únicas crianças pretas da sala. Sempre fui de revidar, me defender desde muito cedo, mas esse dia não deu, era muita humilhação, veio um funcionário e segurança nos tirar à força da sala. Pela primeira vez, eu estava em prantos diante de uma situação parecida, eu, o mais velho, e igualmente meus irmãos. Meu pai estava na sauna do clube, onde gostava de ficar com colegas e mamãe. Quando soube do ocorrido, posso lhes garantir, nunca o vi tão alterado. Naquela hora nascia um herói que eu nunca havia percebido de forma consciente. Papai virou um Leão africano do Congo, aquele ser de estatura pequena transformou-se em um gigante a meus olhos. Todos já o conheciam no clube, o famoso professor Kabengele Munanga, doutor na USP.

Mas, nesse dia, algo mudou em mim. Papai discorria e esbravejava como um rei, forte, imperativo diante daquele espetáculo racista, sendo seus filhos os "coadjuvantes bandidos", mas o jogo mudou. Naquele momento, era ele que ditava as regras e nos tornava "protagonistas da cena". Disse meu pai ao público presente: "Esse filme não continua e não saio daqui enquanto meus filhos não terminarem de vê-lo, se for preciso quebro a sala toda para isso". O "caos organizado" foi domado através da atitude de um pai que brigou pela dignidade de seus filhos. Tocados e comovidos, voltamos à sessão de cinema. O que era constrangimento virou respeito, enfim, já não me lembro dos detalhes do desfecho. O que importava doravante era a sensação de poder: nunca mais eu abaixaria a cabeça para ninguém, embora não o fizesse normalmente, mas dessa vez veio em mim a tomada de consciência da minha negritude. Vale também dizer algo que sempre me acompanha entre os ensinamentos com ele aprendidos "O caminho da consciência é um caminho sem volta".

Sou de uma época em que – independentemente do crescimento das novas mídias desenvolvidas com a explosão da internet, o que permitiu um maior acesso à informação de forma geral para a população – a televisão tinha importantes e decisivos influência e domínio nos comportamentos social, político, econômico e cultural no Brasil. As produções de conteúdos, programas, novelas, seriados e jornalismo de poderosos canais de televisão que detêm as maiores audiências servem e serviram por décadas como referências do comportamento, ditando e sugerindo ao público modelos a serem almejados como entendimentos de mundo. A televisão, a meu ver, é ou era até há pouco tempo uma "caixa mágica" quase inquestionável de poderosos efeito e impacto populares, capaz de iludir ou distorcer fatos da realidade e, ainda assim, ser aceita pelo público como "verdade absoluta". Até então, era o meio mais rápido de entreter, comunicar e informar em massa as pessoas em todo país.

Por esse prisma, faço alguns questionamentos para o entendimento de como corpos, mentes e culturas afrodescendentes são vistos e tratados na sociedade brasileira em consequência da forma como o negro é retratado na TV e na mídia brasileiras. Para quem são revertidos os grandes lucros e faturamentos provenientes das grandes audiências? Contratos milionários, envolvendo grandes empresas de diversos setores, nacionais e internacionais, numa rede fechada, estabelecem domínio nos acessos aos sistemas de comunicação através da televisão. E esses veículos afetam intelectual e emocionalmente o público com produções de conteúdos a ele direcionados. Estou falando de poderosos sistemas corporativos que, para atender às demandas de seus cientes e financiadores, bem como seus postos em grandes empresas da comunicação que mandam no país, se tornaram verdadeiras estruturas para criar "sonhos de consumo" por meio desse poderoso sistema midiático. O povo de um país extremamente populoso como o Brasil é o alvo principal dessa disputa de audiência para chamar a atenção do telespectador. O negro também está na base da pirâmide dessa estrutura de poder, onde, de forma complexa, está moldada a sociedade brasileira, com seus ricos, sua classe média e seus pobres dentro da escala social. Ainda assim, precisamos entender algo relevante e de extrema importância no centro da questão: o racismo estrutural da televisão brasileira.

Uma grande e importante porção da audiência das televisões brasileiras vem da população afrodescendente, que corresponde a 54% das pessoas autodeclaradas negras ou pardas no país. Questiono-me como e por que parte numerosa do povo negro ainda prestigia uma produção televisiva que contribui para a perpetuação de um sistema perverso que a reprime culturalmente, intelectualmente e moralmente, negando seus corpos e valores. Não é fácil responder a tal questão, não sem antes levantarmos uma série de outras quando falamos da complexidade do sistema racista brasileiro, tão profundo e repleto de paradoxos.

Para tal, preciso repetir uma frase de meu pai, já conhecida por muitos: "O racismo no Brasil é um crime perfeito". Tentarei, me utilizando de analogias com técnicas básicas de roteiro e narrativas de produções de conteúdos para televisão, entender como essa máquina conversa com o público e responder pelo meu olhar a questões estudadas por muitos, entre eles, o professor Kabengele Munanga.

Existe um elo entre o mundo imaginário e o real. Tentamos adequar nossos desejos, sonhos a nossas vidas cotidianas em busca da felicidade. Entendo as armadilhas e dificuldades da discussão pelo caráter subjetivo quando entramos nesses terrenos, que envolvem visões de mundo e âmbitos sociais diversos. Como "eu" me comporto na sociedade? Quais são meus modelos e referências? Como me vejo enquanto indivíduo? Qual é o meu lugar na sociedade? Qual tem sido o papel da televisão e sua conversa com a população nesses sentidos? Como a televisão dialoga com o povo e se utiliza da ideia de uma "democracia racial" se nem em quantidade os negros estão presentes nas produções audiovisuais que ela mesma propõe? São muitas as perguntas nas quais esbarramos ao tocarmos a linha tênue entre a ficção e o mundo real, que é justamente a TV.

A televisão enquanto sistema de comunicação representa grupos privados e tem donos. É importante entendermos isso, embora os canais abertos sejam "concessões públicas". O motivo disso que usarei de base de sustentação de minha hipótese. Existe um motivo intencional na forma de retratar negros – homens, mulheres e crianças, independentemente de gênero, na televisão brasileira. O que está por trás disso?

"Som, luz, câmera e ação" – certamente isso já está gravado no inconsciente coletivo. Por assim dizer, com essas palavras mágicas, produções de televisão se estabelecem ativas envolvendo diversos profissionais, ideias, conceitos e dinheiro. Certamente, públicos-alvo e objetivos finais amarram tudo isso. Mas como fica a situação dos negros nesses processos, qual a proporção deles nessas estruturas?

Em 1980, chegando ao Brasil, eu e meus irmãos, entendemos logo a importância da TV na vida das crianças: certamente ela nos ajudou a aprender rapidamente a língua e a noção da cultura brasileira. Vim de um país com todos os problemas sociais, políticos e econômicos, como qualquer outro, mas, ainda assim, via pessoas negras ocupando todos os possíveis cargos que dizem respeito a uma sociedade organizada – essa era minha referência antes de me deparar com a invisibilidade de pretos na TV brasileira e seus papéis submissos em novelas.

Claro que havia relação disso com a forma como éramos tratados na escola, em Natal, Rio Grande do Norte, primeiro lugar onde moramos no país, onde vivemos as guerras do dia a dia entre insultos raciais por parte dos alunos ou colegas e curiosos. Isso fui entendendo no decorrer da minha vida em minhas tentativas de ter uma vida saudável no que diz respeito ao reconhecimento e ao sucesso dentro da TV e da mídia brasileiras.

Vale compartilhar aqui o fenômeno da sensação de ser "único e isolado". Em muitas conversas com meu pai, lembro-me de um dia estar almoçado no restaurante do "Clube dos Professores" na USP, um belo estabelecimento de classe média dentro do campus da universidade. Aos chegarmos naquele ambiente que recebia a intelectualidade da universidade, logo percebi se tratar da rotina de papai, onde, com muito gosto, todos o cumprimentavam com respeito e intimidade, um hábito, é claro, por saberem de quem se tratava. Sempre me senti bem em acompanhar e ver meu pai em seu local de trabalho, fora as horas e noites lendo na biblioteca em casa.

Tivemos um belo almoço, entre risadas e trocas de pai para filho, quando, em determinado momento, seu Kabengele me vem com mais uma observação e ensinamento: "Filho, você reparou que somos os únicos negros no restaurante do Clube? Enquanto essa proporção for mantida, nesse horário de pico não haverá problemas, mas o dia que começar a ter metade de negros e suas famílias ocupando essas cadeiras, você terá uma 'guerra'. Aí os racistas que agora estão invisíveis irão se pronunciar e acabará essa cordialidade; por enquanto está tudo bem sermos os únicos e isolados".

É impossível eu falar sobre o comportamento de todas as vidas de mulheres e homens negros vivendo num país tão grande, um gigante que carrega a segunda maior população negra do mundo em termos quantitativos, ficando atrás apenas da Nigéria, no continente africano. Farei aqui um elo entre quantidade de negros nas televisões com as realidades e imagens de seus povos no Brasil em decorrência das intenções a eles atribuídas através das mídias, nas quais estão isolados e em bem menor proporção quando comparados a corpos brancos.

Faço de cada aprendizado com meu pai uma possibilidade de expansão de meu intelecto, procurando sempre entender como fatos isolados conversam com o todo. Nisso me agrada o uso de analogias e comparações para melhor me situar dentro do contexto social e suas demandas. Percebam que esse tratamento de "únicos e isolados" é excludente e se repete em qualquer sistema de organização onde ser protagonista e estar presente em cadeiras que ditam comportamentos faz parte de um sistema estrutural racista, não somente nos conteúdos atrelados à mídia, mas nas funções de destaque e poder em qualquer empresa.

Há um comportamento simples e humano que me chama a atenção, rotina ou hábito. Qual a relação disso com o assunto, em questão, de sermos "poucos e isolados"? Tem muito a ver, embora sejam temas complexos e subjetivos que trazem discordâncias e conflitos ao serem discutidos, sobretudo em se tratando de racismo num país onde ninguém o assume, nem empresas ou pessoas o fazem – ou seja, esse racismo "oficialmente não existe, mas é reconhecido na casa do vizinho e nunca na sua".

Dentro dos 54% constituídos pela população negra no Brasil estão os maiores índices de analfabetismo, pobreza, massa carcerária, mortalidade de jovens, depressão, baixa autoestima, moradia em periferias, favelas ou comunidades, pessoas em situação de rua, entre outras e numerosas desigualdades não citadas aqui, mas todas de grave impacto na qualidade de vida do povo negro, que constitui a base pobre da pirâmide social brasileira. Tenho a clara noção de que essa exclusão se estende aos povos indígenas, assunto este tão importante e de tamanha complexidade, sobre o qual não me compete tratar aqui.

Hábito ou rotina, isso é algo que rege nossos comportamentos como indivíduos ou, coletivamente, na sociedade, desde a infância à vida adulta. Mas aqui me interessa o hábito de um espectador na sua relação com a televisão, bem como a rotina dos conteúdos a ele oferecidos. As audiências são medidas pelo "IBOPE inteligente" (pelo Instituto Brasileiro de Opinião Pública e Estatística) com aparelhos equipados em determinado número de casas, por cidades ou locais estratégicos.

A partir das leituras de dados colhidos nessas pesquisas, os canais de TV fazem projeção de suas posições na "guerra da visibilidade".

A produção de conteúdos oferecidos pela televisão brasileira é forma "rotineira" para a naturalização e a cristalização de comportamentos por ela sugeridos. Dentro das grades da TV aberta, diferentemente das novas formas de mídia e tecnologia desenvolvidas com a explosão da internet, as emissoras organizam os programas, os conteúdos e as informações disponíveis gratuitamente para o consumo do público com datas e horários de exibições estabelecidos, num sistema que funciona 24 horas, diariamente.

Cada canal possui seus produtos de destaque em diferentes segmentos, como o de esporte, linhas de show, novelas etc. Atingem, assim, seus perfis de público e audiência. De maneira geral, seja qual for o canal de televisão, partindo do mais poderoso como a Rede Globo de Televisão, por exemplo, ou de qualquer outro que siga dentro da hierarquia a guerra pela audiência, os modelos do trato não positivo da imagem do negro são muito semelhantes, a meu ver. Digo isto ao falar da pouca frequência de negros em elencos de qualquer um dos programas de TV disponíveis. Nesse histórico, vemos reduzidas ou quase raras as participações de profissionais que representem grupos étnicos afrodescendentes.

Não estou negando a passagem pela história da televisão brasileira de grandes nomes de origem negra desde seu início, em meados de 1950, bem como no começo das teledramaturgias por volta de 1960 até os dias de hoje. Posso muito resumidamente citar nomes isolados de personalidades, ou alguns atores e atrizes que marcaram a história com seus feitos, entre eles Ruth de Souza, Zózimo Bulbul, Glória Maria, Léa Garcia, Grande Otelo, Milton Gonçalves, Taís Araújo, Lázaro Ramos, entre outros, que comprovaram a existência de profissionais, desde que munidos de oportunidade para exercerem seus ofícios, que sempre fizeram com muita excelência.

De forma geral, um cidadão ou cidadã, ao chegar a sua casa depois de um dia inteiro de trabalho, se põe em frente à televisão, onde terá programas diversos para seu entretenimento, desde noticiários, novelas, linhas de show, atualidades, filmes, programas de auditório etc. Aliado a essas programações que carregam conceitos, ideologias e visões de mundo, temos o universo publicitário, nos intervalos de cada conteúdo, que diariamente, por meio de filmes, "sugere com suas propagandas" o que bem deseja em termos de produtos a serem consumidos pelo público. Ironicamente, coloco aqui a provocação de pensarmos no dilema que muitos já ouviram falar por anos, a "ausência de negros em campanhas de publicitárias", tanto nas televisões como fora delas, como em desfiles de moda, que também são referências de comportamentos e tendências culturais numa sociedade.

Retorno à minha visão da janela do avião à qual me referi no começo desta conversa, a partir da qual "visto de cima, parecia tudo muito em ordem". Faço uso de um termo técnico de cinema ou televisão, o "plano aberto", uma das perspectivas de captação da lente com a câmera que, pelo olhar dos diretores e fotógrafos, registra a cena de longe. Se essa fosse uma cena que retratasse um dia de movimento da Avenida Paulista, em São Paulo, veríamos um número grande de pessoas em seus movimentos, carros, metrô etc. Mas a massa populacional é constituída de gente.

Vamos aproximar esse plano, "fechar a lente", como se diz em gravações ou filmagens. Faço outra provocação: dentro dos roteiros e histórias, escolhidos a serem contados diariamente em novelas, séries entre outros, fechemos bastante a lente, ou seja, façamos um "close". Nos quadros da tela da TV, quem são os protagonistas, consequentemente mais vistos e de perto? Sobre quem são as histórias contadas de forma rotineira? Quais são os perfis e fenótipos que aparecem diariamente nas telas da TV? A grande parte dos conteúdos sugeridos ao público como formas a serem consumidas não contemplam negros, suas vidas e desejos, que dificilmente são centros importantes ou principais das histórias.

Estrategicamente, optei aqui por criar alguns personagens para elucidar de maneira simples a diferença do uso da imagem entre brancos e negros na TV e na mídia brasileiras, que são desiguais e não positivas em relação aos afrodescendentes. Meus personagens João ou Maria (brancos) saem de seus trabalhos todos os dias e, ao chegarem cansados a suas respectivas casas, como "rotina", ligam a "caixa mágica", a televisão na sua forma moderna ou não, mas ainda assim um instrumento que "conversa" com eles, numa relação de "dependência" por meio da qual eles consomem "belas produções" que os entretêm e sugerem como deveriam agir para se tornarem "seres humanos melhores e felizes", bem como suas famílias e ciclos de convivências. A TV sugere o que deveriam consumir para serem mais aceitáveis, bem-sucedidos ou mais próximos de se considerarem como cidadãos dignos. Faço a seguinte pergunta: conteúdos e formatos oferecidos rotineiramente pelas televisões brasileiras reforçam comportamentos capazes de estimular a naturalização do racismo? Sim, pois existe grande silêncio e invisibilidade da negritude na TV brasileira.

Voltemos a João e Maria. Imaginando que sejam brancos, cada um chega à sua casa e se junta às suas famílias para ver televisão, onde, por décadas e diariamente, viram como modelos de beleza, felicidade e poder pessoas brancas, cabelos lisos, narizes finos, estereótipos caucasianos e europeus. Deixo bem claro: estou usando personagens aqui criados para relacionar isso a padrões da realidade de vidas nesse emaranhado "caos organizado" que abriga em si o racismo brasileiro.

João, para também se enquadrar no que é de mais "estimado" em termos de sonhos de consumo, cria uma identidade a padrões de beleza propostos pelos conteúdos de mídia. Seus heróis de filmes, novelas são uma supervalorização do ser branco "como o melhor", e as belas campanhas publicitárias também confirmam isso. Na casa do João, certamente seus familiares passam pelos mesmos processos, consomem e se identificam com os produtos e as histórias que os mais importantes canais de TV criam e promovem.

Maria e sua família também têm em sua residência os mesmos padrões de comportamento em relação à TV. Como sabemos disso? Enquanto as audiências são grandes e as milionárias campanhas publicitárias continuam sendo exibidas nos mais poderosos canais de televisão, comprovamos que o sistema está funcionando, cada programa e cada horário, dependendo da emissora, tem seus valores e custos para veiculação de publicidades e seus retornos de investimentos garantidos.

Interessa-me, aqui, olhar o impacto desses complexos sistemas que chegam por vezes a ser paradoxais, mas controlam e contribuem para a solidificação de comportamentos racistas. Maria ou João passam a naturalizar a ideia de que por serem brancos e por "meritocracia" eles têm preferência no que diz respeito à "melhor condição de vida e felicidade" do que não brancos.

Sem querer ou mesmo sem entender, sentem-se no direito de ocupar melhores lugares e salários quando comparados a Chico e Valéria, nossos personagens negros, que apresento agora. Embora esses novos personagens não estejam diariamente, de forma rotineira, nas telas de TV, cinema, publicidades, eles representam uma grande e importante parte da população, têm sonhos, desejos, dificuldades, nascem, morrem, amam, choram, dançam, sangram, riem, têm saudades, famílias, netos, amantes, amigos, depressão, insônia, medos, coragem, paixão etc. É uma questão de humanidade: Chico e Valéria são negros e deveriam ter direito à vida tanto quanto João e Maria. Querem chegar a suas devidas casas depois de um longo dia de trabalho, tirar os sapatos e ver um belo programa de televisão.

Voltemos à "rotina" dos conteúdos que passam diariamente em décadas da existência da história da TV no Brasil. O que ela tem oferecido que sirva de modelo para que Valéria, como mulher negra, se enxergue e tenha orgulho de si mesma, seus feitos na vida? Como deveria ela lidar com seu cabelo, sua pele e seu corpo? E Chico, quando se vê diariamente na televisão como bandido, subalterno ou pobre? Cabe uma crítica às narrativas das produções brasileiras, em que, sem exceção, as emissoras de TV seguem padrões parecidos ao manter números reduzidos ou quase inexistentes de profissionais negros nas suas estruturas criativas, sistemas operacionais, equipes e quadro de funcionários em funções estratégicas da manipulação do "saber e pensar", que incluem elenco, diretores, roteiristas e/ou escritores.

Isso me remete à realidade vivida no "Clube dos Professores" com meu pai, naquele dia no restaurante, quando ele falou de sermos "únicos e isolados". Vivemos um tipo de *apartheid* informal, ou seja, uma segregação cordial à moda brasileira, não assumida, onde crimes de racismo nas instituições têm seus álibis, escapando das leis ao não serem reconhecidos. As desigualdades sociais de um país capitalista, dentro de sua complexidade, têm a sua camada pobre, e, "por coincidência", esses pobres são pretos, na sua maioria, ou seja, nunca ninguém se responsabiliza pelas consequências e danos vividos por grupos populacionais excluídos das belas, ricas e apaixonantes histórias da TV. Mas cabe falar desses Chico e Valéria nessa narrativa e reflexão, mostrar que quem ocupa a base dessa pirâmide social são eles, os excluídos e pobres.

O que intriga não é só o fato de eles serem pobres, pois muitas vezes vemos em roteiros sendo contada a história de João e Maria, que também podem ser pobres, embora brancos, ou seja, o branco tem história a ser contada, seja pobre ou rico, o que já não acontece com o negro nos conteúdos propostos, seja ele pobre ou rico. É complexo e paradoxal falar de representatividade. Devemos refletir a respeito, a TV não fala da vida de Chico e Valéria, o fato de serem negros os tira do mapa estratégico da grande mídia. Isso é grave aos olhos do público em relação à TV: se você não é visto, não tem história, não tem família, você não existe, logo não é visto de forma humana pelo público.

E mais, você é reconhecido na rua na mesma proporção em que é visto na TV, é respeitado e desejado na mesma proporção, e, de alguma forma, o inconsciente coletivo cristalizado na mente do telespectador fará uma relação da imagem do personagem com seus semelhantes na vida real, criando pontos de identificação ou de repúdio.

Enfim, mesmo que eu tente simplificar, já deu para ver a profundidade disso, do "caos organizado", um sistema de funcionamento bastante complexo, mas não aleatório. Existem nele sólidas relações de poder estabelecidas interferindo social, política e economicamente. Um enigma no mundo da produção audiovisual: a vida imita a ficção ou o contrário? Não sei se a pergunta é relevante, mas ela existe e devemos entendê-la de forma metafórica, saber que já não importa quem veio primeiro, se o ovo ou a galinha. A ficção e a realidade se fundiram de tal forma que quem manda nisso, de certa maneira, detém o poder das grandes mídias.

Por isso, insisto em dizer: existem questões de vidas humanas, meio ambiente, culturas, entre tantas outras urgentes envolvidas nesses balanço e sistema, e, portanto, como cidadãos devemos também atribuir e exigir responsabilidade dos veículos de comunicação ao conversarem com as grandes massas. A televisão como referência, nesse sentido, tem um forte e poderoso impacto na vida de milhares de pessoas.

Interessante tratarmos dessa questão "ficção *versus* realidade". Que poder e importância tem o imaginário sobre nossa vida? Eu já li relatos de muitos escritores de novelas brasileiras que foram questionados, nas redes sociais, por grandes quantidades de pessoas negras, bem como suas emissoras sobre a invisibilidade e os usos não positivos das imagens de afrodescendentes, contexto este em que a reivindicação era justamente: Quais os argumentos e justificativas para a quase ausência de negros nas produções em geral? De forma resumida, eu diria que entre as respostas havia: "Falta de profissionais negros competentes no mercado" ou, simplesmente, "os roteiros fazem uma narrativa que condiz com a realidade, nesses casos, os personagens requeridos para tal não são negros". Em anos de carreira como ator, eu já percebi, por experiência própria, que as desculpas são intermináveis, mas não respondem de forma convincente à gritante desigualdade de oportunidades a profissionais negros que, além de serem extremamente menores se comparadas às dos brancos, têm remuneração inferior, de maneira geral.

Como disse anteriormente, gosto de fazer comparações, elas me ajudam a entender e me alertam para situações das desigualdades nas quais, se não tomarmos os devidos cuidados, acabamos aceitando e acatando a condição de "submissão perante os privilégios e imposições dos brancos". Tomarei, como exemplo, os Estados Unidos, um país com 12,7% de sua polução negra, marcado por fortes conflitos raciais, mas que ainda assim produz numerosos conteúdos para cinema, televisão e mídias alternativas onde temos presenças constantes e marcantes de atores e atrizes negros, séries com famílias inteiras negras. Percebo que, nesse país onde o racismo é assumido e facilmente identificável, ou seja, quando você sabe quem te discrimina e te odeia sem "máscaras", existe uma real possibilidade de confronto e de busca de saídas sem tantos rodeios.

Mas o fato é que, com uma quantidade muito menor de seu contingente populacional negro, se comparado ao Brasil, vemos protagonistas negros nas telas de televisão e cinema, ocupando diversos cargos e funções, com personagens complexos em grau de importância e poder nas tramas. Quem sabe se essa visibilidade, essa positiva e constante presença da referência do negro nas mídias nesse país, não contribuiu para a transformação do imaginário que passou a interferir também fora da ficção? Afinal, um dia esse país, apesar de seu racismo, elegeu o primeiro presidente negro de sua história.

Independentemente dos aspectos políticos para se chegar a isso, nos Estados Unidos, que não são meu foco, acredito muito que a força da ficção, tanto na literatura como nas artes visuais – como mantêm relação direta com o público e são produzidas com tal finalidade de impacto –, pode sim fazer diferença e interferir nos comportamentos humanos dentro da sociedade. Nesse aspecto, a arte imita a vida, e vice-versa. É imprescindível a representação de qualquer segmento étnico para seu equilíbrio físico, moral e cultural, com base na construção de identidade pela visibilidade de seus corpos e modos de vidas ao serem incluídos em conteúdos de televisão.

Por exemplo, crianças passam parte da vida vendo conteúdos educativos e de entretenimento, e com poucos meses de vida conseguem acompanhar desenhos animados, filmes e programas infantis. Durante muito tempo, desde os primórdios da história da televisão, eram raras as referências negras nesse sentido. Lembro-me, ao chegarmos ao Brasil em 1980, quando morávamos em Natal, eu e meus irmãos passamos a assistir diariamente televisão, o que acelerava o aprendizado do português como língua. Um dos programas que nos afetava, pois fazia parte de nossa faixa etária, era o *Sítio do Pica-Pau Amarelo*. Eram histórias fantásticas, que nos entretinham e, sem sabermos, passavam valores culturais agregados. Chamavam-me a atenção o lugar que ocupavam a personagem Tia Nastácia dentro daquela casa onde moravam os protagonistas de modo geral: Narizinho, Pedrinho, Dona Benta e Emília. Quero frisar aqui a minha relação estabelecida diariamente com essa obra e seu impacto tanto em meu comportamento quanto no de meus irmãos como crianças.

Os episódios passados pelo programa na TV Globo, na época, acho, eram diários, já não me lembro bem. Sei que aguardávamos ansiosos para ver as aventuras do dia. Certa vez, em um dos episódios, como de costume, houve personagens convidados para enriquecer os enredos e histórias, e naquela semana houve um super-herói que parecia o Super-Homem: ele tinha capa, era vivido por um ator de aspecto europeu, branco e forte. O personagem fazia o bem e voava.

Eu e meus irmãos não tínhamos acesso a tais produções, era tudo novidade. Não fazíamos ainda diferença entre esse universo fantástico e o mundo real; resumindo, após o episódio, nós passávamos às tardes no muro do quintal com uma capa pulando para o chão na tentativa de voarmos. No nosso entendimento, era uma questão de treino.

Naqueles momentos, aquele "ser" se torna um modelo de poder e beleza com seu cabelo liso que voava pelo rosto. Isso realmente afetava nossos comportamentos de crianças diante das "fantasias" oferecidas pela televisão. Falando da Tia Nastácia, eu não sabia explicar, mas não gostava dela, mas com o tempo fui entendendo que não era ela, mas "a função e o papel" que ela ocupava naquela casa, que, por mais cordial que fosse essa relação dos personagens brancos e negros do programa, o casarão do Sítio do Pica-Pau Amarelo me remetia à posição subalterna da figura negra, ou seja, de alguma maneira havia um uso negativo da imagem do negro. Tia Nastácia, embora querida, como todos os pretos de maneira geral era mais uma materialização de muitos personagens que eu já havia visto em outras novelas, todas empregadas, domésticas, serviçais e submissas. E isso não somente na TV, mas uma imagem que vi em muitas casas de amigos de classe média durante muito tempo em minha vida no Brasil.

Muitas vezes, nós quatro, irmãos, ao passearmos com nossa mãe Irene Kabengele, por ser ela branca, normalmente era questionada sobre se éramos seus "filhos de criação". Sentíamos, então, o peso invisível da "negação" de nossos corpos negros. Essa sensação em relação à Tia Nastácia me perseguiu por anos, ela era criada da casa, pois quantas vezes eu vi em prédios de classe média mulheres negras em elevadores serem questionadas ao usarem elevadores sociais, pois criadas e criados só devem usar portas e elevadores de serviço. Enfim, aquela reação e a aversão ao lugar que ocupava a Tia Nastácia, simbolicamente, eram repetidas em muitas outras obras diariamente, normalizando e naturalizando a ideia de "inferioridade da mulher negra".

O Tio Barnabé era outro personagem carismático, mas ainda assim trabalhava na casa e morava de favor nas propriedades da Dona Benta e me dava à impressão de ser também um criado. Já quanto ao Saci-Pererê, não tinha como não se atrair por essa figura folclórica emblemática, mas eu não conseguia gostar dele: ele fazia pirraças, criava problemas, era chamado em muitas ocasiões de "moleque". Enfim, naquele contexto, nós, como crianças, absorvemos isso.

Não se trata de qualidade dos produtos, que eram muito bem-feitos e, portanto, entravam em nossos sonhos, desejos e vidas como crianças, afetando nossas vidas fora das telas. E qual é a questão? Aos olhos de muitos, tudo isso parece mera brincadeira inofensiva, mas perceberão que, com o passar do tempo, essas distorções do negro, em anos de televisão e filmes onde se criaram estereótipos e formas sugeridas de como e que lugares os negros ocupam nas ficções, reforçam comportamentos racistas na sociedade brasileira. Se essas imagens fossem positivas, lhes garanto que já na adolescência eu, bem como meus irmãos, não teríamos passado por piadas ou ofensas, sendo-nos atribuídos nomes dessas personagens.

Uma vez meu irmão, ao sair da USP, onde estudava Filosofia, descia do ônibus ao fumar um cachimbo quando um grupo de jovens passou a rir e debochar dele chamando-o de Saci-Pererê. Ou, como muitas vezes já vi, injúrias de pessoas a senhores negros de idade, barba e cabelos grisalhos os chamando pejorativamente como preto velho ou Tio Barnabé. Eu pergunto: se essas imagens fossem de fato positivas, virariam piadas ou deboche? Quem sabe a dor e o peso dessas insinuações certamente não são os brancos que se utilizam delas conscientemente.

Certo dia, ao conversar em família, subitamente meu primo, negro mestiço de pele clara, na época com 5 anos de idade, me falou algo que me deixou chocado. Calmamente, ele me olhou e disse: "Primo, eu sei que sou preto, mas ainda bem que estou disfarçado de branco". Era muito grave e violenta tal declaração, e eu percebi o quanto o uso irresponsável e negativo da imagem do negro na mídia não só estimula sua negação frente ao branco, mas a autorrejeição em relação a seu corpo e sua cultura.

Lembro-me de uma ocasião: eu estava com a minha esposa em um estabelecimento comercial do tipo hipermercado fazendo compras quando paramos em um dos caixas eletrônicos para tirar dinheiro, e eu, então, fiquei um pouco afastado dela enquanto ela fazia a movimentação no equipamento. Minha esposa é branca, e uma senhora também branca aproximou-se dela dizendo: "Querida, cuidado que tem um negão por perto te observando, fique atenta enquanto está no caixa". Minha mulher respondeu: "O cidadão a quem a senhora se refere é meu marido".

Uma vez, indo ao encontro de um amigo, no Rio de Janeiro, passando pelo Vidigal, o carro em que eu estava, um Uber em que eu era passageiro, foi parado pela polícia, e o agente me pediu para descer, alegando que estavam procurando armas e drogas. Não vou negar, já passei muitas vezes por essas situações e fico bastante calmo, pela força do hábito. Fui revistado, bem como meus pertences e documentos, mas o motorista, que era branco, não o foi, e muito menos seu carro. Imagino eu que se ele procurava algo ilícito deveria revistar todos no carro, incluindo o motorista e seu veículo, o que não aconteceu.

Certa ocasião, ao conversar com um policial, numa situação de descontração ele me disse: "Camarada, sabe quem vai preso nesse país?

Preto, pobre e puta". Ficou clara a naturalização da imagem de negros como suspeitos e escórias da sociedade. Como e o que podemos fazer para mudar esses quadros? Quem são ideologicamente os responsáveis por tanta violência em relação a negros?

O empoderamento de artistas negros, bem como suas consciências políticas em lutas contra o racismo são muito importantes para as conversas saudáveis com o público, principalmente agora que o mundo avança, de forma irreversível, rumo a alcançar a massa com a chamada "mídia digital" nas redes sociais, com o uso da internet, nas quais pessoas com seus números de seguidores passam a também influenciar opiniões, estabelecendo conversas diretas e interativas. Houve certa democratização no domínio de veículos midiáticos nesse formato, que permitem a "quaisquer pessoas" se tornarem seus próprios "canais de televisão". Com isso, grandes e renomados artistas negros passaram a dar suas opiniões e se posicionar em relação ao combate ao racismo, e um grande público negro nas redes sociais passa a criticar e reivindicar sobre usos das imagens de afrodescendentes nas grandes e tradicionais mídias, como a televisão, ainda bastante fortes e influentes em todo o país.

O ator, diretor e escritor negro Lázaro Ramos, ao se fortalecer, como outros que chegaram a grandes níveis de fama e prestígio, segue lutando pela igualdade racial e alcançando milhares de pessoas em suas redes sociais. Aliás, esse nobre e querido amigo, o Lazinho, em seu programa de televisão *Espelho*, no qual já entrevistou também inúmeros negros, homens e mulheres de todos os segmentos, possibilitou a mim e a meu pai a única entrevista de nossas vidas públicas em anos de careira, na qual, juntos, pudemos falar de nossas vidas como pai e filho, mostrando nossa humanidade.

Para concluir, acredito que a arte tem o poder de transformação e sensibilização de pessoas. Ela acessa lugares do imaginário capazes de mover montanhas no que se refere ao comportamento humano. Como pensador, não me conformo e muito menos compactuo com os fracos argumentos normalmente proferidos por parte da mídia e da televisão brasileiras para justificar o injustificável, ao tornar o negro invisível e corroborar com o uso negativo da sua imagem pela manipulação da ficção e da cultura.

Se as concessões para todos os sistemas de canais abertos de televisão são públicas, penso que as emissoras – no mínimo, para enriquecer e manter seus sistemas operacionais com parte importante da audiência certamente garantida pelo público negro, que representa a maioria da população – deveriam repensar a forma como conversam com o negro: é questão de bom senso, justiça e reparação. Com a chegada de novas plataformas e tecnologias, por meio das quais ocorrem as atuais produções de conteúdos no mundo, é cada vez mais presente a conversa com a diversidade. Portanto, faz-se necessário e urgente que a TV e a mídia brasileiras revejam seus conceitos e condutas para uma nova ordem global.

Sou um artista, ator, não estou contra a TV e a mídia brasileiras: nelas fiz a minha carreira e meu reconhecimento. Mas, como um adepto da cultura e filho de um grande educador e mestre, meu maior incentivador para a continuidade de minhas buscas e sonhos desde que me conheço por gente, meu pai, o professor Kabengele Munanga, me ensinou a zelar e lutar com dignidade pelo que acredito e a sempre seguir em frente, custe o que custar.

Fica minha sugestão, como possível saída desse "caos organizado". A TV e a mídia brasileiras precisam ser menos "brancas" e, de forma inteligente, aceitar a diversidade populacional e cultural de um país tão grande e rico como o Brasil, reavaliando seus valores, formas de distribuição de cargos e oportunidades de forma plural, para o crescimento de todos, e quem sabe tenhamos um país que passe a desconstruir o racismo estrutural profundamente disseminado em diversos segmentos e bases da sociedade brasileira. Qual é a cara do Brasil, afinal?

CAPÍTULO 4

Reflexões de um discípulo

Fernando Conceição

A marca do antropólogo sobressai na análise feita por Kabengele Munanga em *Rediscutindo a mestiçagem no Brasil*, obra de maturidade do autor, publicada pela primeira vez, em 1999, pela Editora Vozes.[1] O subtítulo – *identidade nacional* versus *identidade negra* – adianta o posicionamento do mestre frente ao tema. Competentemente, como não poderia dar-se de outra forma.

A ampla mestiçagem no Brasil é abordada como consequência de um processo histórico, constituindo-se em óbice para a formação de uma sólida consciência identitária negra. Essa tomada de consciência de uma identidade negra do estrato social composto pelos afrodescendentes – independentemente de suas características fenotípicas, o que inclui a gradação de sua melanina –poderia proporcionar a real realização do ideal democrático no Brasil.

Por circunscrever-se a aspectos históricos e antropológicos, tal tomada de consciência, a nosso ver, situa-se, como possibilidade inalcançável. Ao final do presente texto, gostaria de, respeitosamente, dialogar com o mestre.

Memória acadêmica

Kabê, com acento tônico na sílaba final, como ele é carinhosamente chamado pelos que aprenderam a admirá-lo e respeitá-lo, por

[1] O livro *Rediscutindo a mestiçagem no Brasil: identidade nacional* versus *identidade negra* foi reeditado, em 2009, pela Autêntica, e em 2019 chegou à sua quinta edição revista e ampliada.

mais de meio século contribui para a luta antirracista neste grande país mestiço que o adotou. A recíproca é verdadeira, uma vez Kabengele Munanga honra não somente o Brasil. Da mesma forma, poderia honrar qualquer país no qual decidisse fixar-se. A sorte, portanto, é nossa.

De minha parte não tenho como negar: ele foi a âncora principal à qual agarrei-me no estranho oceano que se me afigurava a Universidade de São Paulo (USP) no exato ano de 1990, quando decidi largar tudo em Salvador para tentar ingressar num curso de pós-graduação. Depois de cogitar universidades no Rio de Janeiro e em Brasília, fixei-me na USP. Porém, como chegar até ali num tempo em que não havia as facilidades de contato proporcionadas com as atuais ferramentas de comunicação em redes conectadas pela tecnologia da internet?

Recorri a um colega de militância negra no norte-nordeste, o alagoano Zezito de Araújo. O qual, em algum momento anterior, havia dito-me estar realizando em São Paulo seu mestrado em Antropologia sob orientação de um professor natural do Congo. Araújo passou-me o telefone do gabinete de Kabê na USP. Depois de algumas tentativas, consegui falar com ele. Expliquei-lhe, na ligação, como cheguei a ele e minha vontade de retomar os estudos. "Mas não faça como Zelito, que abandonou no meio", foi sua primeira advertência no telefonema.

Generosamente, o professor Kabengele Munanga agendou uma data para que pudéssemos conversar pessoalmente, com mais vagar, dali a algumas semanas. Peguei um voo em Salvador e fui encontrar aquela personalidade, sem esconder minha apreensão. O que encontrei foi um homem que me acolheu imediatamente com um sorriso, um abraço afetuoso. Eu nada sabia dos trâmites burocráticos da Academia. Expus que minha única referência era ele, para o qual estava disposto a submeter meu projeto.

Contudo, depois de examinar rapidamente o currículo que lhe levei impresso, com exemplares de dois livros que já havia publicado – *Cala a boca Calabar: a luta política dos favelados* e *Negritude favelada: a questão do negro e o poder na "democracia racial" brasileira* –, Kabengele ponderou, alisando sua barbicha. Não, eu não era um candidato para ele, disse-me – imaginem meu desapontamento inicial. Pelo *background* que eu lhe apresentava, o mais auspicioso é que me mantivesse na área de Comunicação, de onde provinha, em vez de migrar para seu campo específico de estudo.

Era o orientador, o conselheiro, o mestre pegando nas mãos de um discípulo neófito visando guiá-lo pelas sendas da realização humana, profissional. Kabê solicitou à sua secretária no Museu de Arqueologia e Etnologia da USP (MAE-USP), do qual à época era diretor, acumulando funções com a docência, que telefonasse para a professora Solange Couceiro, na Escola de Comunicações e Artes (ECA).

Eram amigos; ele havia sido membro da banca examinadora da tese de doutorado dela. Os dois falaram-se ao telefone, ficando acertado que a mesma me receberia para examinar a possibilidade de me aceitar como orientando. O protocolo na USP exigia que o candidato indicasse um nome de orientador na ficha de inscrição.

O resto é história... E da história de quantas vontades imaturas, depois tornadas frutíferas, Kabengele Munanga faz parte ao longo de sua dedicação à ciência no Brasil e alhures? Dezenas, centenas de hoje luminares em seus campos de estudos – expoentes acadêmicos vários – somente alcançaram esse lugar porque, lá atrás, em algum momento de suas vidas, cruzaram com Kabê.

Nos períodos de mestrado e doutorado na USP durante toda a década de 1990, sempre o tive por referência. Frequentei suas aulas e busquei auxílio se necessitado de dados, alguma indicação bibliográfica rara. Exemplo: quando da controvérsia que travei nas páginas da *Folha de S. Paulo* com um antropólogo paulista então radicado na Universidade Federal da Bahia sobre a suposta homossexualidade de Zumbi, artifício usado para desvio de foco do debate essencial advindo dos 300 anos de extinção de Palmares.

O apoio de Kabengele à causa do Núcleo de Consciência Negra da USP (NCN), reativado a partir de 1991, foi sempre incondicional. Invadimos um dos barracões por décadas abandonados no campus da Cidade Universitária, próximo à ECA e à Faculdade de Economia e Administração, destinando o espaço para sede e salas de aulas do pioneiro cursinho pré-vestibular para negros. Kabê aprovou e participou da ideia. A reitoria, não: ingressou com um processo para que a sigla USP fosse retirada do estatuto do NCN. Trocamos o *da* pelo *na*.

No conjunto em torno de 6.000 docentes, por anos a fio, Kabengele Munanga foi um entre os cinco ou seis professores negros que se contava nos dedos nessa vetusta e das mais importantes universidades da América Latina. O risco de sua presença ali ser usada como disfarce do arianismo da Academia brasileira – "Veja, a USP tem alguns negros no seu quadro docente, inclusive um africano nato" – ele afastou, não se deixando jamais manipular, ao que consta publicamente.

Cordato, mas rígido em suas posições, Kabengele soube bem administrar sua carreira naquela ambiência extremamente complicada para um "de fora". Se bem me recordo, um dia confessou-me que o ingresso do geógrafo Milton Santos na Faculdade de Filosofia, Letras e Ciências Humanas (FFLCH-USP) o fez menos isolado. Ele passou a ter um parceiro e amigo naquela ilha.

De dentro do NCN, brotou, no Brasil, a proposta então também pioneira de luta por políticas compensatórias de ação afirmativa para afrodescendentes. Em 1993, ali lançamos o Movimento Pelas Reparações Já (MPR), com um controverso almoço realizado num dos restaurantes do exclusivo hotel Maksoud Plaza. Consultado, Kabê nos ofereceu subsídios epistemológicos.

Em decorrência, em 1995 criamos, a partir do NCN, o Comitê Pró-Cotas para Negros nas Universidades Brasileiras – uma ideia totalmente inovadora, como a das reparações, no contexto brasileiro da época. Com seu apoio tácito, encaminhamos uma carta aberta ao Conselho Universitário da USP exigindo a abertura de discussões institucionais sobre o tema. Paralelamente, organizamos uma série de atos mensais públicos no campus, sempre com cobertura da grande mídia paulistana.

Constrangida, a administração central da USP agiu de duas formas. Uma, criando por si mesma um outro "núcleo negro", dando sua coordenação nunca a Kabê, mas a um professor externo, da Pontifícia Universidade de Campinas (PUC-Campinas), Hélio Santos. Ficou claro que o objetivo seria dividir e esvaziar o NCN. Alguns, como este autor e o estudante de filosofia Mauro Göpfert Cetrone, pregadores da radicalização da luta pró-cotas, fomos expulsos do NCN no mesmo 1995.

A outra forma de ação da administração central foi por meio de ameaças e repressão a membros do Comitê Pró-Cotas. No domingo de Páscoa de 1996, este autor foi preso pela polícia universitária, levado a uma delegacia, incurso em artigos do código penal e alvo em processo administrativo cujas consequências poderiam levar à sua exclusão do quadro de doutorandos da universidade.

Kabengele Munanga, então, foi um dos articuladores de um "ato de desagravo" aos ameaçados e de repúdio à ação da reitoria. Organizaram um almoço de solidariedade no "Clube de Professores" da USP, do qual participaram, entre outros, seus colegas Milton Santos, Solange Couceiro, Dilma de Mello e Silva, Jair Borin, presidente da Associação dos Docentes, e dirigentes do Sindicato dos Trabalhadores da USP. Como o brasilianista Thomas Skidmore coincidentemente encontrava-se no Brasil, ele também participou do ato, cuja consequência foi fazer o reitor Flávio Fava de Moraes recuar. Kabê esteve na banca de defesa do doutorado deste seu discípulo em 2001.

Trago esses fatos para demonstrar que o trabalho desse mestre ao longo das décadas foi não apenas o de rigoroso teórico em sua área. Kabê também foi um importante gestor, consultor e assessor de organismos nacionais, a exemplo do Ministério da Educação (MEC). O que deve ser destacado é a singularidade de sua produção reflexiva a respeito do racismo caminhar *pari passu* com sua intervenção social, na medida de suas possibilidades físicas e temporais.

Foi, portanto, estranho, estranhíssimo quando, depois de aposentado na USP, ele submeteu sua candidatura a professor visitante da Universidade Federal do Recôncavo da Bahia (UFRB) e o comitê julgador – certamente um bando de tapados – o reprovou. Por ele, a coisa ficaria assim mesmo, porque seu comportamento sempre foi pacificador. Contudo, a indignação tomou parte da comunidade acadêmica brasileira, exigindo a reavaliação imparcial da candidatura. Por fim, aprovada – para grande alegria da UFRB e de dezenas de colegas e novos alunos por ele abraçados.

Kabengele veio a fixar residência em Cachoeira, cidade histórica e de forte tradição das matrizes africanas mais cultuadas no país. Mais de quatro vezes, ao acaso, cruzava com ele não ali, mas em ruas de Salvador, e ele informava-me ter vindo resolver problemas burocráticos, particularmente em agências bancárias da capital.

Quis o tempo, esse senhor do universo, que assim eu tivesse a oportunidade de convidá-lo para membro da minha banca de professor titular, em agosto de 2019, na qual este autor submeteu-se ao topo da carreira universitária na UFBA. O texto de sua avaliação eu o publiquei, tendo ele autorizado e estando disponibilizado na internet.

Diálogo crítico da mestiçagem

Brasileiros, mesmo os que se autodefinem negros – ou quaisquer uma das 136 denominações computadas por Clóvis Moura a partir de dados de raça/cor do Censo de 1980 (Munanga, 2019, p. 130) –, podem apenas conjecturar o grau de surpresa do jovem estudante congolês Kabengele Munanga ao, proveniente de um período na Bélgica, no final dos anos 1970, vir concluir seu doutorado na USP a convite do professor Fernando Mourão.

Sangrentos conflitos étnicos que, em princípio, servem a interesses político-econômicos irrompem, com alguma frequência, por séculos, como um padrão nas relações das diversas sociedades tradicionais do grande continente africano. Grande parte de tais conflitos serviram ou servem a interesses alienígenas de países ou empreendimentos privados europeus, caso particularmente notável na história do Congo subjugado por belgas genocidas.

A própria Bélgica, até o presente, é um país tribal, dividido por diferentes identidades étnico-raciais que convivem sob um contrato cujo equilíbrio dá-se a partir da supervisão da chamada União Europeia. O Congo geopoliticamente demarcado por divisões linguístico-étnicas – por tal princípio, antes da nacionalidade congolesa, Kabengele é um baluba, ou luba – e a Bélgica de grupos separatistas mantidos sob vigilância eram, até sua estadia no Brasil, as únicas realidades empíricas até então sondadas por aquele pesquisador em formação.

Ao fixar-se neste país dos tristes trópicos como professor universitário, a partir dos anos 1980, Kabê possivelmente viu com estranhamento que "a realidade empírica, crua, observada por todos é a de que o Brasil constitui o país mais colorido do mundo racialmente, isto é, o mais mestiçado do mundo" (Munanga, 2019, p. 136) – embora esta constatação seja antecipada pela seguinte advertência do autor:

> [...] confundir o fato biológico da mestiçagem brasileira (a miscigenação) e o fato transcultural dos povos envolvidos nessa miscigenação com o processo de identificação e de identidade cuja essência é fundamentalmente político-ideológica, é cometer um erro epistemológico notável (Munanga, 2019, p. 108-109).

Essa advertência Kabê a faz depois de mais de duas décadas instalado em um país no qual, conclui-se da leitura de seu livro, o ódio racial visto até hoje em outras sociedades jamais se transmutou em conflito declaradamente aberto.

O racismo do brasileiro é hipócrita.

Em 1999, ano da primeira publicação do livro aqui referenciado, Kabengele Munanga estava em profícua produtividade acadêmica. Dando aulas na graduação e na pós-graduação da USP, além de assumir cargos de direção de dois museus importantes da instituição. Também intensifica sua intervenção na vida política nacional – como registrado acima – em questões da ordem do dia da luta antirracista. Enquanto gente de sua faculdade na USP assinava manifestos contra a implantação de cotas no Brasil,[2] ele subsidiava o movimento negro brasileiro, defensor de tais políticas compensatórias de ação afirmativa.

Tornara-se já uma referência nas discussões do racismo brasileiro. Sentia-se, portanto, capaz de propor uma análise substanciosa sobre a genealogia da mestiçagem, cuja meta explicitada no referido trabalho é afirmar o quanto a ambiguidade do mestiço se apresentaria como um obstáculo à tomada de consciência para uma unidade na luta de combate às desigualdades político-sociais resultantes do racismo contra o negro no Brasil.

Já na parte introdutória da obra, Munanga é assertivo quanto ao que o mobiliza a pensar a questão:

> Todos os movimentos sociais, incluindo o dos negros, lutam pela justiça social e por uma redistribuição equitativa do produto coletivo. Numa sociedade hierarquizada como a brasileira, todos encontram dificuldades para mobilizar seus membros em torno da luta comum para transformar a sociedade (Munanga, 2019, p. 19).

O problema central denotado pelo autor estaria na dificuldade de construir-se, no Brasil, o que ele chama de "identidade negra". Afirma, em outro trecho da introdução ao tema:

> Apesar de algumas conquistas, simbólicas e concretas, como, por exemplo, o reconhecimento oficial de Zumbi dos Palmares como herói nacional, "herói negro dos brasileiros", os movimentos negros ainda não conseguiram mobilizar todas as suas bases populares e

[2] Ver: https://bit.ly/3EtmS3X. Acesso em: 19 ago. 2020.

> inculcar-lhes o sentimento de uma identidade coletiva, sem a qual não haverá uma verdadeira consciência de luta.
>
> A grande explicação para essa dificuldade que os movimentos negros encontram e terão de encontrar talvez por muito tempo não está na sua incapacidade de natureza discursiva, organizacional ou outra. Está, sim, nos fundamentos da ideologia racial elaborada a partir do fim do século XIX a meados do século XX pela elite brasileira. Essa ideologia, caracterizada, entre outros, pelo ideário do branqueamento, roubou dos movimentos negros o ditado "a união faz a força" ao dividir negros e mestiços e ao alienar o processo de identidade de ambos (Munanga, 2019, p. 21).

Como intelectual orgânico, na definição gramsciana do termo (Gramsci, 1982), vê-se que o trabalho do autor quer tomar partido de um dos setores do heterogêneo movimento negro. Justamente aquele, por vezes estimulado, inclusive, pela chamada Cooperação Internacional – principalmente baseada nos Estados Unidos da América –, que trabalha com a possibilidade de replicar no Brasil a mesma esquematização da luta identitária racial existente em outros lugares, de forte conteúdo racista.

Kabê, nesse seu pequeno-grande livro composto por seis capítulos, incluindo a conclusão, esmiúça a problemática da mestiçagem utilizando, sempre criticamente, as principais fontes teóricas, nacionais e estrangeiras, de referência.

Como no Brasil a mestiçagem foi grandemente utilizada como um projeto ideológico – nem sempre consensual enquanto política identitária do país –, o autor coloca-se ao lado dos que pretendem ser o fortalecimento de uma "identidade negra", a melhor estratégia de combate à ambiguidade do mestiço, já que o lugar deste, no Brasil, seria, pelo que se deduz da leitura, lugar nenhum.

Na sociologia política de Max Weber, aprendemos a distinguir entre classes, grupos de status e partidos. Resta definido não ser da competência política de movimentos societários ou comunitários – como são determinados grupos estamentais, a exemplo de feministas, sindicatos, negros, homossexuais etc. – o fundamental papel de transformação radical da sociedade. Isso, em sociedades abertas como pretende ser a brasileira, compete à disputa e à conquista do poder político, no que resulta serem os partidos políticos o único instrumento vocacionado a esse fim. Kabê não enxerga dessa forma, como se vê na transcrição mais acima.

O que se verifica na história republicana recente do Brasil, no contexto mesmo da Constituição em vigor – propugnadora da pluralidade na diversidade e do Estado Democrático de Direito –, é um paradoxo. Por circunstâncias várias, o chamado Movimento Negro jamais se articulou eficazmente em torno de um projeto político-partidário autônomo – não importando nesse caso, inclusive, o espectro ideológico com o qual tal hipotético partido viesse a se alinhar.

A maioria da militância nesse período filia-se a projetos de outrem – em geral identificados como "progressistas", confundidos por "esquerdistas", de siglas partidárias cujo comando é quase exclusivamente eugenicamente branco ou, se menos, não negro. A luta antirracista, por conseguinte, dá-se também nessa arena, e, até o presente, os militantes negros partidariamente orientados permanecem em desvantagem, repetindo cacoetes e chavões envelhecidos em nome de uma suposta "causa maior". Sem força e sem representatividade eleitoral, funcionam, para os chefes proprietários de tais partidos políticos, como "macacos de auditório" e massa de manobra.

Não à toa, quando as elites de mando e poder no Brasil pretendem-se ecléticas, "pessoas maravilhosas", trazem um negro a tiracolo ou convida seus grupos "culturais" para animar seus eventos, com batuques, danças, festas e acepipes exclusivos da africanidade estereotipada. Talvez por seu lugar privilegiado de observador, produtor de conhecimento científico – o que fica patente em toda a revisão feita do conceito da mestiçagem e sua aplicação desde os primórdios da história humana aos dias atuais, analisada em cada contexto histórico concreto a partir dos exemplos apresentados –, Munanga contorna o que, a nosso ver, tem sido o calcanhar de Aquiles dos ditos movimentos sociais contemporâneos.

Quando afirma que "os movimentos negros ainda não conseguiram mobilizar todas as suas bases populares", esquece-se do fato cristalino de que movimentos do gênero, ou congêneres, como os "dos negros", não possuem, de forma alguma, as tais "bases populares". São movimentos de quadros, alguns provenientes de ambientes populares, contudo, apartados da massa. Possuem bases compostas pelos mesmos de sempre – donde o problema de pouca renovação dos quadros –, uma pequena parcela daqueles que pretensamente representariam.

Pretender que os porta-vozes do combate ao racismo no Brasil possam vir a "inculcar" no povo popular – o zé-ninguém, o zé-povinho às voltas com a labuta cotidiana – "uma identidade coletiva, sem a qual não haverá uma verdadeira consciência de luta" é, em Kabengele Munanga, uma manifestação de profunda generosidade com esses porta-vozes, além de esperar demais dessa gente historicamente maltratada pelo sistema de coisas que a subjuga e, com frequência assustadora, a mata.

Também é controversa a transferência de responsabilidade feita por Kabê, atribuindo à força da ideologia racial "a grande explicação" quanto à fragilidade de uma identidade negra neste país majoritariamente não branco. Não subestimamos o papel da ideologia, mas a sua eficácia somente renova-se a partir da adesão consensual da maioria que a ela adere. Significa dizer: se a ideologia do branqueamento continua bem-sucedida no Brasil, é porque os movimentos negros não contrapuseram, até o momento, uma segunda ideologia que convença a maioria exposta à primeira.

Diferentemente do que desejaríamos, a natureza discursiva e organizacional do movimento negro identitário brasileiro não encontra eco junto à massa depauperada – composta, majoritariamente, por não brancos. Se isso ocorre, é porque tais discursos e organizações negros são fundamentalmente impermeáveis, estéreis, incapazes de cumprir a função para a qual se enunciaram.

Numa sociedade desigual como a nossa, ainda que entre as maiores economias do planeta, as pessoas são mobilizadas por interesses mais imediatos. A identificação étnica ou racial apenas funcionaria se enxergo um ganho concreto, se terei alguma vantagem em assim me posicionar. Durante a fase temporal na qual Kabengele Munanga refletia sobre o assunto nesse seu livro, um setor do movimento negro muito próximo a Kabê, posto que na USP, compreendeu ser possível trazer os mestiços não brancos de várias gradações fisionômicas para o lado da luta antirracista.

Em vez de insistir na pregação da "consciência identitária negra" – que, a nosso ver, faz pouco sentido junto às "bases populares" nessa sociedade quase de castas – o Movimento Pelas Reparações deu ênfase à dívida, não moral, mas econômica, financeira do Estado brasileiro, construído às expensas do trabalho de nossos ancestrais africanos responsáveis, por séculos, pela afirmação positiva do poderio econômico do país.

Se cada "mulatinho com um pé na cozinha" vislumbra ser credor de centenas de milhares de dólares que entrarão em sua conta bancária tão-somente por sua ancestralidade africana agora recompensada, a adesão a essa identidade dar-se-á por osmose. Ou por esperteza humana, mais que humana.

Foi a partir de tal inflexão discursiva que esse setor do Movimento Negro, com o apoio, repita-se, de Kabê, desdobrou-se na elaboração dos fundamentos justificadores da implantação de cotas para ingresso nas universidades públicas brasileiras. Enxergando, agora, poder ser beneficiado com essa política de ação afirmativa, quantos daqueles das 136 denominações do censo de 1980 se tornaram "negros" (ou indígenas) apenas nas duas últimas décadas no Brasil?

Razões de interesse econômico ou de alteração positiva de status, se vinculadas à afirmação identitária, parecem funcionar. Pesquisas censitárias dos anos 2000 para cá registram um crescimento do percentual dos que se autodefinem como pretos no Brasil. Como as instituições admitem que a categoria de "pardos" está intrinsecamente relacionada aos não-brancos, nesta segunda década do século XXI, este permanece um país mestiço, mas de minoria branca – embora, em termos de relações de poder político de mando, muito caminho teremos ainda de percorrer para que seja, de fato, representativa a democracia nesse país. Representatividade e diversidade democrática: eis, no fundo, a síntese do pensamento de Munanga para este país do equilíbrio dos contrários (Freyre, 2005).

Quanto à "identidade negra" sobrevém uma dúvida: no Brasil deste século, qual seria sua utilidade quanto à vontade geral? Em que medida faz-se necessária? Na complexa relação dos subalternizados com os nem sempre explícitos interesses do mercado de bens globais, uma "identidade" assim determinada serviria à maioria ou tão-só a alguns dos mercadores da vitimização, em si mesma uma ideologia que atrasa a ruptura com o já estabelecido?

Referências

FREYRE, Gilberto. *Casa grande e senzala*. 50. ed. São Paulo: Editora Globo, 2005.

GRAMSCI, Antonio. *Os intelectuais e a organização da cultura*. 4. ed. Tradução de Carlos Nelson Coutinho. Rio de Janeiro: Civilização Brasileira, 1982.

MUNANGA, Kabengele. *Rediscutindo a mestiçagem no Brasil: identidade nacional* versus *identidade negra*. 5. ed. rev. ampl. Belo Horizonte: Autêntica, 2019.

PARTE 2

NEGRITUDES: AÇÕES AFIRMATIVAS E EDUCAÇÃO ANTIRRACISTA

CAPÍTULO 5

Na sala do meu pai[1]: um pesquisador, curador, ativista, professor e orientador negro-africano

Alex Ratts

em alguns pontos do rizoma se ergue uma árvore
do lado de cá, uma gameleira
do lado de lá, um baobá

Este é um livro-tributo. Costumo dizer que uma das melhores homenagens a um/a intelectual acadêmico/a, a um/a escritor/a ou poeta, é a leitura e a referência a seus textos. Em se tratando de um pesquisador, orientador e curador negro-africano em atividade no Brasil há mais de quarenta anos, renomado no país e em instituições estrangeiras, como ocorre com o antropólogo congolês-brasileiro Kabengele Munanga, é importante tratar de aspectos pouco lembrados ou referidos de seus trabalhos. Igualmente, é necessária muita atenção para com o racismo acadêmico e os mecanismos de forjar apagamentos e encapsulamentos.

---

[1] Esta frase é uma paráfrase do título do livro do filósofo ganense Kwame Appiah: *Na casa de meu pai: a África na filosofia da cultura* (1997). O autor aponta que a casa de seu pai, situada em Koumassi, área do reino Achanti, Gana, África Ocidental, passavam pessoas de várias procedências africanas e europeias, por sua vez, portadoras de diversas tradições culturais e religiosas. Neste caso, me refiro à sala compartilhada pelos professores Kabengele e Munanga e Carlos Serrano na Universidade de São Paulo, cujo acesso me foi disponibilizado e era lócus de uma experiência acadêmica africano-brasileira. Agradeço à leitura primorosa da mestra em Geografia pela Universidade Federal de Goiás (UFG) Raquel Almeida Mendes e da docente Luana Antunes Costa, da Universidade da Integração e Lusofonia Afro-Brasileira no Ceará (Unilab).

Conhecido por seus estudos e pesquisa no campo das relações raciais há quatro décadas e das ações afirmativas desde o início do século XXI, Kabengele Munanga tem uma trajetória de pesquisa com as sociedades africanas e com a questão afro-brasileira. Algumas de suas áreas de estudo e trabalho são pouco ou nada mencionadas em reportagens ou entrevistas, a exemplo de seus estudos de antropologia africana e outros de arte africana e afro-brasileira.

Desde os anos 1970, no cenário da abertura política dos governos militares (1978-1985) e da independência de países africanos, estudantes negros/as brasileiros/as e africanos/as adentraram as universidades do país, muitas delas públicas, sobretudo as federais, e algumas privadas, particularmente as católicas. Parte significativa tem se envolvido com estudos, pesquisas e intervenções nos campos étnicos, raciais, negros e africanos. Este é seu caso.

Como procedimento metodológico, fiz uma consulta ao *curriculum vitae* de Kabengele Munanga na Plataforma Lattes, e me detenho em parte de sua produção bibliográfica (1977-2017), com foco nos seguintes temas: antropologia das sociedades africanas; arte africana e afro-brasileira; antropologia das populações afro-brasileiras e relações raciais; ações afirmativas. Tomo por base alguns livros autorais e coletâneas organizadas, capítulos de livro, artigos em periódicos e catálogos de exposições. Devo ressaltar que não fiz um levantamento e uma leitura extensos. A ideia é referenciar determinadas produções.

Alguns traços biográficos advêm de duas entrevistas voltadas mais diretamente para sua trajetória (Munanga, 2002; Dantas; Ferreira; Véras, 2017; Jaime; Lima, 2013). Não consultei sistematicamente as muitas entrevistas gravadas e outras aparições em programas de TV ou internet.

Por fim, no que diz respeito à convivência pessoal mais intensa relativa ao período de doutorado, incluindo um reencontro recente, e mais esparsa em eventos, tomo minhas lembranças como fonte. No começo e no final deste capítulo, deixo aflorar essas referências mais pessoais e minha reverência.

Um ex-colonizado se torna antropólogo

Em junho de 1940, durante a Segunda Guerra Mundial, no antigo Zaire, na cidade de Bakwa Kalonji, província de Kasai, nasce o menino

Munanga Kabengele, cujo pai, Ilunga Kalama, ele perdeu aos 6 meses, e a mãe, Mwanza Wa Biaya, descrita pelo filho como muito generosa para com a família e a vizinhança, viveu por cerca de 100 anos. O rio Kasai pertence à extensa bacia do Rio Congo, uma confluência de antigos reinos, uma área multilinguística, multiétnica, multicultural que desafia o olhar esquemático colonial que almeja definir e separar grupos étnicos e fronteiras, encaixando-os no quadro do Estado-nação.

A Bélgica, por meio da ação do Rei Leopoldo II, entre 1877 e 1908 forja a criação do "Estado Livre do Congo", com interesse na navegação, na instalação de ferrovias e na apropriação de marfim e borracha, o outro lado da industrialização e da modernidade europeia. O Congo foi área de um dos maiores genocídios da humanidade relativos à extração da borracha, sob várias formas de violências físicas, denunciadas por algumas pessoas como o fotógrafo yoruba Hezekiah Andrew Shanu, o missionário William H. Sheppard, a missionária e fotógrafa estadunidense Alice Harris e o cônsul britânico Roger Casement (HOCHSCHILD, 1999). Este quadro social colonial é coetâneo, provavelmente, da geração de avós e avôs de Kabengele Munanga.

Seus estudos iniciais se deram em escolas missionárias, em um colégio interno com espaços separados para filhos/as dos/as colonizadores/as e da população africana local. Seu letramento inicial se deu na língua materna *tiluba*, falada por dois milhões de congoleses e, posteriormente, em francês, a língua dos colonizadores belgas. Com os missionários que evangelizavam na língua local, passou pelo catecismo e foi batizado (MUNANGA *apud* DANTAS; FERREIRA; VÉRAS, 2017).

Munanga rememora seus dilemas e sua sagacidade de estudante face ao confronto linguístico e de saberes:

> Então a língua da colonização era o francês, e a partir do segundo ano primário começo a ter algumas noções da língua francesa. Mas você aprende algumas noções na escola, quando volta para casa a língua é a língua materna e até o fim da escola primária, terminando o sexto ano, você deixa de aprender em língua materna, para aprender tudo em francês. Difícil, porque você não domina essa língua, você tem que aprender todos os conceitos matemáticos, tudo numa língua que não é a sua. Então era difícil, comecei a ter alguns bloqueios porque não entendia praticamente nada, a única sobrevivência era o quê? Era uma boa memória, era memorizar

> tudo, mesmo sem entender nada; era reproduzir tudo, porque o ensinamento era isso, um bom aluno era aquele que sabia reproduzir, então eu reproduzia os textos, fórmulas de física, sem entender nada. A inteligência é saber em que momento reproduzir e que parte eles querem escutar, e as pessoas que não têm essa possibilidade logo são excluídas da escola (Munanga *apud* Dantas; Ferreira; Véras, 2017, p. 34).

A seletividade de uma criança colonizada contribui para sua desenvoltura no mundo escolar. bell hooks (2008, p. 859), ao imaginar africanos em terras estadunidenses diante do confronto linguístico, ressalta o processo em que a língua do colonizador pode ser vista como comunicação:

> Eu os imagino ouvindo inglês falado como a língua do opressor, no entanto, eu os imagino também se dando conta de que essa língua precisaria ser possuída, tomada, reivindicada como um espaço de resistência. Imagino que o momento em que eles perceberam que a língua do opressor, tomada e falada pelas bocas dos colonizados, poderia ser um espaço de ligação foi uma intensa alegria (p. 859).

A memória do estudante indica as contradições do processo colonial. Tendo cada vez mais uma formação eurocentrada, distanciando-se de conhecimentos acerca das sociedades africanas, por sua vez, uma literatura insurgente chegava às mãos desses/as jovens,

> E nesse indo, indo, reproduzindo, memorizando, dominando a língua, pouco a pouco, começa a história, a história do colonizador, a história da Europa, a história da própria Bélgica, o conflito na Europa, da África a gente não conhecia nada. Não se falava da história da África, eu não sabia, até o fim do colégio, que o continente africano teve império, principados, monarquias, a gente não sabia absolutamente nada. A história que a gente conhecia era a dos países ocidentais dos colonizadores. Mas quase no fim do processo sempre tem livros que a gente começa a entrar em contato, com uma certa literatura que entrava, não sei como, através dos colegas mais velhos. Começamos a ter contato com livros sobre a negritude, o pan-africanismo, e aí começou a abrir os nossos horizontes para descobrir o que era aquele sistema e aquela gente que integrava automaticamente, sem nenhuma crítica, o complexo de inferioridade de negro (Munanga *apud* Dantas; Ferreira; Véras, 2017, p. 35).

O retorno das férias para a comunidade é relatado por ele como um outro lado do confronto colonial entre cosmologias, modos de vida e culturas, e a margem de existência para além dos limites estabelecidos:

> A única coisa que salvava é que, quando a gente saía para as férias, voltava para as famílias, que continuavam a viver suas culturas, suas religiões, suas visões do mundo, não tinha nada a ver com o colonialismo. Os colonizadores não viviam nas aldeias para controlar a vida dessas pessoas. Podia haver, e havia, prisão arbitrária, trabalho forçado, mas no cotidiano esses povos continuavam a viver sua cultura, não havia nenhuma força para mudar as coisas. O processo de alienação era através de nós, jovens que passavam pela escola, mas o colonizador não estava lá no cotidiano (Munanga *apud* Dantas; Ferreira; Véras, 2017, p. 35-36).

A independência do Congo é datada de 30 de junho de 1960. É neste contexto que Munanga parte para a cidade, para a capital Kinshasa, com cerca de 20 anos de idade. Em 1964, fazendo parte da pequena segunda turma de estudantes universitários do país, o jovem adentra a Université officielle du Congo à Lubumbashi e opta por cursar Antropologia, uma ciência marcadamente colonial.

> Eu estava na Universidade Oficial do Congo, e ninguém queria fazer Antropologia porque já tinha informação entre os colegas de que era uma ciência colonial. Entrei na Antropologia em 1966, como único estudante, não tinha outro, com professores que vinham da França, da Bélgica, da Inglaterra (Munanga *apud* Dantas; Ferreira; Véras, 2017, p. 3).

Munanga segue em seu relato, trazendo a distinção de qual vertente antropológica vislumbrou seguir:

> Eu, um "louco", como alguns de meus colegas e amigos consideravam, encarei o desafio, porque através da disciplina de Introdução à Antropologia, ministrada pelo professor Ferdinand Ngoma, doutor em Sociologia pela Sorbonne e, aliás, o único professor negro (congolês) na Universidade Oficial do Congo, já tinha certo discernimento entre a antropologia física e a antropologia cultural. Fechei os ouvidos às bobagens racistas que eram faladas, tais como "Os cursos de ciências sociais, em especial a antropologia, ajudam os negros a entenderem porque são inferiores aos brancos", e segui

> em frente. Na verdade, eu decidi que queria ser professor de Antropologia a partir dos ensinamentos que escutava na disciplina do professor Ngoma (Munanga *apud* Jaime; Lima, 2013).

Na sua memória, o que predominava era a antropologia funcionalista. Professores vinham da Bélgica, França e Estados Unidos (Munanga *apud* Jaime; Lima, 2013) ministrar aulas somente para ele. Ao final do curso, torna-se professor na mesma universidade.

Em meu entendimento, sua experiência de colonizado que se torna antropólogo ilumina nossas trajetórias de estudantes negros/as e indígenas que optamos pela Antropologia. Crânios não são mais medidos, objetos rituais não mais são retirados das comunidades étnicas, mas a persistência de referenciais hegemonicamente eurocêntricos é um dos redutos do colonialismo nesta e em outras áreas do conhecimento.

O primeiro antropólogo congolês se torna um antropólogo afro-brasileiro

Primeiro antropólogo congolês do período da descolonização, diante de um processo de divergências políticas com os governos do Congo (antigo Zaire) recém-independente, Kabengele inicia, em autoexílio, o doutorado na Université de Louvain, Bélgica, com o professor Albert Maesen, especialista em arte africana, mesmo orientador de Jan Vansina, que se tornaria muito conhecido pelo trabalho com História Oral. Após levantamentos iniciais sobre o povo Basanga e sobre arte africana, Munanga faz trabalho de campo:

> Como naquela época éramos mandados por nossos mestres, o professor Maesen achou que o que já havia feito (pesquisa bibliográfica e seminários de pesquisa) era suficiente para voltar ao campo. Assim, nos meados de 1971, começo a preparar minha viagem de volta para iniciar o trabalho de campo entre os Basanga, pois, naquela época, era impensável obter um diploma de doutor em Antropologia sem fazer pesquisa de campo (Munanga *apud* Jaime; Lima, 2013, p. 521).

No retorno à universidade para continuar o doutorado, a situação política congolesa se complica bastante. Muito provavelmente, em face de parte de sua família ter se colocado em oposição ao governo autoritário de Mobutu Sese Seko, ele perde a bolsa de pesquisa. Por intermediação de um professor brasileiro, Fernando Augusto Albuquerque Mourão Cavalcante, do Centro de Estudos Africanos da Universidade de São Paulo (CEA-USP) (Dantas; Ferreira; Véras, 2017, p. 39; Jaime; Lima, 2013, p. 424), em viagem à Bélgica para estabelecer convênios, abre-se a possibilidade de ele vir para o Brasil.

Um colega congolês chega ao Brasil, em 1974: Kazadi wa Mukuna (2000) que elabora a tese *Contribuição bantu na música popular brasileira: perspectivas etnomusicológicas*, que trata dos elementos africanos na musicalidade brasileira e suas procedências da área do Congo, com persistências e alterações na diáspora. Kabengele Munanga chega ao país em 1975, e em dois anos e meio cursa disciplinas e conclui sua tese em Antropologia: *Basanga de Shaba (Zaire): aspectos sócio-econômicos e político-religiosos* (1977), publicada quase uma década depois com uma modificação no subtítulo (Munanga, 1986).

No período em que chega ao Brasil e se instala, o Movimento Negro está se organizando em quase todo o país e, com algumas particularidades, nas universidades, com a entrada em cena de estudantes militantes. Cabe lembrar alguns marcos: em 1975, na Universidade Federal Fluminense (UFF), é criado o Grupo de Trabalho André Rebouças; em 1977, na Universidade de São Paulo (USP), é organizada a Quinzena do Negro (Ratts, 2007; 2011).

No ano seguinte à sua defesa de tese, o pesquisador publica um artigo em que se volta para as questões raciais, entre negros e brancos, nos Estados Unidos, no Brasil e na África colonial – "Preconceitos de cor: diversas formas, um mesmo objetivo" (Munanga, 1978b) –, identificando processos ideológicos comuns e distinguindo comportamentos e reações específicas. Em todo o texto, o autor se coloca enquanto negro e aciona referências brasileiras, sobretudo paulistas, do campo das relações raciais. Arrisco-me a dizer que, em pouco tempo, ele torna-se um negro brasileiro, ou melhor, africano-brasileiro.

Estudos africanos e afro-brasileiros

Como era previsto, Kabengele Munanga publica alguns artigos oriundos da tese, mas paulatinamente vai ampliando sua observação e produção em duas direções: acerca da África e das sociedades africanas, no que concerne aos processos de colonização e descolonização:

- A Antropologia e a colonização da África. *Estudos Afro-Asiáticos*, Rio de Janeiro, v. 1, p. 44-48, 1978a.
- África: trinta anos de processo de independência. *Revista USP*, São Paulo, n. 18, p. 110-111, jun.-ago., 1993.

Um dos aspectos pouco conhecidos da trajetória e do trabalho de Kabengele Munanga são seus estudos, direção de museu e curadoria de exposições sobre arte africana e afro-brasileira. Durante o Congresso Internacional da Escravidão, realizado de 7 a 11 de junho de 1988 na USP, Kabengele Munanga, enquanto diretor do Museu de Arqueologia e Etnologia[2] daquela instituição, organizou a Exposição de Peças Africanas e Afro-Brasileiras – Museu de Arqueologia e Etnologia (Munanga; Manzochi, 1988). No texto introdutório, Munanga recoloca a relação entre a África e a diáspora no Brasil por meio da arte e, mais especificamente, de artefatos artísticos:

> Ao percorrer o Brasil, do Norte ao Sul, do Leste ao Oeste, dos centros principais às periferias, encontrar-se-ão tambores, instrumentos e objetos similares que acompanham o ritual e as danças, os emblemas das divindades etc., criando novas formas, estilos locais e nova linguagem plástica.
> Nesta pequena exposição, queremos apenas ilustrar, a partir da amostra tirada do acervo africano e afro-brasileiro do Museu de Arqueologia e Etnologia da Universidade de São Paulo, a produção material desses grupos culturais africanos que aqui chegaram (Munanga, 1988, p. 3).

O catálogo da exposição inicia com representações do orixá Exu "africano" e "afro-brasileiro" e segue com peças do acervo que posteriormente se tornariam mais comuns em exposições e museus dedicados ao tema no país: estatuetas dos povos Dogon e Bambara do Mali e Senufo da Costa do Marfim, denominadas de "ancestrais"; outras estatuetas, a exemplo de uma Luba, do então Zaire (República Democrática do Congo), uma boneca Akua'ba, dos Ashanti de Gana e várias outras da sociedade secreta Ogboni dos Yorubás, na Nigéria; máscaras e cabeças

[2] O referido museu foi criado em 1969, e a "coleção africana" foi iniciada em 1971. Em 1976, seu coordenador era o historiador da arte Marianno Carneiro da Cunha (1926-1980).

da África Ocidental, especialmente do Benin; instrumentos musicais e adornos do candomblé.[3]

No ano 2000, em referência ao achamento da costa do que viria ser o Brasil por navegadores portugueses, foi realizada a Mostra do Redescobrimento, com curadoria geral de Emanuel Araújo, ocupando vários edifícios do Parque do Ibirapuera. Kabengele Munanga foi curador da exposição Arte Afro-Brasileira junto com François Neyt da Université de Louvain-la-Neuve, Catherine Vanderhaeghe, Marta Heloísa Leuba Salum, do Museu de Arqueologia e Etnologia da Universidade de São Paulo. O evento resultou em catálogo homônimo (NEYT *et al.*, 2000).

O módulo de Neyt e Vanderhaeghe apontou para as duas direções africanas que mais se correlacionam com o Brasil: a África Ocidental e a área Congo-Angola. Com base em uma proposta de definição da arte afro-brasileira, o módulo de Munanga (2000) trouxe o pintor Heitor dos Prazeres, os escultores Mestre Didi, Agnaldo dos Santos, Rubem Valentim, Ronaldo Rêgo, a pintora Niobe Xandó e a artista plástica Rosana Paulino.

A dimensão mais conhecida dos estudos e pesquisas de Kabengele Munanga é o campo das relações raciais no Brasil e em outras áreas do mundo. Nas duas próximas sessões, faço uma divisão em duas partes para indicar seu papel como acadêmico e ativista negro-africano radicado no país.

Relações raciais, identidade afro-brasileira e educação

Desde o final dos anos 1970 e começo do decênio seguinte, Kabengele Munanga continua publicando acerca de África, mas se volta também para o campo das relações raciais e identidade afro-brasileira.

[3] Entre 31 de maio e 28 de junho de 1977, o sociólogo e ativista negro Eduardo de Oliveira e Oliveira, mestrando na USP e técnico da Secretaria de Cultura, Ciência e Tecnologia de São Paulo, em colaboração com Marianno Carneiro da Cunha (MAE-USP), organizou uma Mostra de Objetos Africanos como parte da Quinzena do Negro, evento extenso e que ocupou vários locais da cidade com conferências, mesas, mostra de filmes e exposição de jornais da Imprensa Negra (SALUM; CERAVOLO, 1993, p. 172; RATTS, 2007, p. 41-42; TRAPP, 2018, p. 174-175).

- Algumas reflexões críticas sobre o conceito de negritude no contexto afro-brasileiro. *Revista de Estudos Afro-Asiáticos*, Rio de Janeiro, v. 8-9, p. 79-81, 1983.
- Construção da identidade negra: diversidade de contextos e problemas ideológicos. In: CONSORTE, Josildeth Gomes; COSTA, Márcia Regina da (Orgs.). *Religião, política, identidade*. São Paulo, Editora da PUC-SP, 1988. p. 143-147.
- Negritude afro-brasileira: perspectivas e dificuldades. *Revista de Antropologia*, São Paulo, v. 33, p. 109-117, 1989.

Um de seus trabalhos mais conhecidos é o livro paradidático *Negritude: usos e sentidos* (Munanga, [1988] 2019), que tem como foco o movimento homônimo diaspórico, seus processos históricos, suas acepções, alguns expoentes e conceitos-chave.

No período entre 1988,[4] marco do centenário da Abolição, e 1995, tricentenário da morte de Zumbi, último líder do Quilombo dos Palmares, o pesquisador e ativista alcança maior projeção nacional e se insere ainda mais na atuação acadêmica e política, com uma dimensão inequivocamente coletiva.

Como colaborador da Fundação Cultural Palmares, organiza o primeiro número do periódico *Palmares em Revista*, em 1996, dedicado a trabalhos antropológicos, sociológicos e historiográficos acerca das comunidades negras rurais. Nesse mesmo período, destaco duas coletâneas das quais ele é organizador que tratam do racismo, de seus efeitos e medidas antirracistas e que podem ser consideradas matéria-prima de trabalho para quem estuda, pesquisa e milita nesse campo:

- *Estratégias e políticas de combate à discriminação racial*. São Paulo: Edusp/Estação Ciência, 1996a.
- *Superando o racismo na escola*. Brasília: MEC/SECAD, 1999.

A primeira é oriunda do Seminário Internacional "Estratégias de combate às práticas discriminatórias", que se realiza em São Paulo em novembro de 1995 e

[4] Ano da promulgação da Constituição Federal que contém artigos referentes à criminalização do racismo, ao reconhecimento do patrimônio afro-brasileiro no âmbito da formação étnica, racial, cultural e territorial brasileira e do direito quilombola à terra.

> [...] tinha como finalidade a abertura de um diálogo e um debate em torno das políticas públicas antirracistas, numa troca mútua de experiências e informações, envolvendo intelectuais de outros países e pesquisadores nacionais. Um diálogo que no Brasil está apenas começando, mas que, Oxalá, cresça tanto no nível regional, quanto nacional (Munanga, 1996a, p. 12).

Na participação estrangeira, destaco Etienne-Richard Mbaya, da Universidade de Colônia (Alemanha), Ibrahim Sundiata da Brandeis University (Estados Unidos), Jennifer Dunjwa Blajberg e Pethu Serote da Gender Education & Training Network (África do Sul). Na composição brasileira da obra, ressalto a participação de mulheres, em parte significativa, negras: Roseli Fischmann (Universidade de São Paulo); Ronilda Ribeiro e Maria Aparecida Silva Bento (ambas pesquisadoras do Núcleo Interdisciplinar do Negro Brasileiro da Universidade de São Paulo); Maria de Lourdes Teodoro (Universidade de Brasília); Sueli Carneiro (Geledés – Instituto da Mulher Negra de São Paulo); Ana Célia da Silva (Universidade Estadual da Bahia), Maria de Lourdes Siqueira (Universidade Federal da Bahia) (Munanga, 1996a). À época, na universidade brasileira, havia poucas docentes e pesquisadoras negras. Algumas delas estavam em Organizações Não Governamentais.

Na apresentação de outra coletânea – *Superando o racismo na escola* –, Munanga (1999, p. 7) toca em pontos cruciais da correlação entre relações raciais e espaço escolar, atentando para um quadro social amplo e realidades específicas: as situações de discriminação de estudantes negros e negras, a ausência ou o conteúdo "depreciativo e preconceituoso em relação aos povos e culturas não oriundos do mundo ocidental", a importância do reconhecimento da diversidade étnica, racial e cultural da sociedade brasileira, a inserção (face ao apagamento e suas implicações na retenção e evasão) "da memória coletiva, da história, da cultura e da identidade" (Munanga, 1999, p. 8).

O educador, sempre antropólogo, aponta e demarca o tema da subjctividade e da estrutura psíquica de estudantes negras e negros e amplia o horizonte dessas questões:

> O resgate da memória coletiva e da história da comunidade negra não interessam apenas aos alunos de ascendência negra. Interessam também aos alunos de outras ascendências étnicas, principalmente branca, pois ao receber uma educação envenenada pelos

preconceitos, eles também tiveram suas estruturas psíquicas afetadas. Além disso, essa memória não pertence somente aos negros (Munanga, 1999, p. 9).

Nesta obra, a autoria é quase toda negra e quase toda de mulheres. Várias autoras são pesquisadoras acadêmicas do campo da educação, e algumas são professoras universitárias: Helena Theodoro (doutoranda em Filosofia/Universidade Gama Filho); Heloísa Pires Lima (mestre em Antropologia/USP); Inaldete Pinheiro de Andrade (Centro Solano Trindade); Maria José Lopes da Silva (mestre em Linguística/UFRJ); Ana Célia da Silva (Universidade do Estado da Bahia); Glória Moura (Universidade de Brasília); Nilma Lino Gomes (Universidade Federal de Minas Gerais); e Petronilha Beatriz Gonçalves e Silva (Universidade Federal de São Carlos).

As temáticas tratadas na coletânea vão desde a abordagem da diversidade étnico-racial na educação em correlação com a arte, passando pelas representações negras em livros, materiais e procedimentos didáticos, chegando até a geografia da África e a noção de africanidades.[5] Ambas as coletâneas são marcos coletivos que indicam a ação segura e aprofundada do que vem sendo denominado de "movimento negro acadêmico" (Ratts, 2009; 2011) ou, em outra amplitude, "movimento negro educador" (Gomes, 2017).

Parte da produção dessa temporalidade é dedicada a aprofundar faces das relações raciais. Os capítulos publicados em coletâneas organizadas por colegas, no meu entendimento, são parte de um delicado jogo de posições do qual a década seguinte mostrará outras sinuosidades:

- Mestiçagem e experiências interculturais no Brasil. In: Schwarcz, Lília M.; Reis, Letícia Vidor de S. (Orgs.). *Negras imagens:*

[5] Cabe destacar que a primeira edição (MUNANGA, 1999) vem a público pela Secretaria de Educação Básica do Ministério da Educação (MEC/SEB), alguns anos antes da promulgação da Lei 10.639 de 9 janeiro de 2003, que altera o artigo 26 da Lei de Diretrizes e Bases da Educação (LDB) e institui a obrigatoriedade do ensino de História e Cultura Africana e Afro-Brasileira em todos os níveis de ensino, antiga reivindicação de educadoras e educadores dos movimentos negros. A segunda edição é lançada em 2005, pela Secretaria de Educação Continuada, Alfabetização e Diversidade, criada dois anos antes no mesmo ministério (MEC/SECADI) e dirigida pela educadora Eliane Cavalleiro, então professora da Universidade de Brasília (UnB).

ensaios sobre cultura e escravidão no Brasil. São Paulo: Edusp/ Estação Ciência, 1996b. p. 179-194.

- As facetas de um racismo silenciado. In: SCHWARCZ, Lilia M.; QUEIROZ, Renato da Silva (Orgs.). *Raça e diversidade*. São Paulo: Edusp/Estação Ciência, 1996c. p. 213-229.

Nesse ritmo, elabora e defende sua tese de livre-docência, *Rediscutindo a mestiçagem no Brasil: identidade nacional* versus *identidade negra* (MUNANGA, [1999] 2019), aprofundando as interpretações de uma marca histórica de várias sociedades, mas acionada como sendo própria da sociedade brasileira e suas implicações, como o sincretismo, quando questionada por um discurso negro.

Em novembro de 2000, na Universidade Federal de Pernambuco (UFPE), em Recife, Kabengele Munanga participa do I Congresso Brasileiro de Pesquisadores/as Negros/as e da formação da Associação Brasileira de Pesquisadores/as Negros/as (ABPN), tornando-se participante ativo dessa outra fase do movimento negro acadêmico.

Nas universidades públicas brasileiras, os anos 2000 são marcados pelo início do debate, as divergências cruciais e a implementação de ações afirmativas, sobretudo na modalidade de cotas raciais. Observador atento, Kabengele não demorou a se colocar como antropólogo e negro diante das críticas de colegas que alertavam para a instauração de uma divisão e um tribunal racial incompatíveis com a sociedade brasileira. Sem receio do novo que se instaurava como a seletividade de estudantes com base em critérios raciais, calcados em processos históricos e psicológicos, Kabengele Munanga não teve dúvida de que lado estava.[6]

Dois manifestos são divulgados: um a favor e outro contra as cotas.[7] Causou determinada surpresa as assinaturas contrárias advindas de antropólogos/as e de historiadores/as, sobretudo, de estudiosas/as das relações raciais entre os/as primeiros/as e da escravidão entre os/ as segundos/as. Não cabe me estender aqui, mas, no campo da Antropologia, uma cisão e uma divergência tomaram corpo.

[6] Houve uma ação no Supremo Tribunal Federal que questionou a inconstitucionalidade das cotas raciais. Após discussões, depoimentos e votações, a ação foi derrotada. Para compreender parte da questão, ver: JESUS; GOMES, 2014.

[7] Confira a íntegra dos manifestos contra e a favor das cotas. *Folha de S. Paulo*, 4 jul. 2006.

Kabengele Munanga segue publicando a pleno vapor, colaborando intensamente com alguns núcleos como o Programa de Estudos Sobre o Negro na Sociedade Brasileira da Universidade Federal Fluminense (PENESB/UFF). Mais uma vez, ele sai à frente ou participa de coletâneas que são apontamentos de textos e autores/as muito férteis:

- Munanga, Kabengele (Org.). *História do negro do Brasil: o negro na sociedade brasileira*. v. 1. Brasília: Fundação Cultural Palmares, 2004.
  Esta obra, de pouca circulação, conta com a colaboração de Abdias Nascimento, Elisa Larkin Nascimento, Clóvis Moura, Leda Maria Martins, Wilson Barbosa, Haroldo Costa, Maria da Glória Moura, Maria da Glória Abreu, Maria de Lourdes Siqueira e Marta Heloisa Leuba Salum. Trata-se de um conjunto de autores/as negros/as de mais de uma geração.
- Gonçalves e Silva, Petronilha Beatriz; Silvério, Valter (Orgs.). *Educação e ações afirmativas: entre a injustiça simbólica e a injustiça econômica*. Brasília, INEP, 2005.
  Um livro sobre a trajetória da população negra, a educação e a universidade. Um libelo denso e contundente sobre as ações afirmativas, as políticas de conhecimento e as cotas raciais, com a participação de Oliveira Silveira, Petronilha Beatriz Gonçalves e Silva, Nilma Lino Gomes, Rachel Oliveira, Hédio Silva Jr., Henrique Cunha Jr., Valter Silvério, Wilson da Costa Mattos, José Jorge de Carvalho e outros/as.

As cotas raciais e outras modalidades de ações afirmativas para negros, quilombolas e indígenas foram implementadas e ampliadas, estando em fase de discussão de mecanismos de entrada e de políticas de conhecimento na pós-graduação, especialmente pela demanda de epistemologias negras e indígenas.

Como parte da Antropologia e do movimento negro brasileiro, é preciso notar o fato de que muitos textos seus estejam esparsos ou sejam de difícil acesso e que ainda não tenha uma biografia. No primeiro caso, há um longo período de afastamento da Associação Brasileira de Antropologia, pouco ou nada receptiva com pesquisadores/as ativistas das causas raciais. No segundo caso, a trajetória de alguém que transita, não sem obstáculos, entre mundos – acadêmicos e militantes, congoleses e brasileiros, africanos e afro-americanos, das artes e da cultura – pode iluminar percursos semelhantes, coetâneos e vindouros.

Na sala do meu pai: caminhos abertos por uma orientação

Dede 1995, ainda mestrando em Geografia Humana, avistava Kabengele Munanga em vários espaços uspianos por ocasião das atividades em rememoração à morte de Zumbi dos Palmares e também referentes à situação da população negra na instituição. No segundo semestre de 1996, estando em processo de finalização do curso, procurei-o e informei-o da intenção de tentar uma vaga para o doutorado em Antropologia Social, com sua orientação, em face dos estudos e pesquisas que realizava ou acompanhava acerca de comunidades negras rurais e relações raciais. Após uma detida conversa, agregada de referências bibliográficas antropológicas, tive anuência para indicar seu nome. Posteriormente, fui aprovado no pleito.

Entre março de 1997 e fevereiro de 2001, pude frequentar e compartilhar a sala que ele dividia com o também antropólogo e professor angolano Carlos Serrano, em frente ao Centro de Estudos Africanos. Aquele local se tornou parte do repertório de espaços que experienciei na USP na minha trajetória acadêmica e ativista: o CRUSP, onde fui morador por oito anos; as salas de aula e auditórios da Antropologia; a biblioteca, onde iniciei meus estudos africanos. Fiz parte de um conjunto de orientandos/as negros/as que Munanga menciona em entrevista ao *Jornal Ìrohìn*, citada por Lima Jr. (2009, p. 81):

> Sobre a orientação de estudantes negros no mestrado e no doutorado, se é convidado a participar de bancas em outras universidades, e qual sua avaliação sobre a produção desses intelectuais, calcula a soma de seis mestres e vinte doutores, e poucos negros: Jacques d'Adesky, Nilma Lino [Gomes], Alecsandro [Ratts], Camila [Camargo Vieira], Taynar [Pereira], Eliana de Oliveira, seis ou sete pessoas. Acredita que a PUC produziu mais mestres e doutores negros que a USP. São teses que trabalham a questão do negro, teses excelentes, em várias áreas de pesquisa, tanto na USP, como na PUC e na UFBA.

Outra concentração de estudantes negros/as de pós-graduação se dava nas aulas de Teorias sobre o racismo, discurso e políticas de combate ao racismo, por ele ministrada em vários anos. Posso dizer que uma parte de nós tinha consciência do horizonte racial que estávamos descortinando em nossos estudos, em nossas pesquisas, na segunda metade dos anos 1990, tendo pesquisadores/as e ativistas como Munanga na linha de frente.

Por fim, me sinto impelido a tratar de outro aprendizado que passa por ele. Ainda quando era mestrando, sem deixar de ser militante, ávido pelo conhecimento nos campos étnicos, raciais e africanos, fiz o curso de extensão Introdução à Língua e Cultura Yorubá, ministrado pelo então estudante de doutorado em Sociologia Adesiná Síkírù Sálámi, que concluiria posteriormente uma tese sobre os poemas de Ifá e os valores sociais dos Yorubá na Nigéria (Sálámi, 1999) e se tornaria o Bábálórisà King. O curso era coordenado pelo professor Fábio Leite, do Centro de Estudos Africanos da USP (CEAO-USP).

Nesse mesmo ano, estudei francês com o saudoso Komoe Yao, do povo Akan da Costa do Marfim (da *Cótê d'Ivoire*, como ele preferia dizer), também pós-graduando em Sociologia, com seu estudo bastante referido sobre valores negro-africanos e afro-brasileiros na obra de Jorge Amado (Yao, 1997). Cursando o doutorado, me aventurei na disciplina Músicas Africanas, com Kazadi wa Mukuna, etnomusicólogo congolês, professor da Kent State University (Kentucky, Estados Unidos), acima referido como colega de doutorado de Kabengele Munanga.

Em 1999, sob sua batuta e com os professores Carlos Serrano, angolano, da USP, e Saddo Ag Almouloud, malinês, da Pontifícia Universidade Católica de São Paulo (PUC-SP), iniciamos o Fórum África, formando um conjunto de dezessete africanos/as e três brasileiros/as, destinado a organizar a Semana da África com debates, apresentações culturais e festas, com vistas a confrontar estereótipos e elaborar outras imagens da África e das sociedades africanas.

Devo ainda mencionar uma conversa profícua com Carlos Serrano, em que este me estimulou a pesquisar o acervo do filme *Ori* de Raquel Gerber e, por consequência, estudar a obra e a trajetória transatlântica da historiadora Beatriz Nascimento (Ratts, 2007). Foram estes estudiosos, provenientes da região Congo-Angola e da África Ocidental, que me fizeram ampliar esses delineamentos, ao ponto de, nos últimos anos, me arvorar a ministrar disciplinas sobre

África e diáspora africana para o curso de graduação em Geografia e conjuntamente para os programas de pós-graduação em Geografia e Antropologia.

Kabengele Munanga me viu e me vê como pesquisador e militante africano-descendente, percebeu alguns caminhos da minha ancestralidade e se tornou meu "pai intelectual", em sua própria expressão, que assumo sem modéstia. Fui orientado com crítica, afinco e sensibilidade. Fui seu estagiário-docente em Antropologia I para as turmas de Ciências Sociais, estimulado a ter autonomia no trato com estudantes. Devo dizer que, na produção de cada um, trabalhamos com poucos referenciais teóricos comuns. No entanto, a atuação é bastante próxima em muitos aspectos. Diante da hierarquia e da autoridade que existe entre nós, desenvolvemos uma amizade que se delineou num horizonte acadêmico e político como se projetou entre nós na segunda metade dos anos 1990, e arrisquei projetar nas páginas iniciais da tese:

> Orientador, professor e pai. A fala mansa e firme de um ser afável me pôs nos lugares certos durante essa curta (mas intensa) viagem de reencontro e de recriação. Não imaginava o quanto nos tornaríamos companheiros de trabalho e amigos. Ainda quero dividir com você preocupações e projetos de maiores oportunidades para o nosso povo, uma nova imagem da África no Brasil e a solidariedade para com povos africanos (Ratts, 2001, p. iv).

Na sala que ocupo na universidade em que trabalho, muitas vezes o vejo nas imagens turvas dos meus espelhos, especialmente diante de estudantes que oriento, com seus pertencimentos étnicos, raciais e transnacionais, amefricanos e ameríndios, com quem se desenham afetos e cumplicidades acadêmicas e políticas entre fronteiras e paredes tornadas muito rígidas. Há estudantes negros/as que almejam estudar os temas da negritude. Há os/as estudantes africanos/as com quem organizamos a Semana da África.

De tão presentes e relevantes na trajetória de alguém ou de um grupo, algumas pessoas se tornam um lugar de saberes, narrativas e afetos. Kabengele Munanga se tornou um lugar, uma pessoa-lugar certa e certeira nessa minha travessia: a gameleira ou o baobá para quem entrego esse texto.

Referências

DANTAS, Sylvia; FERREIRA, Ligia; VÉRAS, Maura Pardini Bicudo. Um intérprete africano no Brasil. *Revista USP*, São Paulo, n. 114, p. 31-44, jul.-set. 2017.

GOMES, Nilma Lino. *O movimento negro educador: saberes construídos na luta por emancipação*. Petrópolis: Vozes, 2017.

GONÇALVES E SILVA, Petronilha Beatriz; SILVÉRIO, Valter (Orgs.). *Educação e ações afirmativas: entre a injustiça simbólica e a injustiça econômica*. Brasília: INEP, 2005.

HOCHSCHILD, Adam. *O fantasma do Rei Leopoldo: uma história de cobiça, terror e heroísmo na África Colonial*. São Paulo: Companhia das Letras, 1999.

hooks, bell. Linguagem: ensinar novas paisagens/novas linguagens. *Revista Estudos Feministas*, Florianópolis, v. 16, n. 3, p. 857-864, set.-dez. 2008.

JAIME, Pedro; LIMA, Ari. Da África ao Brasil: entrevista com o prof. Kabengele Munanga. *Revista de Antropologia*, São Paulo, v. 56, n. 1, p. 507-551, 2013.

JESUS, Rodrigo Ednilson; GOMES, Nilma Lino. A "constituição" da nação brasileira em disputa: o debate em torno da (in)constitucionalidade das ações afirmativas. *Tomo*, Aracaju, v. 24, p. 85-107, 2014.

LIMA JR., Ariovaldo. *Jornal Ìrohìn: estudo de caso sobre a relevância educativa do papel da imprensa negra no combate ao racismo (1996-2006)*. 177 f. 2009. Dissertação (Mestrado em Cultura, Organização e Educação) – Programa de Pós-Graduação em Educação, Universidade de São Paulo, São Paulo, 2009.

MUKUNA, Kazadi wa. *Contribuição bantu na música popular brasileira: perspectivas etnomusicológicas*. São Paulo: Terceira Margem, 2000.

MUNANGA, Kabengele. *Basanga de Shaba (Zaire): aspectos sócio-econômico e político-religiosos*. Tese (Doutorado em Antropologia Social) – Universidade de São Paulo, São Paulo, 1977.

MUNANGA, Kabengele. A Antropologia e a colonização da África. *Revista Estudos Afro-Asiáticos*, Rio de Janeiro, v. 1, p. 44-48, 1978a.

MUNANGA, Kabengele. Preconceitos de cor: diversas formas, um mesmo objetivo. *Revista de Antropologia*, São Paulo, v. 21 (2ª parte), p. 145-153, 1978b.

MUNANGA, Kabengele. Algumas reflexões críticas sobre o conceito de negritude no contexto afro-brasileiro. *Revista de Estudos Afro-Asiáticos*, Rio de Janeiro, v. 8-9, p. 79-81, 1983.

MUNANGA, Kabengele. *Os Basanga de Shaba: um grupo étnico do Zaire: ensaio de Antropologia geral*. São Paulo: Edusp, 1986.

MUNANGA, Kabengele. Construção da identidade negra: diversidade de contextos e problemas ideológicos. In: CONSORTE, Josildeth Gomes; COSTA, Márcia Regina da (Orgs.). *Religião, política, identidade*. São Paulo: Editora PUC-SP, 1988. p. 143-147.

MUNANGA, Kabengele. Introdução. In: MUNANGA, Kabengele; MANZOCHI, Helmy Mansur (Orgs.). *Exposição de Peças Africanas e Afro-Brasileiras – Museu de Arqueologia e Etnologia*. São Paulo: Edusp, 1988.

MUNANGA, Kabengele. Negritude afro-brasileira: perspectivas e dificuldades. *Revista de Antropologia*, São Paulo, v. 33, p. 109-117, 1989.

MUNANGA, Kabengele. África: trinta anos de processo de independência. *Revista USP*, São Paulo, n. 18, p. 110-111, jun.-ago. 1993.

MUNANGA, Kabengele. *Estratégias e políticas de combate à discriminação racial*. São Paulo: Edusp/Estação Ciência, 1996a.

MUNANGA, Kabengele. Mestiçagem e experiências interculturais no Brasil. In: SCHWARCZ, Lília M.; REIS, Letícia Vidor de S. (Orgs.). *Negras imagens: ensaios sobre cultura e escravidão no Brasil*. São Paulo: Edusp/Estação Ciência, 1996b. p. 179-194.

MUNANGA, Kabengele. As facetas de um racismo silenciado. In: SCHWARCZ, Lilia M.; QUEIROZ, Renato da Silva (Orgs.). *Raça e diversidade*. São Paulo: Edusp/ Estação Ciência, 1996c. p. 213-229.

MUNANGA, Kabengele. *Superando o racismo na escola*. Brasília: MEC/SECADI, 1999.

MUNANGA, Kabengele. Arte afro-brasileira: o que é, afinal?. In: NEYT, François *et al.* (Orgs.). *Arte afro-brasileira. Mostra do Descobrimento*. São Paulo: Associação Brasil 500 anos, 2000, p. 98-111.

MUNANGA, Kabengele (Org.). *História do negro no Brasil: o negro na sociedade brasileira: resistência, participação, contribuição*. Brasília: Fundação Cultural Palmares, 2004.

MUNANGA, Kabengele. *Negritude: usos e sentidos*. 4. ed. Belo Horizonte: Autêntica, 2019.

MUNANGA, Kabengele. *Rediscutindo a mestiçagem no Brasil: identidade nacional* versus *identidade negra*. 5. ed. rev. ampl. Belo Horizonte: Autêntica, 2019.

NEYT, François *et al.* (Orgs.). *Arte afro-brasileira. Mostra do Descobrimento*. São Paulo: Associação Brasil 500 anos, 2000.

RATTS, Alecsandro J. P. "O mundo é grande, e a nação, também": identidade e mobilidade em territórios negros. 175 f. 2001. Tese (Doutorado em Antropologia Social) – Universidade de São Paulo, São Paulo, 2001.

RATTS, Alex. *Eu sou Atlântica: sobre a trajetória de vida de Beatriz Nascimento*. São Paulo: Imprensa Oficial; Instituto Kuanza, 2006.

RATTS, Alex. Encruzilhadas por todo percurso: individualidade e coletividade no movimento negro de base acadêmica. In: PEREIRA, Amauri Mendes; SILVA, Joselina (Orgs.). *Movimento Negro Brasileiro: escritos sobre os sentidos de democracia e justiça social no Brasil*. Belo Horizonte: Nandyala, 2009. p. 81-108.

RATTS, Alex. Corpos negros educados: notas acerca do movimento negro de base acadêmica. *Nguzu*, Curitiba, ano 1, n. 1, p. 28-39, mar.-jul. 2011.

SÁLÁMI, Adesiná Síkírù. *Poemas de Ifá e valores de conduta social entre os Yorubá da Nigéria (África do Oeste)*. Tese (Doutorado em Sociologia) - Universidade de São Paulo, São Paulo, 1999.

SALUM, Maria Heloisa Leuba; CERAVOLO, Suely Moraes. Considerações sobre o perfil da coleção africana e afro-brasileira no MAE-USP. *Revista do Museu de Arqueologia e Etnologia*, São Paulo, n. 3, p. 167-185, 1993.

TRAPP, Rafael Petry. *O Elefante Negro: Eduardo de Oliveira e Oliveira, raça e pensamento social no Brasil (São Paulo, década de 1970)*. Tese (Doutorado em História Social) - Universidade Federal do Rio de Janeiro, Rio de Janeiro, 2018.

YAO, Komoe G. *Brasil e África em textos de Jorge Amado: convergências reais ou simbólicas de valores negro-africanos e afro-brasileiros*. Dissertação (Mestrado em Sociologia) - Universidade de São Paulo, São Paulo, 1997.

CAPÍTULO 6

Kabengele Munanga e a luta pelas ações afirmativas no ensino superior: o caminho para a pós-permanência

Elisabete Aparecida Pinto
Sergio Luiz Baptista da Silva

Introdução

Este ensaio se concretiza diante do convite feito pelos organizadores do livro *Negritudes: diálogos com o pensamento de Kabengele Munanga*, e, devemos dizer: mais que uma honra, é uma alegria poder fazer parte desta produção. Tarefa difícil escrever sobre a obra de um intelectual como Kabengele Munanga, pois o volume e a qualidade de seus trabalhos, transversalizados pela agudeza de seu pensamento e posicionamento político o situa como o grande intelectual orgânico negro dos séculos XX e XXI.

Assim, vamos buscar honrá-lo com este texto, intitulado "Kabengele Munanga e a luta pelas ações afirmativas no ensino superior: o caminho para a pós-permanência", focalizaremos a pós-permanência, também, como uma demanda dos organizadores. De início, pareceu-nos difícil atendê-la, mas, analisando mais amiúde, percebemos que podemos sim pensar na pós-permanência como uma tarefa para o presente na garantia do futuro, porque muitas pessoas lutaram para o acesso e a permanência de pessoas negras nas universidades. Aqui, destacamos a trajetória de Kabengele Munanga.

Desta forma, na vasta produção do referido professor, selecionamos, para estudo, aquelas que se reportam à sua posição em relação à educação, enfatizando as específicas sobre ações afirmativas, objetivando destacar o seu pensamento e quais os debates travados com a sociedade mais ampla quanto aos interesses e necessidades da população negra.

Verificaremos o impacto de sua produção nos desenhos e implementação de políticas públicas destinadas à população negra no ensino superior. Quais as lições que sua produção e seu pensamento político nos deixam para o futuro?

Esses questionamentos não poderão ser respondidos se não buscarmos alguns dados biográficos acerca do autor. Todavia, é importante frisar que "a biografia é senão um fator parcial e secundário, sendo essencial a relação entre a obra (*discurso*) e as visões de mundo que correspondem a certas classes sociais" (Goldmann, 1979, p. 74, grifo nosso).

Todavia, nossa hipótese é a de que a combinação entre sua biografia, marcada pelos valores africanos, aliada ao seu brilhantismo intelectual o faz, em termos de Goldmann (1979), um sujeito excepcional - ou seja, ele consegue ter o máximo de consciência possível para sua época - e, não menos importante que isso, o faz capaz de horizontalizar as relações entre alunos e amigos. Perto do professor Kabê - como o chamam os mais próximos -, viramos parte de uma grande família.

Kabengele Munanga, como Edward Said, Frantz Fanon, entre outros, sofreu as devastações do imperialismo e do colonialismo e, ao desafiar a autoridade, a procedência e as instituições da ciência que os representava para a Europa, também compreendeu a si mesmo como algo mais do que essa ciência dissera que ele era (Said, 2003). Kabengele Munanga é um ser humano emancipado que traz em si a medida certa. Segundo Schopenhauer (2011, p. 41-49):

> [...] os eruditos são aqueles que leram coisas nos livros, mas os pensadores, os gênios, os fachos de luz e promotores da espécie humana são aqueles que as leram diretamente no livro do mundo [...]. No fundo, apenas os pensamentos próprios são verdadeiros e têm vida, pois somente eles são entendidos de modo autêntico e completo. Pensamentos alheios, lidos, são como as sobras da refeição de outra pessoa, ou como as roupas deixadas por um hóspede na casa. Em comparação com os pensamentos próprios que se desenvolvem em nós, os alheios, lidos, têm uma relação como a que existe entre o fóssil de uma planta pré-histórica e as plantas que florescem na primavera. [...] Todavia, assim como a leitura, a mera experiência não pode substituir o pensamento.

Pensamos que Kabengele Munanga nos ensina a simplicidade e a competência, não obstante, são essas virtudes que lhe propicia ser um erudito engajado e com a coragem de pensar o mundo por si mesmo.

Kabengele Munanga: trajetórias, tempos e espaços percorridos até chegar ao Brasil

Pontuações biográficas

Durante toda a sua vida, o professor Kabengele Munanga acreditou ter nascido no dia 19 de novembro de 1942 na aldeia de nome Bena-Tshitala, situada no Congo Belga, antigo Zaire; entretanto, em 2001, tomou conhecimento que a verdadeira data era 22 de junho de 1940.

Filho de Ilunga Kalama e Mwaza Wa Biaya, aos 6 meses ficou órfão de pai. Mwaza, sua mãe, nasceu na cidade de Bakua Mulumba, em data desconhecida, porque à época não havia cartório próximo da sua aldeia.

Ainda, a partir da entrevista ao Museu da Pessoa (2002), fica clara a preocupação de Munanga, ao melhorar as suas condições de trabalho, de prestar assistência à mãe, retirando-a da aldeia para viver com ele na Universidade, à época, Nacional do Zaire. Contudo, separou-se da mãe para vir ao Brasil.

A compreensão da exploração e da violência colonial tomou lugar em sua mente apenas por volta dos anos 1956, na escola secundária, ao ter acesso e informação acerca das questões que estavam acontecendo no mundo em prol da libertação de outras nações africanas. Kabengele vai para Universidade Oficial do Congo e escolhe a Antropologia. Nesta instituição, se formou em 1969, sendo esse também o seu primeiro local de trabalho como professor no Departamento de Antropologia e Linguística Africanas.

No mesmo ano, ganha uma bolsa de estudos de uma agência belga, a Office de Coopération au Développement (OCD), para dar início aos estudos de pós-graduação na Bélgica, diretamente para o doutorado, na Université de Louvain, na qual passa a estudar sob a orientação do professor Albert Maesen, tendo como objeto de pesquisa as transformações sociais e culturais entre os Basanga de Shaba no Congo.

Nesse período, Kabengele debruça-se, também, sobre os estudos das artes africanas tradicionais, tornando-se especialista. Após três anos na Bélgica, teve que voltar ao seu país, em 1971, com o objetivo de realizar a sua pesquisa de campo no Congo para depois retornar para a Bélgica e redigir sua tese doutoral. Mas o Congo não era mais o Congo. Era a República do Zaire: uma ditadura militar. A sua universidade já não existia, havia no país uma única, a Universidade Nacional do Zaire (UNAZA), para melhor controlar e impedir quaisquer manifestações contrárias por parte dos intelectuais.

A promessa do Office de Coopération au Développement não se cumprira apenas para ele, pois muitos dos seus colegas conseguiram retornar. Certamente, tais empecilhos se deram em razão de seu envolvimento e de seus familiares em movimentos emancipatórios que marcavam posição contrária ao governo de Mobutu Sese Seko (1930-1997).

A sorte começa a mudar quando em 1974: o professor Fernando Mourão, visita o Zaire para fazer uma conferência intitulada "As sobrevivências culturais africanas no Brasil". Na ocasião, firmou-se um convênio de cooperação técnica entre a USP e a UNAZA. O professor Mourão, sabendo das dificuldades impostas ao professor Munanga no antigo Zaire para finalizar seu doutorado, o convidou para finalizá-lo na USP. Assim, em 18 de julho de 1975, coloca os pés, pela primeira vez, em solo brasileiro o professor Kabengele Munanga.

Os exílios

Eu só peço a Deus
Que a injustiça não me seja indiferente
Pois não posso dar a outra face
Se já fui machucado brutalmente[1]

Inspiramo-nos nessa canção de composição do argentino León Gieco, o qual a fez e gravou quando os ditadores Videla e Pinochet, ao

[1] Eu só peço a Deus / Que a dor não me seja indiferente / Que a morte não me encontre um dia / Solitário, sem ter feito o que eu queria. / Eu só peço a Deus / Que a mentira não me seja indiferentes / Um só traidor tem mais poder que um povo / Que esse povo não o esqueça facilmente / Eu só peço a Deus / Que o futuro não me seja indiferente / Sem ter que fugir desenganado / Pra viver numa cultura diferente / Eu só peço a Deus / Que a injustiça não me seja indiferente / Pois não posso dar a outra face / Se já fui machucado brutalmente / Eu só peço a Deus / Que a guerra não me seja indiferente / É um monstro grande e pisa forte / Toda a pobre inocência dessa gente.

final de 1978, tentaram arrastar seus países a uma guerra criminosa, burra e tragicômica, se não fosse pelo sofrimento de ambos os povos. Essa canção lhe rendeu uma espécie de exílio. Constituída por cinco estrofes, enuncia-nos as grandes ideias dos Direitos Humanos, falando-nos sobre a guerra – esse monstro grande que extermina inocentes, também retirando-lhes os projetos futuros, coisas simples e grandiosas como amor e família, dando-lhes a insegurança de viver uma cultura diferente de forma forçada, devendo se adaptar às leis, normas e regras, mas, sobretudo, aos cheiros, à língua e aos sabores estranhos do outro.

Para Kabengele não foi diferente e, arrancado de sua terra, ele também se obriga a entender a própria história e a experiência da solidão ao defrontar com costumes, hábitos e linguagens diferentes da sua:

> Tem imigrante voluntário, que quer mudar a vida, quer viver num outro continente, num outro país. Tem imigrante que por motivos políticos ou sociais teve que abandonar suas terras em busca de sobrevivência. São dois tipos de imigrantes, mas cada um tem uma dificuldade, dependendo da história de vida dele, da formação, alguns têm dificuldades de integração, outros têm menos. Qualquer lugar do mundo aonde você vai, você tem que fazer um esforço para se integrar e para ser integrado (Museu da Pessoa, 2002, [s.p.]).

Ao pensar sobre o exílio, nos reportamos a Edward Said, palestino-americano que, como Munanga, fala claramente acerca do processo de colonização e do exílio em muitas de suas obras. Destacamos uma em especial, neste momento, isto é, *Reflexões sobre exílio* (2003), para tomar dele a seguinte fala:

> Todos aqueles que saem de sua terra de forma espontânea ou forçada têm como consequência uma espécie de exílio, isto é, para Said o exílio "é uma fratura incurável entre um ser humano e um lugar natal, entre o eu e seu verdadeiro lar: sua tristeza essencial jamais pode ser superada" (Said, 2003, p. 33).

Todavia, Said, como Munanga, pontua as diferenças entre as várias formas de exílio.[2] Kabengele Munanga, passando por três continentes,

[2] "Embora seja verdade que toda pessoa impedida de voltar para casa é um exilado, é possível fazer algumas distinções entre exilados, refugiados, expatriados e emigrados. Por outro lado, os refugiados são uma criação do Estado do século XX. [...] ao

teve que se adaptar ao individualismo europeu e latino-americano, sendo oriundo de uma cultura delicada e altruísta como a vivida nas aldeias africanas, da qual atualmente, de forma geral, busca-se uma aproximação no Brasil com a tradução do conceito da palavra *Ubuntu*.[3] Entretanto, apesar, de estar muito na moda no país, a palavra e o conceito precisam ser incorporados na essência, principalmente, pelos homens negros e pelas mulheres negras.

Nesse sentido, ele tem nos ensinado, com sua generosidade e delicadeza, a sermos mais virtuosos, cultivando a amorosidade, a gratidão, bem como o cuidado que devemos dispensar aos nossos irmãos negros e brancos.

> Tento manter minhas raízes, não posso perdê-las. Hoje tenho novas raízes, tanto que tenho um filho brasileiro. Faz parte da minha vida, da minha história. Todo imigrante tem que fazer um duplo esforço, por um lado para não esquecer suas raízes, suas histórias. Seus netos e bisnetos vão querer saber onde está a outra parte da história da família [...] É preciso amor por sua terra e pela terra que te recebeu, mesmo que essa terra tenha seus problemas. No meu caso, cheguei aqui com uma bolsa de estudos do governo brasileiro. Essa bolsa de estudos veio do povo brasileiro. O povo brasileiro, na realidade, pagou parte de meus estudos, isso é uma coisa que de alguma forma eu tenho que devolver. Todos esses anos trabalhando na Universidade de São Paulo, formando pessoas (Museu da Pessoa, 2002, [s.p.]).

Said (2003) afirma que o exilado não poderá ficar à margem afagando uma ferida, pois, com certeza, haverá muita coisa a aprender e

---

passo que o termo "exilado", traz consigo um toque de solidão e espiritualidade. Os emigrados [...] tratam-se de alguém que emigra para outro país, havendo sempre uma possibilidade de escolha" (SAID, 2003, p. 124).

[3] A palavra *Ubuntu* não tem tradução direta para o português, todavia, o conceito se vincula à ideia de "humanidade para com os outros". A relação das pessoas com a sua comunidade. Segundo o Bispo Desmond Tutu, autor da teologia ubuntu, "a minha humanidade está inextricavelmente ligada à sua humanidade". Essa perspectiva fraterna implica compaixão e abertura de espírito e se opõe ao narcisismo e ao individualismo. Para Mandela, *Ubuntu* é respeito, cortesia, compartilhamento, comunidade, generosidade, confiança, desprendimento. Tudo isso é o espírito de *Ubuntu*. *Ubuntu* não significa que as pessoas não devam cuidar de si mesmas. A questão é: você vai fazer isso de maneira a desenvolver a sua comunidade, permitindo que ela melhore.

a fazer na sociedade hospedeira. Kabengele Munanga pode superar a dor do exílio fazendo e a ajudando – com sua visão e sua consciência de três culturas, três cenários e três países – a sociedade brasileira a ter um contraponto seguro e mais amplo para o debate da questão étnico-racial no Brasil e no mundo.

Kabengele: o intelectual e seu engajamento

Kabengele exerceu durante toda a sua vida a profissão que sempre sonhou, isto é, a de professor.

Eu me assumi como intelectual engajado porque essa sociedade me recebeu, me integrou. Tento manter minhas raízes, não posso perdê-las. Hoje tenho novas raízes, tanto que tenho um filho brasileiro. Faz parte da minha vida, da minha história. Todo imigrante tem que fazer um duplo esforço, por um lado, para não esquecer suas raízes, suas histórias. Seus netos e bisnetos vão querer saber onde está a outra parte da história da família (Museu da Pessoa, 2002, [s.p.]).

Conforme Pinto (2017), o lugar legitimado socialmente para se produzir conhecimento tem sido a academia. Esse conhecimento é construído por sujeitos concretos condicionados historicamente que, muitas vezes, a mitificam por verem realizados nela seu narcisismo intelectual e seu poder social. Edward Said (2003) um palestino cidadão americano, relata que, quando começou a lecionar, um colega mais velho lhe disse que "a academia era de fato esquisita: às vezes, mortalmente chata, geralmente polida e, à sua maneira, cortês e impotente [...]" (Said, 2005 *apud* Pinto, 2017).

Todavia, diante das posições correntes acerca do que seja o papel da academia, Said, diferentemente de muitos colegas, acredita na função social e no respeito que esse espaço de produção de conhecimento deve ter ao se reportar a outras culturas. Posicionamento este compartilhado por outros intelectuais, como Norberto Bobbio (1997) e, também, por Kabengele Munanga.

Aqueles que acreditavam e acreditam na neutralidade da ciência e no não envolvimento da universidade nas questões políticas militam politicamente em causa própria. Historicamente, observamos as consequências e a ligação, por exemplo: da antropologia com o colonialismo/imperialismo; da psicologia com a Segunda Guerra Mundial e com as políticas de segregação racial implementadas nos Estados Unidos, principalmente, nas primeiras décadas do século XX.

Neste contexto, a razão é a academia: os sujeitos, os intelectuais se submetem hierarquicamente a ela para serem considerados parte e construtores da mesma. Todavia, o que é um intelectual? Para Said (2003; 2005), o intelectual é um indivíduo que deve ser comprometido com o que diz, por ser "dotado de uma vocação para representar, dar corpo e articular uma mensagem, um ponto de vista, uma atitude, filosofia ou opinião para (e também por) um público" (Said, 2005, p. 25). No fundo, em termos de Goffman (1975 *apud* Pinto, 2017), "um quebra-situação", pois deverá ter a capacidade de causar embaraço.

Said foi um palestino-americano que lutou pela autonomia e a liberdade da palestina. Kabengele, por sua vez, lutou pela libertação do Zaire, mas lutando no Brasil pela emancipação dos negros brasileiros, honra o passado de muitas nações africanas.

Tais ética e responsabilidade social são traduzidas na ação orgânica que em Gramsci (1988, p. 11) se localiza na definição de intelectual orgânico, isto é, "Todos os homens são filósofos". "Todos os homens são intelectuais, mas nem todos os homens desempenham na sociedade a função de intelectuais. [...] O problema da criação de uma nova camada intelectual, portanto, consiste em elaborar criticamente a atividade intelectual que existe em cada um em determinado grau de desenvolvimento" (Gramsci, 1986, p. 7-8).

Dessa maneira, a configuração de um determinado bloco histórico em dado momento guarda estreita relação com a ação dos intelectuais, que repercute diretamente no movimento de ambas as estruturas, havendo, portanto, interferência desse intelectual no mundo da produção por meio das consequências políticas de seu trabalho. Pensamos, neste sentido, que o trabalho do professor Kabê, também, tem um impacto direto na supra e na infraestrutura produtiva.

Ações afirmativas na produção de Kabengele Munanga

Na realidade, no levantamento da produção de Kabengele Munanga, identificamos apenas um artigo que traz em seu título as palavras ações afirmativas, a saber: "Políticas de ação afirmativa em benefício da população negra no Brasil: um ponto de vista em defesa das cotas", o qual foi escrito há vinte anos. Todavia, a temática das ações afirmativas aparece em outras produções suas, como nas várias entrevistas e na sua produção específica sobre a educação: o livro *Superando o racismo na escola*, por ele organizado, contendo onze artigos. Essa coletânea teve várias edições e impressões. Em comum, suas várias produções dão ênfase à denúncia do mito da democracia racial e convocam a sociedade e o Estado brasileiro a reconhecerem o racismo reinante no país:

> A primeira atitude corajosa que devemos tomar é a confissão de que nossa sociedade, a despeito das diferenças com outras sociedades ideologicamente apontadas como as mais racistas (por exemplo, Estados Unidos e África do Sul), é também racista. Ou seja, despojarmo-nos do medo de sermos preconceituosos e racistas. Uma vez cumprida esta condição primordial, que no fundo exige uma transformação radical de nossa estrutura mental herdada do mito de democracia racial, mito segundo o qual no Brasil não existe preconceito étnico-racial e, consequentemente, não existem barreiras sociais baseadas na existência da nossa diversidade étnica e racial, podemos então enfrentar o segundo desafio de como inventar as estratégias educativas e pedagógicas de combate ao racismo (Munanga, 2005, p. 18).

Esse reconhecimento por parte do Estado brasileiro apenas chegou no dia 19 de dezembro de 2001, pelo então presidente Fernando Henrique Cardoso, e, ancorados em Charles Taylor (*apud* Pinto, 2017), afirmamos: a política do reconhecimento insta o Estado a propor ações efetivas.

Kabengele, em seus artigos, reporta-se sempre à história da população negra e revela que a referida história concentra especificidades sociais, econômicas e políticas que oferecem pistas sobre como ela foi empurrada para a base da pirâmide social brasileira, dialogando sempre com os dados dos institutos de pesquisa como o Instituto Brasileiro de Geografia e Estatística (IBGE) e o Instituto de Pesquisa de Economia Aplicada (IPEA).

Especificamente no artigo sobre ações afirmativas a que nos referimos neste ensaio, Kabengele rebate os cinco argumentos mais comuns contra a adoção das cotas, isto é: 1) não se sabe quem são os negros no Brasil; 2) as políticas de ação afirmativa estão sendo abandonadas nos Estados Unidos; 3) as cotas não são destinadas aos indígenas; 4) as cotas poderiam prejudicar a imagem profissional dos negros que foram beneficiados; 5) as cotas levariam a uma degradação da qualidade de ensino (Munanga, 2001, p. 31).

A preocupação com as ações afirmativas também está presente em muitos de seus textos e nas muitas entrevistas com que brindou os vários meios de comunicação. Assim, pontuamos o livro por ele organizado, *Superando o racismo na escola*, e o artigo "Por que ensinar história da África?" porque ambos voltam-se, sobretudo, para sua militância na educação, ancorando-se na Lei n.º 10.639 de 9 de janeiro de 2003, que altera a Lei n.º 9.394, de 20 de dezembro de 1996, a qual estabelece as diretrizes e bases da educação nacional, para incluir no currículo oficial da rede de ensino a obrigatoriedade de se abordar a temática "História e Cultura Afro-Brasileira", e também enfatizamos o parecer CNE/CP 003/2004 e a resolução CNE/CP 01/2004, que se operacionalizam no Plano Nacional de Implementação das Diretrizes Curriculares Nacionais para Educação das Relações Étnico-Raciais e para o Ensino de História e Cultura Afro-brasileira e Africana. O referido Plano estabelece as atribuições das instituições de ensino superior, estimulando uma nova sociabilidade para professores, funcionários e alunos.

Para Hegel, citado em Munanga (2015, p. 27),

> [...] a África é um mundo histórico não desenvolvido, inteiramente preso ao espírito natural e por isso mesmo se encontra ainda no começo da história universal. E como se encontrava ainda no começo da história universal, isto é, da história geral da Humanidade, a África foi rechaçada fora dela.

Nessa perspectiva, Kabengele deu cursos preparando professores e a militância negra, elaborou uma discussão teórica, justificando a necessidade do ensino da história da África e se opondo ao eurocentrismo hegeliano que embalou o pensamento filosófico e educacional de grande parcela da intelectualidade nacional.

As ações afirmativas implementadas na universidade

O ensino superior brasileiro vem passando por algumas mudanças provocadas pelas demandas orquestradas pela sociedade civil, com destaque para os movimentos negros que lograram que o Estado brasileiro reconhecesse as desigualdades sociais e raciais e, conforme nos informa Charles Taylor (1993 *apud* Pinto, 2017), a política do reconhecimento insta o Estado a propor ações efetivas. Desta forma, resulta, hoje a oficialidade das políticas de ações afirmativas como uma política pública.

Os textos de Kabengele nos informam, também, a história da implementação das ações afirmativas na universidade. Assim, a primeira instituição federal a implantar o sistema de cotas foi a Universidade de Brasília (UnB), em 2003, envolta em um cenário de disputas internas de ideias e posicionamentos políticos, em torno da invisibilidade do negro e a sua representação dentro da própria instituição. Nesse processo, a UnB serviu de referência para que demais instituições federais de ensino superior adotassem políticas de ações afirmativas nos seus espaços de produção do conhecimento.

No âmbito do Brasil, o protagonismo fica por conta da Universidade do Estado do Rio de Janeiro (UERJ) (2001) e da Universidade do Estado da Bahia (UNEB), a qual agrega o movimento negro para fortalecer as discussões e implementa as cotas em 2002. Acreditamos que a UFBA foi a segunda no âmbito das federais (2004).

Mas, aqui, a grande questão que se coloca é: como as universidades federais implementaram a lei das cotas? O que se percebe é que, mesmo no âmbito das pioneiras na adoção das cotas, a questão racial e o combate ao racismo se diluíram na proposta de distribuição de auxílios financeiros coordenados pelas pró-reitorias ou outras unidades que prestam assistência ao estudante. Esta análise coaduna-se com a perspectiva defendida por Nancy Fraser (2007) de que, para atingirmos o estágio de emancipação da população negra, deveremos investir na política de redistribuição e darmos início a uma política de ações afirmativas que focalize os aspectos valorativos e de fortalecimento da identidade étnico-racial dos segmentos estigmatizados, pensamento que isso também foi corroborado por Munanga.

Valendo-nos, ainda, do que indica Charles Taylor (1993 *apud* Pinto, 2017) e Munanga (2001; 2005; 2015), reafirmamos que a política do reconhecimento exige uma (re)socialização dos grupos dominantes, da comunidade acadêmica e da sociedade mais ampla, visando uma transformação das atitudes e comportamentos étnico-raciais e de gênero assumidos por estes.

A grande questão que se levanta é sobre se, com a ampliação das agências de ensino superior, ocorreram maiores possibilidades de acesso e permanência para os afrodescendentes. De fato, até 2005, somente 6,6% dos jovens negros estavam na universidade, já para os jovens brancos a percentagem era de 19% (Ciconello, 2008 *apud* Pinto, 2017). Dados mais recentes do IBGE (2019) mostram avanços no acesso de negros ao espaço universitário. Entretanto, apontam que a Lei Federal de Cotas acabou contemplando mais brancos de baixa renda e escola pública do que os negros, pois estes ainda têm dificuldade de finalizar os cursos médios ou segundo grau.

Em 2003, o governo federal instituiu, através do decreto de 20 de outubro, o Grupo de Trabalho Interministerial (GTI). O trabalho desenvolvido pelo (GTI) culminou na elaboração do Programa de Apoio ao Plano de Reestruturação e Expansão das Universidades Federais (REUNI), instituído pelo Decreto Federal n.º 6.096, de 24 de abril de 2007. O referido documento jurídico estabeleceu como uma de suas principais diretrizes a "ampliação de políticas de inclusão e assistência estudantil", que, posteriormente, materializou-se em uma normatização própria através do Programa Nacional de Assistência Estudantil (PNAES), criado inicialmente pela portaria normativa n. 39, de 12 dezembro de 2007, e, em seguida, ampliada por meio do Decreto Federal 7.234/2010, com a finalidade fundamental de viabilizar

> A igualdade de oportunidades, contribuir para a melhoria do desempenho acadêmico e agir, preventivamente, nas situações de repetência e evasão decorrentes da insuficiência de condições financeiras e ampliar as condições de permanência (Brasil, 2010, art. 3º, § 1º).

Com o surgimento do PNAES, as agências federais de ensino passaram a vivenciar um novo cenário, tendo que seguir uma diretriz nacional para ações de assistência estudantil. Nesse sentido, a necessidade de reordenamento de práticas antes pulverizadas e desarticuladas se fez fulcral, pois, a partir de então, a assistência estudantil obrigou-se a desenvolver iniciativas que contemplem as áreas de moradia estudantil, alimentação, transporte, assistência à saúde, inclusão digital, cultura, esporte, creche e apoio pedagógico, respeitadas suas especificidades, com enfoque, entretanto, nas áreas estratégicas e nas modalidades que atendam às necessidades identificadas junto ao seu corpo discente.

Em 2013, o Ministério de Educação (MEC), para incrementar as ações na área da assistência estudantil, criou o Programa de Bolsa Permanência (PBP). Importa acrescentar que o PBP considera o PNAES como principal meio de efetivação da chamada Política Nacional de Assistência Estudantil através de suas ações assistenciais.[4]

A partir da implementação da Lei n.º 12.711/2012, são estabelecidas cotas nas instituições federais de ensino superior a estudantes que tenham cursado integralmente o ensino médio em escolas públicas, e, dessas cotas, 50% por cento deverão ser destinadas aos candidatos cuja renda *per capita* familiar é de até um salário mínimo e meio. Ainda em conformidade com esse decreto-lei, deverá a instituição de ensino superior destinar um percentual de vagas equivalentes à distribuição percentual de autodeclarados pretos, pardos e indígenas da unidade federativa em que se encontra instalada a instituição.

Fazendo uma relação com o pensamento de Munanga, defendemos aqui a ideia que entre os fatores desestimuladores para a implementação de ações afirmativas que contemplem a pré-permanência, a permanência qualificada e a pós-permanência nos espaços acadêmicos está na ausência de um Programa de Combate ao Racismo que contemple a produção do conhecimento, a capacitação profissional, a informação à população e a organização dos serviços que possam, de fato, subsidiar as unidades de ensino nos projetos de implementação das ações afirmativas, o que tem gerado sofrimento aos alunos que ingressam na universidade via cotas. A superação dessa situação está no entendimento do racismo como estruturante da sociedade brasileira e de suas instituições.

[4] O PNAES enfoca que a assistência aos estudantes nas IFES: 1) assume papel de centralidade para o Estado brasileiro na estratégia de combate às desigualdades sociais e regionais pela via da democratização da Educação Superior; 2) configura-se como importante mecanismo de inclusão social que promove a garantia do acesso pleno aos estudantes; 3) atende os alunos estrangeiros em situação de vulnerabilidade socioeconômica, principalmente oriundos de países da África e América Latina para que estudem no Brasil em condições de igualdade com os alunos brasileiros; 4) possui também a finalidade de eliminar as barreiras atitudinais, pedagógicas, arquitetônicas e de comunicações, por atender os alunos com deficiência, transtornos globais do desenvolvimento e altas habilidades/superdotação – conforme estabelecido nos decretos nos 5.296/2004, 5.626/2005 e 6.571/2008.

As agências de ensino públicas devem transversalizar às categorias étnico-raciais e de gênero. Transversalizar essas categorias é elaborar uma matriz que permita orientar uma nova visão de competências (administrativas, institucionais, políticas e teóricas) e uma responsabilização dos agentes públicos e das agências formadoras em relação à luta pela superação das assimetrias sociais, de gênero e de raça/etnia. Para Bandeira (2005 *apud* Pinto, 2017), essa transversalidade, ao garantir uma ação integrada e sustentável entre as diversas instâncias governamentais, contribui para o aumento da eficácia das políticas públicas, assegurando uma governabilidade mais democrática e inclusiva.

É de fundamental importância a inserção dos sindicatos, aos quais os professores estão filiados, no debate dessa temática, visando a promoção de uma nova cultura institucional, bem como propondo uma mudança no comportamento administrativo e acadêmico das agências de ensino que os compõem, realizando campanhas de combate ao racismo, ao sexismo e à homofobia, e, principalmente, promovendo as ações afirmativas e as cotas como uma estratégia para a consecução da igualdade no âmbito da educação superior. Destarte, os sindicatos e muitos conselhos de classe, bem como seus respectivos conselheiros se posicionaram no passado contra as ações afirmativas e as cotas nas universidades através de apartes irados. Dessa forma, tais instituições poderão se redimir, vislumbrando o ano 2022, no qual ocorrerá a avaliação das políticas de cotas raciais no ensino superior.

Assim, nessas novas sociabilidade e função social da universidade, deve-se voltar para a inclusão social de fato, como sempre defendeu Munanga. Procurar fazer a busca ativa, ou seja, a pré-permanência: difusão de informações sobre a política de cotas raciais e sociais nas universidades federais; do PNAES; e na construção de estratégias para ampliar as condições de acesso da população negra, quilombola e indígena na universidade por meio de articulações com a educação básica, extensão universitária, formação de professores, entre outras.

Entendemos permanência na sua dimensão material operada de acordo com as normativas do PNAES, e também na sua dimensão simbólica abrangendo as políticas de prevenção e combate à discriminação em razão de raça, etnia, sexo, origem, orientação sexual, identidade de gênero, deficiência física, religião e outros.

A pós-permanência

As próximas gerações não podem abrir mão de viver,
não abrir mão de sonhar.
O mundo melhor, não sei se ele existe, é esse
mundo concreto que estamos vivendo e que estamos
lutando e cada um deixando para as gerações
mais jovens a consciência de mudança.
Transmitir essa consciência para outras gerações.
E assim continuar a vida.
Kabengele Munanga (Museu da Pessoa, 2002, [s.p.]).

Pensando nas ações afirmativas na área da educação, a população negra deu um salto qualitativo. Kabengele (2001) reconhece esse fato ao afirmar que o movimento negro saiu da fase da denúncia. O debate iniciado na década de 1990 foi muito profícuo e exibiu resultados pertinentes com o aumento significativo de negros nos espaços da academia. Mas a questão não se encerra com a entrega dos diplomas para aqueles que conseguiram e conseguirão sair da universidade. Precisamos prestar atenção na qualidade da permanência e vislumbrar a pós permanência, isto é, a universidade tem que preparar os estudantes para o mercado de trabalho e, sobretudo, expandir suas ações para além dos muros das universidades e (re)socializar a sociedade como um todo, tendo em vista a redução das práticas racistas nas diversas áreas do conhecimento humano. Pois, com diz Munanga:

> [...] penso que [se deva] implantar políticas de ação afirmativa não apenas no sistema educativo superior, mas em todos os setores da vida nacional onde o negro é excluído, não significa destruir a identidade nacional nem a "mistura racial" como pensam os críticos das políticas de cotas [...] (Munanga, 2015, p. 25).

Neste sentido, faz-se necessário retroceder, historicamente, para pontuar que no processo pós-escravidão a população negra ficou apenas com a liberdade e com a carga do racismo da sociedade brasileira que restringia seu acesso ao trabalho. Desta forma, foi após a década dos anos de 1930, com a primeira reforma administrativa do Estado – no governo do então presidente Getúlio Vargas – que a população teve acesso ao mercado de trabalho, permitindo seu acesso ao serviço público por meio de concursos, espaço e modo de contratação que não priorizam o quesito "boa aparência". Também pela instituição da lei dos 2/3, que obrigava as empresas nacionais e multinacionais a terem nos seus quadros 2/3 da população nativa. Assim, na década de 1940, a situação econômica em geral, e especificamente a do mercado de trabalho, sofreu grandes transformações. As empresas passaram a absorver não apenas a mão de obra de pardos, mas também de pretos. Isso ocorreu devido à diminuição da entrada de imigrantes e à modernização e expansão da indústria nacional.

E, aqui, podemos afirmar, de forma segura, que se a inserção do negro no mercado de trabalho se deu a partir da primeira reforma administrativa no governo de Getúlio Vargas, sua expulsão tem um novo início com a quarta reforma administrativa de Fernando Henrique Cardoso com a formulação neoliberal, que traz em seu bojo o modelo de Estado Mix, isto é, administração dos serviços públicos nas mãos das organizações da sociedade civil. Nesse modelo, corre-se o risco do retorno do filtro nepotista tangenciado pelo recorte de classe, gênero e raça.

Também se nota a inexistência das ditas Organizações da Sociedade Civil (OSCs) constituídas por negros. A maioria dessas organizações é confessional. No campo da educação, vemos as igrejas evangélicas se organizando para realizar parcerias com o Estado, mas não observamos os templos de religião de matrizes africanas e demais organizações negras percorrendo as mesmas movimentações econômicas e políticas. Assim, pensando a pós-permanência, devemos nos perguntar como defini-la e quais as ações poderemos realizar, pois, como diz Kabengele Munanga na epígrafe acima, "as próximas gerações não podem abrir mão de viver, não podem abrir mão de sonhar" (Museu da Pessoa, 2002, [s.p.]).

Nesse contexto, numa definição simples, a pós-permanência, sobretudo, significa enfrentar a realidade concreta do racismo e entender que o fato de termos um número significativo de jovens negros e negras que estão saindo, bem-formados e com desempenhos importantes de universidades de excelência não significa que eles serão bem empregados(as) e assumirão cargos de destaque nas grandes empresas. Em que pese o comportamento do mercado de trabalho ter mudado significativamente, ainda assim se fazem necessárias ações para favorecer a promoção de uma parcela da população que enfrenta maiores dificuldade de contratação.

Assim, durante o período de formação universitária, essas agências de ensino devem primar por:

1. Uma permanência qualificada, não reforçando, sobretudo, o racismo, tornando a aprendizagem o mais multicultural possível;
2. Estabelecer parcerias com outros órgãos públicos, empresas visando desmitificações do racismo e da ideia da existência de uma democracia racial;
3. Promover cursos de extensão que possam auxiliar os jovens dos diversos cursos a terem uma visão empreendedora em suas áreas do conhecimento;
4. Auxiliar na organização de empresas júnior, organização de cooperativas que possam orientar a criação de Organizações da Sociedade Civil (OSCs) com potencialidades para fazer parcerias e gestar equipamentos públicos nas áreas de educação, saúde, habitação, entre outros.

À guisa de concluir

Chegados a este ponto, podemos encerrar sem concluir, pois seria impossível – diante do que a vida e a obra do professor Munanga representam – lograr finalizar em um ensaio aspectos de seu trabalho político e intelectual. Isto posto, resta-nos dizer que Kabengele Munanga tem influenciado positivamente a existência do povo negro, principalmente daquelas pessoas negras que estão ocupando o espaço da universidade. Uma nova forma de ser intelectual negro como ele mesmo se autoclassifica: engajado.

Sim, os autores deste ensaio tentam reproduzir na prática o que aprenderam com o mestre; por conseguinte, este texto foi baseado, sobretudo, no pensamento de Munanga que Pinto (2017), durante o período em que esteve na Universidade Federal de São Paulo (Unifesp) (2017-2019) em cooperação técnica, entre outros trabalhos, elaborou o Programa Universidade Multicultural: a inclusão indígena e quilombola e a emancipação da trabalhadora doméstica,[5]

[5] Esse Programa teve inicialmente como proponentes institucionais a Unifesp e UFABC, com a covid-19, a execução do mesmo foi inviabilizada. Com a idealizadora retornando para UFBA ele está sendo implementado na UFBA contando com a parceria MPT da UFRJ.

elaborado em parceria com o Ministério Público do Trabalho e com a Rede de Promoção dos Direitos dos Povos Indígenas e Quilombolas (REDE PROINQUI). Esse projeto, hoje, está sendo desenvolvido pelas Universidades Federais da Bahia (UFBA) e do Rio de Janeiro (UFRJ) pela vinculação do professor Sergio Baptista, e também conta com a parceria do Ministério Público do Trabalho por meio de Dra. Valdirene de Assis. Assim, o referido programa busca operacionalizar os conceitos de pré-permanência, permanência qualificada e pós-permanência, implementando linhas de pesquisas com a inclusão de indígenas e quilombolas na coordenação das linhas do núcleo cadastrado no Conselho Nacional de Desenvolvimento Científico e Tecnológico (CNPQ)[6] intitulado Núcleo de Estudos e Pesquisa Ações Afirmativas e Assistência Estudantil.

Particularmente, a UFBA participou da AFROPRESENÇA,[7] evento ocorrido nos dias 30 de setembro, 1 e 2 de outubro de 2020. Importante iniciativa protagonizada pela Dra. Valdirene Assis, procuradora do Ministério Público Federal, atuando no Estado de São Paulo, esse projeto mobilizou universidades e empresas de diversas áreas para pensar estratégias de inserção de jovens universitários/as negros e negras no mercado de trabalho, e constitui-se numa possibilidade de auxiliar as universidades públicas a pensarem a pós-permanência, ao mesmo tempo, com potencialidades para (re)socializar a sociedade acerca da realidade do racismo, desmitificando o mito do Brasil como uma democracia racial.

Resumindo, AFROPRESENÇA é *Ubuntu*, A REDE PROINQUI é *Ubuntu*, o Programa Universidade Multicultural é *Ubuntu*, porque o professor Kabengele Munanga, que é a personificação do *Ubuntu*, nos ensinou e continua a nos ensinar a sermos *Ubuntu*. Todos podemos ser *Ubuntu*, basta sabermos o que vamos fazer para melhorar a nossa aldeia, nossa comunidade, nossa cidade, o nosso país.

---

6 NÚCLEO DE ESTUDOS E PESQUISA AÇÕES AFIRMATIVAS E ASSISTÊNCIA ESTUDANTIL. Endereço para acessar este espelho: https://bit.ly/3OmtmGj. Acesso em: 25 abr. 2022.

7 Plataforma de inclusão de jovens Negras e Negros Universitários no mercado de Trabalho. https://afropresenca.com.br/. Acesso em: 25 abr. 2022.

Referências

BRASIL. Decreto n.º 7.234, de 19 de julho de 2010. Dispõe sobre o Programa Nacional de Assistência Estudantil – PNAES. Disponível em: https://bit.ly/3EKCtMJ. Acesso em: 31 dez. 2021.

FRASER, Nancy. Reconhecimento sem ética?. *Lua Nova*, São Paulo, v. 70, p. 101-138, 2007.

GOLDMANN, Lucien. *Dialética e cultura*. Rio de Janeiro: Paz e Terra, 1979.

GRAMSCI, Antonio. *Os intelectuais e a organização da cultura*. Tradução de Carlos Nelson Coutinho. Rio de Janeiro: Civilização Brasileira, 1986.

GRAMSCI, Antonio. *Concepção dialética da história*. Tradução de Carlos Nelson Coutinho. Rio de Janeiro: Civilização Brasileira, 1988.

JAIME, P.; LIMA, A. Da África ao Brasil Entrevista com o Prof. Kabengele Munanga. *Revista de Antropologia da USP*, São Paulo, v. 56, n. 1, p. 507-551, 2013.

MUNANGA, Kabengele (Org.). *Estratégias e políticas de combate à discriminação racial*. São Paulo: Edusp/Estação Ciência, 1996.

MUNANGA, Kabengele. O preconceito racial no sistema educativo brasileiro e seu impacto no processo de aprendizagem do "alunado negro". In: AZEVEDO, José Clóvis de (Org.). *Utopia e democracia na Escola Cidadã*. Porto Alegre: Editora UFRGS, 2000. p. 235-244.

MUNANGA, Kabengele. Políticas de ação afirmativa em benefício da população negra no Brasil: um ponto de vista em defesa das cotas. *Sociedade e Cultura*, Goiânia, v. 4, n. 2, p. 31-43, jul.-dez. 2001.

MUNANGA, Kabengele (Org.). *Superando o racismo na escola*. 2. ed. Brasília: Ministério da Educação; Secretaria de Educação Continuada, Alfabetização e Diversidade, 2005.

MUNANGA, Kabengele. Por que ensinar a história da África e do negro no Brasil de hoje?. *Revista do Instituto de Estudos Brasileiros*, n. 62, p. 20-31, dez. 2015.

MUSEU DA PESSOA. *História de Kabengele Munanga*. Publicado em 14 ago. 2002. Disponível em: https://bit.ly/3Otw64S. Acesso em: 10 set. 2020.

PINTO, Elisabete Aparecida *et al. Plano de cooperação técnica a ser desenvolvida na Pró-Reitoria de Assuntos Estudantis*. Universidade Federal de São Paulo, elaborado inicialmente em 2015.

PINTO, Elisabete Aparecida *et al. Relatório – 1º Produto Apresentado à Pró-Reitoria de Assuntos Estudantis*. Universidade Federal de São Paulo, 2017.

PINTO, Elisabete Aparecida *et al. Universidade multicultural: a inclusão indígena e quilombola e a emancipação da trabalhadora doméstica*. Elaborado em 2019.

SAID, Edward W. *Reflexões sobre o exílio e outros ensaios*. Tradução de Pedro Maia Soares. São Paulo: Companhia das Letras, 2003.

SAID, Edward W. *Representações do intelectual: as Conferências Reith de 1993*. Tradução de Milton Hatoum. São Paulo: Companhia das Letras, 2005.

SAID, Edward W. *Orientalismo: o Oriente como invenção do Ocidente*. Tradução de Rosaura Eichenberg. São Paulo: Companhia das Letras, 2007.

SAID, Edward W. *Cultura e imperialismo*. Tradução de Denise Bottmann. São Paulo: Companhia das Letras, 2011.

SCHOPENHAUER, Arthur. Sobre leitura e os livros. In: *A arte de escrever*. Porto Alegre: L&PM, 2007.

CAPÍTULO 7

Kabengele Munanga: racismo e antirracismo no Brasil

Petrônio Domingues

Kabengele Munanga – um antropólogo nascido no Congo, antigo Zaire, que fez carreira como professor da Universidade de São Paulo (USP) – é um "intérprete africano do Brasil" (DANTAS; FERREIRA; VÉRAS, 2017, p. 31-44). Seus estudos, realizados desde a década de 1970, têm contribuído para romper a visão eurocentrada das Ciências Sociais, repensar aspectos da experiência histórico-cultural africana, redimensionar a participação da população negra na história do Brasil e, sobretudo, consolidar uma agenda de pesquisa sobre raça, etnia, racismo, mestiçagem, cultura negra, identidade afrodiaspórica, cidadania e políticas públicas. Suas reflexões e intervenções também contribuíram para alguns avanços em prol da igualdade racial no Brasil, como o estabelecimento da obrigatoriedade dos estudos africanos e diaspóricos no ensino nacional.

Nos últimos quarenta anos, Munanga vem se destacando como um dos principais intelectuais públicos a esgrimir contra o famigerado "mito da democracia racial" e toda forma de racismo na sociedade brasileira. Frisando que a questão do negro deve se tornar uma agenda de todas as forças e instituições da nação e suscitar mais do que um discurso retórico e boas intenções, ele preconiza a necessidade de ações concretas: políticas públicas e privadas em favor da população negra, especialmente os programas de ações afirmativas. Em virtude dessa postura propositiva, Munanga já recebeu diversos reconhecimentos. Em 2018, por exemplo, a Universidade de São Paulo (USP) concedeu a ele o Prêmio USP de Direitos Humanos.

A obra de Munanga é vasta – o que passa por dezenas de livros (como autor, coautor ou organizador), capítulos em coletâneas e artigos em periódicos acadêmicos – e diversificada no tocante aos objetos, problemas e abordagens. Diante disso, a finalidade deste ensaio é discutir um aspecto específico de sua produção acadêmica: a temática do racismo e antirracismo no Brasil. De acordo com o antropólogo, o racismo é um fenômeno presente em diversas sociedades. Tem um percurso e várias histórias, que devem ser interpretadas à luz dos contextos, dos padrões culturais e das estruturas de poder das sociedades que o praticam. Embora seja regido pela mesma lógica de desumanização e hierarquização do "outro", o racismo passa, ao longo do tempo e do espaço, por uma complexidade de mutações em suas características políticas, sociais, culturais e discursivas. Já no que diz respeito ao antirracismo, este assumiria geralmente duas formas de atuação: uma discursiva e retórica, abrangendo os discursos produzidos pelos estudiosos, militantes e políticos preocupados com as desigualdades raciais; outra prática, traduzida em leis, agências e programas de ações cujas diretrizes são definidas pelos governos, setores privados e organizações não governamentais (Munanga, 1990, p. 51-54; 1996c, p. 79; 1998, p. 43-65; 2010, p. 169-203). No caso do Brasil, como Munanga define e interpreta o racismo e o antirracismo?

O racismo à brasileira

O passado e o presente da população negra no Brasil demandam algumas notas descritivas e explicativas, a partir das quais Munanga entende ser possível especular sobre o futuro. As pessoas negras de todas as Américas viveram uma experiência histórica específica: a escravidão, pela qual ficaram estigmatizadas durante muitas gerações, o que teria dificultado seu processo de inserção e participação em diversos setores da vida nacional, criando uma defasagem social e certa estagnação econômica. Hoje, essa herança escravista, combinada com os preconceitos raciais continuariam a prejudicar a população negra. Essa maneira de ver a questão racial a partir da persistência do passado remete-se à teoria das castas: nasce-se negro subalterno e permanece-se sempre nessa posição. Com o fim da escravidão e a transformação do cativo em cidadão emancipado, colocou-se fim à distinção entre homem livre e escravo. E, para manter a hierarquia anterior e assegurar o *status quo*, as categorias antagônicas anteriores foram substituídas pelas novas, modeladas nas diferenças raciais entre o antigo senhor e o novo cidadão. A estereotipia negativa contra as pessoas negras ganharia novas dimensões, pois foi ideologicamente acionada para assegurar os privilégios políticos, econômicos, sociais e simbólicos das pessoas brancas.

Para Munanga, os antigos senhores e seus descendentes procuraram criar e recriar, permanentemente, mecanismos de desigualdade entre pessoas brancas e negras, mecanismos alicerçados no pressuposto de superioridade e inferioridade racial. Por isso, ele julga difícil sustentar a ideia de que o racismo antinegro na atualidade é mera sobrevivência da escravidão. Na visão do antropólogo, a sociedade produz novas formas de discriminação racial que nada têm a ver com o passado escravista. Portanto, a luta deve ser contra o racismo do presente, no plano cotidiano, visível e comensurável, e não contra um passado sobre o qual as novas gerações conhecem pouco ou mal através de manuais de história (Munanga, 1996c, p. 81-82).

Conforme nota Munanga, o racismo à brasileira é dotado de algumas peculiaridades que o diferenciam de outras formas de manifestações discriminatórias na história da humanidade, como o regime nazista, as leis de Jim Crow no sul dos Estados Unidos e o *apartheid* na África do Sul. Nesses modelos, o racismo foi explícito, institucionalizado e oficializado pelas leis daqueles países. Na Alemanha nazista e no regime do *apartheid*, desenvolveu-se e se praticou um racismo de Estado. No Brasil, ao contrário, o racismo é implícito, velado, sutil, age sem demonstrar a sua rigidez. "Talvez esteja nesse ponto a inteligência, bem como a eficácia, ou melhor, a originalidade do sistema racial brasileiro, que é capaz de manter uma estrutura racista sem hostilidades fortemente abertas como se observa em outros países" (Munanga, 2019, p. 144-145). Em *terra brasilis*, o racismo nunca teria sido institucionalizado ou oficializado com base em princípios racialistas de pureza de sangue, de superioridade ou de inferioridade raciais. Por causa da ausência de leis segregacionistas, os brasileiros não se considerariam racistas quando se comparam aos estadunidenses, sul-africanos e aos alemães nazistas (Munanga, 1996a, p. 215; 2017, p. 37-38).

Em outros termos, os brasileiros se olham nos espelhos desses países e se percebem sem nenhuma mácula, em vez de fitarem o próprio espelho. Assim, ecoaria dentro de muitos compatriotas uma voz forte que grita: "Não somos racistas, os racistas são os outros". Essa voz forte e poderosa é o que Munanga chama de "inércia do mito da democracia racial brasileira". Como todos os mitos, funcionaria como uma crença, uma verdadeira realidade, uma ordem. Daí a dificuldade que se teria para arrancar dos brasileiros uma confissão de que também sejam racistas (Munanga, 2017, p. 38).

O mito teria produzido imagens e representações do Brasil como uma espécie de paraíso racial, onde as relações entre brancos e negros, brancos e índios e negros e índios seriam harmoniosas e cordiais, isto é, sem preconceitos e discriminações, a não ser de ordem socioeconômica, que atingiria todos os brasileiros e não se basearia na origem étnico-racial ou cor da pele. Para se consolidar e se tornar cada vez mais enraizado no imaginário racial, o mito manipularia alguns fatos evidenciados na realidade da sociedade brasileira, como a mestiçagem, a ascensão das personalidades afro-brasileiras e os símbolos da resistência cultural negra.

De acordo com o mito, os brasileiros são um povo mestiço – ou seja, nem branco, nem negro, nem índio. Uma nova raça, a mestiça, constituiria o símbolo da nacionalidade (Munanga, 2010b, p. 444-454). Neste caso, indaga Munanga: quem iria discriminar quem, se somos todos mestiços? No livro *Rediscutindo a mestiçagem no Brasil*, o antropólogo demonstra como a noção de mestiçagem, cujo uso é ao mesmo tempo científico e popular, está saturada de ideologia, dividindo "pretos" e "mestiços" e alienando o processo de identidade de ambos. Daí a dificuldade de formar uma identidade em torno da cor e da negritude em um país cujo adágio popular tantas vezes repetido é de que "no Brasil todo mundo é mestiço". Nas palavras de Munanga,

> [...] entre as características do racismo brasileiro, a ambiguidade é uma delas. Talvez, digo eu, a mais importante. Ela permeia tanto a reflexão do estudioso do tema como o próprio viver das pessoas que, cotidiana ou institucionalmente, enfrentam a pluralidade étnica brasileira. O mestiço brasileiro simboliza plenamente essa ambiguidade, cuja consequência na sua própria definição é fatal, num país onde ele é de início indefinido. Ele é "um e outro", "o mesmo e o diferente", "nem um nem outro", "ser e não ser", "pertencer e não pertencer". Essa indefinição social – evitada na ideologia racial

norte-americana e no regime do *apartheid* –, conjugada com o ideário do branqueamento, dificulta tanto a sua identidade como mestiço quanto a sua opção da identidade negra. A sua opção fica hipoteticamente adiada, pois espera, um dia, ser "branco", pela miscigenação e/ou ascensão social (Munanga, 2019, p. 149-150).

O mito da democracia racial também promoveria a apropriação de aspectos da cultura negra, que se tornaram símbolos da identidade nacional (como música, dança, culinária e religião), a fim de transmitir a imagem de harmonia entre os grupos, de ausência do preconceito e da intolerância (Munanga, 1992, p. 115). Se o Brasil aceita o candomblé e a umbanda, isso constituiria prova de que este país não é racista. Se o brasileiro gosta de feijoada e valoriza o samba e a capoeira, que são práticas culturais genuinamente nacionais, é outra prova. Ídolos, como Pelé, e grandes personalidades do esporte e do meio artístico são sempre evocados para mostrar que basta ter dinheiro, "vencer na vida" ou fazer sucesso para que todas as portas estejam abertas. Esses "fatos evidentes, mas manipulados, foram também interiorizados e aceitos por alguns negros e por tais personalidades que ascenderam economicamente" (Munanga, 2017, p. 39).

"Em casa de enforcado não se fala de corda" – eis um adágio popular que traduz bem um dos princípios éticos da formação nacional. À luz de tal princípio, Munanga postula que o silêncio, o não dito, é outra característica do racismo à brasileira. E já que é algo escamoteado ou não declarado, não se permitiria uma tomada de consciência por parte do oprimido. "É nesse sentido", afirma o antropólogo, "que sempre considerei o racismo brasileiro um crime perfeito, pois além de matar fisicamente, ele alija, pelo silêncio, a consciência tanto das vítimas quanto da sociedade como um todo, brancos e negros." Com efeito, ele reconhece que todos os racismos são execráveis, já que cada um a seu modo faz vítimas. O racismo à brasileira não seria "o pior, nem o menor, se comparado ao dos outros povos; no entanto, a dinâmica e suas consequências são diferentes" (Munanga, 2017, p. 40-41). Citando Florestan Fernandes, Munanga salienta: "No Brasil, tem-se o preconceito de ter preconceito racial". Aqui, o discriminador seria sempre o "outro", e nunca eu (Munanga, 1996a, p. 213).

O racismo brasileiro desmobilizaria as vítimas, dificultando sua coesão, ao dividi-las entre "pretos" e "pardos". Potencializa a ambiguidade dos mestiços, obstaculizando o processo da formação de sua identidade racial quando, ainda não politizados, muitos deixam de assumir sua negritude e preferem o ideal do branqueamento que, segundo acreditam, ofereceria vantagens reservadas à branquitude. A figura do mestiço seria muito manipulada na ideologia racial brasileira, ora para ocultar os problemas da sociedade, ora para deslegitimar as políticas baseadas na afirmação da identidade negra. Munanga sintetiza o racismo à brasileira como sendo "difuso, sutil, evasivo, camuflado, silenciado em suas expressões e manifestações, porém eficiente em seus objetivos, e algumas pessoas talvez suponham que seja mais sofisticado e inteligente do que o de outros povos" (Munanga, 2017, p. 41).

Quando se coloca em pauta saber como lutar contra as práticas racistas no Brasil, isto é, como atacar as desigualdades de oportunidade entre pessoas brancas e negras em matéria de acesso à educação superior, saúde, habitação, mídia, empregos e cargos de comando, *status* e responsabilidade, o antropólogo argumenta que esbarramos nas mesmas ambiguidades, pois tais desigualdades amiúde não são definidas em termos racistas.

O antirracismo à brasileira

Para compreender concretamente a situação do negro no Brasil, é necessário, além do discurso acadêmico qualitativo, fazer um balanço comparativo nos domínios da renda, do emprego, da saúde, da educação, da cultura, do lazer, da representação política etc. Fica configurado, pelas estatísticas, que a população negra se concentra nas posições inferiores da hierarquia social. De acordo com os resultados de pesquisas baseadas nesses indicadores, o acesso da população negra ao sistema produtivo caracteriza-se por uma concentração desproporcional nos setores de atividades que absorvem a mão de obra menos qualificada e menos remunerada, daí a desigual participação entre pessoas negras e brancas na distribuição da renda nacional e no consumo do produto social. Segundo Munanga, este perfil de desigualdades raciais não é um simples legado do passado: ele é perpetuado por uma estrutura desigual de oportunidades sociais na qual negros e brancos são expostos no presente – estrutura na qual os preconceitos e discriminações raciais cumprem um papel fundamental. As pessoas brancas, afora ocuparem significativamente todas as categorias profissionais do país, são proporcionalmente as mais representadas nas profissões mais bem remuneradas, menos manuais, exigindo um grau de escolaridade mais alto. Como se isso não bastasse, os negros instruídos que escapam dos trabalhos manuais menos remunerados e conseguem ocupar posições reservadas aos brancos recebem salários inferiores a estes do mesmo nível de formação. Isso desmente a assertiva segundo a qual os negros, à medida que tiverem uma boa formação e a capacidade de competitividade no mercado de trabalho, encontrão as portas do paraíso indiscriminadamente abertas. Outras pesquisas mostram que a população negra leva desvantagem, também, na esfera educacional, desde o ensino fundamental até o de nível universitário. Os dados coligidos no sistema de saúde apontam, igualmente, como as pessoas negras são preteridas, não apenas por razões econômicas devido, em última instância, à discriminação, mas também por negligência das doenças específicas ao seu grupo racial (Munanga, 1996c, p. 82-83).

Diante desse panorama, Munanga se indaga: quais as perspectivas capazes de mudar esse quadro de exclusão (ou de inclusão marginal)? De outro modo, o que os próprios negros, como alvo da discriminação, têm feito para se contrapor às assimetrias e melhorar suas condições de vida? E qual a resposta da sociedade brasileira, tanto às demandas dos movimentos negros quanto ao discurso politizado de alguns intelectuais especialistas na temática (Munanga, 1996c, p. 83)?

Tentar responder a essas perguntas, complexas e espinhosas colocaria em pauta buscas de estratégias e projetos estruturais de combate à discriminação racial. A abolição da escravidão, em 13 de maio de 1888, não foi acompanhada de políticas públicas que pudessem garantir a inserção condigna dos egressos do cativeiro e seus descendentes ao chamado mundo livre. As pessoas negras, formalmente cidadãs, teriam vivido décadas desamparadas, sem garantia de medidas de inclusão social e possibilidade de aproveitar as oportunidades oferecidas pela sociedade de classes.

Tendo a antiga hierarquia racial baseada na dicotomia homem livre *versus* escravo sido suprimida pela Lei Áurea, a nova dicotomia pessoa branca *versus* negra serviu para manter o *status quo*. Esta dicotomia teria sido legitimada pelas teorias pseudocientíficas desenvolvidas no final do século XIX e início do século XX, que atribuíam um caráter congênito às desigualdades raciais. As pessoas brancas seriam intrinsecamente superiores às pessoas negras (Munanga, 2019, p. 53-90).

Curiosamente, a classe dirigente brasileira não teria institucionalizado essas ideias racistas difundidas, quer nas obras científicas, quer sob formas de preconceitos e discriminações raciais presentes no tecido social. Em vez disso, elaborou gradual e lentamente a ideia de que o Brasil era um país de democracia racial, onde pessoas negras e brancas supostamente desfrutavam de igualdade de direitos e oportunidades, não enfrentando, assim, qualquer barreira legal ou institucional para o livre progresso.

Como seria possível pensar, então, em políticas públicas em benefício da população negra num país de democracia racial? Na concepção de Munanga, o discurso intelectual antirracista foi capaz de invalidar a consistência científica do paradigma do determinismo racial do final do século XIX e início do século XX, que atribuía um caráter congênito à superioridade das pessoas brancas e inferioridade das negras, mas ainda não conseguiu eliminar os mecanismos ideológicos dos quais sobrevivem os mitos. Seja como for, as próprias vítimas do racismo não cruzaram os braços. Passaram por um longo processo de conscientização e articulação que lhes permitiu desvendar as máscaras do "mito da democracia racial" da nação.

Foi nesse cenário, anterior à Revolução de 1930, que algumas pessoas negras teriam se reunido em São Paulo para criar a Imprensa Negra – jornais e revistas que tinham como uma de suas finalidades precípuas a denúncia das práticas discriminatórias existentes no mercado de trabalho, no sistema educacional, nos espaços de lazer etc. A partir dessa ação coletiva, nasceu em 1931 a Frente Negra Brasileira, considerada a maior organização em defesa dos direitos civis e políticos dos afro-brasileiros. Transformada em partido político em 1936, a Frente Negra foi colocada na ilegalidade pela ditatura Vargas, instalada em 1937 (Munanga, 1996c, p. 84). No entanto, seu exemplo de luta foi retomado com o fim da ditatura, em 1945. Daí até o golpe militar de 1964, surgiram dezenas de associações em favor da população afro-brasileira (Munanga, 2005, p. 131-140), defendendo um projeto antirracista que Munanga designa de "assimilacionista", ou seja, um projeto que preconizava a assimilação das pessoas negras na cultura nacional dominante, negligenciando a identidade étnica de sua comunidade histórico-cultural de origem (Munanga, 1992, p. 115; 1999, p. 12).

O movimento negro retomou a luta antirracista nos anos 1970, sendo influenciado pela experiência dos movimentos negros dos Estados Unidos e das lutas anticoloniais dos povos africanos. Contrapondo-se ao projeto antirracista assimilacionista da geração anterior, esse novo movimento negro investiu no que Munanga qualifica como proposta diferencialista, de luta pela igualdade numa sociedade multirracial e pluricultural a partir do resgate e valorização das raízes identitárias e étnicas da comunidade histórico-cultural de origem (Munanga, 1996c, p. 22; 1999, p. 12-16). Adquiriu centralidade a compreensão de que a luta contra o racismo passava, notadamente, pela afirmação da negritude, no tocante à sua história, cultura e identidade afrodiaspórica. Daí resultou o reconhecimento de Zumbi, o grande líder do Quilombo dos Palmares, como herói negro ou, como disse o presidente da República, o "herói negro dos brasileiros". Segundo Munanga, os ganhos simbólicos advindos da estratégia cultural foram inegáveis, embora não deixem de ser objeto da manipulação por parte da ideologia dominante, que vê nela um espaço para reafirmar a democracia racial (Munanga, 1996c, p. 85-86).

Embora exista o consenso de que a cultura negra é, hoje, integrada nos símbolos constitutivos da nacionalidade, os homens negros e as mulheres negras continuam sendo excluídos de vários setores da vida nacional. Daí a pretensa necessidade de políticas (públicas e privadas) e ações coletivas visando a superação desse quadro de desigualdades raciais. Apesar das divergências quanto aos projetos, recursos e métodos de luta, percebe-se que as estratégias, agências e arenas até então utilizadas pelos movimentos negros conjugaram investidas educativa e pedagógica, cultural, moral ou moralizadora, legal ou jurídica, científica e político-eleitoral.

Mas, de acordo com Munanga, o que interessa é saber se essas estratégias empreendidas pelos ativistas e seus *lobbies* políticos foram capazes de sensibilizar os diversos segmentos da sociedade, notadamente governos e poderes instituídos, a ponto de encamparem políticas públicas de combate ao racismo. Qual teria sido a resposta governamental num país que se arvorava de democracia racial? Uma vez que, institucionalmente, não existia racismo no Brasil, as eventuais atitudes preconceituosas e comportamentos discriminatórios eram interpretados como frutos das desigualdades socioeconômicas. Aliás, o conceito de racismo, durante décadas, foi considerado um tabu. Porém, como existiram sempre indivíduos desviantes, que não respeitavam as leis e as normas da sociedade, a Câmara dos Deputados aprovou, em 1951, a Lei Afonso Arinos - nome do legislador, autor da proposta -, que previa punir as práticas de discriminação racial não como crime, mas simples contravenção penal (Munanga, 1996c, p. 86-87). Conforme argumenta Munanga, ao longo do tempo, a lei, criada para coibir a discriminação que não existia oficialmente, não teve nenhuma eficácia. Por isso, em 1988 - um século após a Abolição - foi promulgada uma nova legislação penal, graças às pressões dos movimentos negros. A lei CAO - Carlos Alberto de Oliveira, nome do articulador político negro autor da proposta - teria representado um avanço, na medida em que passou a considerar qualquer prática discriminatória como um crime inafiançável e passível de prisão. No entanto, a lei, que ainda está em vigência, enfrenta dificuldades para sua aplicação, uma vez que o ato racista precisa de comprovação em flagrante e a apresentação de testemunha que, de *praxe*, não é da cor da vítima negra (Munanga, 1996c, p. 87).

Na avaliação de Munanga, a partir da década de 1980, com a abertura democrática, assistiu-se a uma mudança de atitude e de tom de voz por parte de algumas lideranças políticas e governamentais, uma espécie de confissão velada sobre a existência do racismo no Brasil. Foi nesse contexto que, em 1984, André Franco Montoro, então governador do estado de São Paulo, criou o Conselho de Participação e Desenvolvimento da Comunidade Negra, cujas finalidades precípuas eram desenvolver estudos e propor medidas que visassem eliminar a discriminação racial e garantir à população negra plena inserção na vida econômica, política e cultural do estado (Munanga, 1996c, p. 88).

Em 1988, ano do Centenário da Abolição, acontecerem festas, discursos, congressos nacionais e internacionais, manifestações culturais e artísticas, mas também denúncias de racismo e atos de protesto dos movimentos negros. Resultado da efeméride foi a criação da Fundação Palmares, vinculada ao Ministério da Cultura, como se os problemas da população negra fossem apenas de natureza cultural. No tricentenário da morte de Zumbi dos Palmares, rememorado em 20 de novembro de 1995, os discursos sobre a necessidade de implementação de políticas públicas, notadamente as de ações afirmativas ou políticas compensatórias, inspiradas na realidade estadunidense, ecoaram com força, ocupando o lugar dos "discursos habituais de simples denúncias, de coro e compaixão". Algumas instituições da sociedade civil e do Estado, como a Universidade de São Paulo (USP), rememoraram os 300 anos de morte de Zumbi com atividades de conscientização e debates de reflexão em busca de soluções para o problema racial, o que passou por discutir propostas de políticas públicas, de ingresso de negros na universidade e de introdução das disciplinas de História da África no currículo do curso de História (Munanga, 1996c, p. 89).

Em 1995, a *Folha de S. Paulo* publicou uma pesquisa de opinião sobre a existência do preconceito racial no Brasil. Em Brasília, a marcha organizada pelas entidades dos movimentos negros em 20 de novembro daquele ano tinha como mote não apenas a denúncia e o protesto contra as desigualdades raciais, mas também a reivindicação junto ao governo e aos poderes constituídos de soluções concretas, por meio de programas de ações antirracistas em todos os domínios da vida nacional. Toda aquela mobilização despertou a atenção da opinião pública para o assunto. Para Munanga, havia a necessidade da formulação de um projeto nacional e projetos regionais e locais de luta contra o racismo. A seu ver, o governo sozinho não poderia fazer tudo sem o concurso do setor privado e da sociedade como um todo, principalmente num contexto em que o Estado-Providência estava minguando em benefício dos poderes cada vez mais crescentes do capital transnacional. Assim, o antropólogo asseverava que uma espécie de pacto nacional devia elaborar um programa de ação, baseado em projetos capazes de minimizar ou eliminar progressivamente as manifestações racistas nos lugares onde elas se revelam concretamente, isto é, onde são observáveis e mensuráveis. Uma ação que emanasse dos poderes públicos e das autoridades políticas, a partir das reivindicações das vítimas através dos movimentos sociais representativos (Munanga, 1996c, p. 90-91).

Em texto de 1996, Munanga argumentava que as políticas públicas na história do antirracismo eram relativamente recentes. Nos Estados Unidos, onde foram implantadas há algumas décadas, elas visam oferecer ao grupo negro algo para compensar as desvantagens devidas a sua situação de vítima do racismo, daí as terminologias de *equal opportunity policies*, ação afirmativa, ação positiva, discriminação positiva ou políticas compensatórias. Pretendem oferecer às pessoas negras daquele país as oportunidades de inserção e mobilidade sociais crescentes. Por exemplo: obrigam os empregadores a planificar medidas de contratação, de formação e promoção em benefício do segmento étnico racializado; determinam a implantação, nas universidades, de cotas favoráveis aos estudantes e professores negros; exigem que a publicidade e a mídia reservem em seus programas uma certa percentagem para a participação de pessoas negras (Munanga, 1996c, p. 90-91).

Segundo Munanga, as ações afirmativas nos Estados Unidos tiveram um impacto significativo no combate às desigualdades raciais: o crescimento da classe média negra; sua representação no Congresso Nacional e nas assembleias regionais; mais estudantes e professores negros nas universidades; mais advogados nos escritórios mais conceituados e mais médicos nos grandes hospitais – enfim, mais profissionais negros qualificados em todos os segmentos da sociedade estadunidense (Munanga, 1996a, p. 216-217). Em função disso, Munanga assentia, em 1996, que tais políticas eram capazes de trazer mudanças – tinham o mérito de ultrapassar a pura crítica ao quadro de assimetrias raciais –, mas só poderiam existir nas sociedades que reconhecessem a existência de minorias explicitamente definidas e admitissem o princípio de uma classificação étnico-racial de sua população, o que não era o caso do Brasil. Na sua visão, as experiências de ações afirmativas nos Estados Unidos poderiam servir antes de fonte de inspiração do que replicadas no Brasil, isto é, "poderiam ser aproveitadas ou evitadas, mas não copiadas, tendo em vista a especificidade do nosso racismo *sui generis*" (Munanga, 1996c, p. 93).

A apologia das ações afirmativas

Nos anos 2000, Munanga mudou de posição e se tornou um defensor contumaz da adoção das políticas de ações afirmativas no Brasil, especialmente um programa de cotas raciais nas universidades públicas. Em texto de 2001, ele voltava a alertar que as experiências feitas pelos países que convivem com o racismo poderiam servir de lição para o Brasil, respeitando as peculiaridades culturais e históricas das relações raciais no plano nacional. A seu ver, poderíamos "aproveitar as experiências positivas e negativas vivenciadas pelos outros para inventar nossas próprias soluções", já que estaríamos "sem receitas prontas para enfrentar nossa realidade racial" (Munanga, 2001, p. 32).

A nossa realidade racial seria marcada pela exclusão do negro, isto é, dos pretos e mestiços na sociedade brasileira. Baseando-se numa pesquisa de 2001, que fez um cruzamento sistemático entre o pertencimento racial e os indicadores econômicos de renda, emprego, escolaridade, classe social, idade, situação familiar e região ao longo de mais de 70 anos desde 1929, chegou-se à conclusão de que, no Brasil, a condição racial constitui um fator de privilégio para pessoas brancas e de exclusão e desvantagem para as não brancas. Do total dos universitários brasileiros, 97% eram brancos, 2% negros e 1% descendentes de orientais; a respeito de 22 milhões de brasileiros que viviam abaixo da linha de pobreza, 70% deles eram negros; sobre 53 milhões de brasileiros que viviam na pobreza, 63% deles eram negros.

Diante desse quadro de desigualdades raciais, Munanga argumentava que as políticas ditas universais (ou universalistas) não trouxeram as mudanças substantivas esperadas para a população negra. A seu ver, os seres desiguais precisam ser tratados de modo desigual, daí a necessidade de políticas específicas ou preferenciais, no sentido de uma discriminação positiva. É nesse contexto de desigualdades raciais que "ressaltamos a importância da implementação de políticas de ação afirmativa, entre as quais o programa de cotas, que, pelas experiências de outros países, se afirmou como um instrumento veloz de transformação, sobretudo no domínio da mobilidade socioeconômica" (Munanga, 2001, p. 34).

Para Munanga, as cotas raciais constituiriam um instrumento ou caminho entre tantos a serem testados. As cotas garantiriam às pessoas negras o acesso e a permanência em espaços e setores da sociedade até então majoritariamente reservados à "casta" branca da sociedade. O uso desse instrumento seria transitório, esperando o processo de amadurecimento da sociedade global na construção de sua democracia e plena cidadania (Munanga, 2001, p. 34; 2007, p. 7-19). Paralelamente às cotas, Munanga postulava outros caminhos a curto, médio e longo prazos projetados em metas, que poderiam ser inventados e implementados. "Tratando-se do Brasil", dizia o antropólogo, "um país que desde a Abolição nunca assumiu o seu racismo, condição *sine qua non* para pensar em políticas de ação afirmativa, os instrumentos devem ser criados através dos caminhos próprios ou da inspiração dos caminhos trilhados por outros países em situação racial comparável" (MUNANGA, 2001, p. 34).

Apesar dos movimentos sociais negros labutarem por décadas para arrancar da voz oficial brasileira a confissão de que esta sociedade é também racista, foi apenas no bojo da participação brasileira na III Conferência Mundial das Nações Unidas contra o Racismo, Discriminação Racial, Xenofobia e Intolerância Correlata, realizada em Durban, África do Sul, em 2001, que se operou uma inflexão do Estado brasileiro, à medida que, a partir dali, alguns gestores e agências governamentais teriam se sensibilizado em prol da adoção de medidas reparatórias às vítimas de racismo e formas conexas de intolerância, por meio de políticas públicas específicas voltadas à superação das desigualdades, com especial ênfase nas áreas da educação, mercado de trabalho, titulação de terras e estabelecimento de uma política agrícola e de desenvolvimento das comunidades remanescentes de quilombos.

Quando os primeiros programas de ações afirmativas foram implementados, houve uma grande reação por parte de vários setores da sociedade civil. Conforme assinala Munanga, "qualquer proposta de mudança em benefício dos excluídos jamais receberia um apoio unânime, sobretudo quando se trata de uma sociedade racista" (MUNANGA, 2001, p. 32). A polêmica foi instalada na opinião pública brasileira, reverberando na imprensa, no mundo acadêmico e nas hostes políticas. Os detratores das cotas raciais nas universidades públicas, particularmente, desferiram uma série de ataques a tais programas. Foi nesse contexto que Munanga publicou o primeiro de uma série de textos, ao longo da década, para refutar algumas críticas contra as políticas de ações afirmativas (MUNANGA, 2001, p. 31-43; 2007, p. 7-19; 2010a, p. 35-44).

Entre as críticas, estava a de que não se saberia quem eram os negros no Brasil por causa da miscigenação; de que as políticas de ações afirmativas estariam sendo abandonadas nos Estados Unidos; de que as cotas poderiam prejudicar a imagem profissional dos negros por elas beneficiados, assim como levariam a uma degradação da qualidade de ensino. Em texto de 2005-2006, Munanga acrescentava outra crítica: as ações afirmativas, baseadas na política de pertencimento identitário, estariam provocando a racialização da sociedade brasileira (MUNANGA, 2006, p. 52).

Para o antropólogo, todas essas críticas careciam de respaldo nos fatos e evidências. Na sua concepção, a sociedade brasileira já admitia o princípio de uma classificação étnico-racial de sua população. Pelo menos o movimento negro, desde o final da década de 1970, procurava conscientizar "pretos" e "mestiços" em torno da mesma identidade através do conceito de "negro" inspirado no *black* estadunidense. Tratava-se de uma definição política, embasada na divisão birracial ou bipolar estadunidense, e não biológica. Essa classificação racial, que é anterior à discussão sobre as cotas ou ações afirmativas, teria a perspectiva de impulsionar a solidariedade e a identidade das vítimas do racismo à brasileira. Por outro lado, Munanga nota que as ações afirmativas não estimulavam os preconceitos raciais, pois estes já estavam presentes no tecido social e na cultura brasileira. Não se devia, assim, atribuir a tais políticas um poder mágico que elas, na realidade, não possuíam (MUNANGA, 2006, p. 53).

As pessoas negras que ingressam nas universidades públicas pelas cotas raciais teriam, talvez, uma oportunidade única na vida: receber uma formação científica que as acompanharia na sua trajetória de luta por melhores condições de vida. As cotas abrem algumas portas graças a essa formação adquirida. A discriminação racial contra essas pessoas pode até não ser totalmente desarmada, mas elas ocuparão cada vez mais espaços na sociedade, demonstrando habilidade e competência para aproveitar oportunidades que antigamente lhes eram negadas. O racismo contra as pessoas negras nos Estados Unidos não recuou. Mas, atualmente, graças à formação adquirida por meios das cotas, essas pessoas tiveram uma insofismável mobilidade social, jamais conhecida antes.

Do ponto de vista de Munanga, a cota racial é uma medida emergencial, transitória, enquanto se buscam outras possibilidades. Se o Brasil, na sua "genialidade racista", encontrar alternativas que não passam pelas cotas para não cometer injustiças contra pessoas brancas pobres – o que "é uma crítica sensata" –, ótimo. Porém, dizer "simplesmente" que implantar cotas é uma injustiça, sem propor outras alternativas a curto, médio e longo prazo, é uma maneira de "fugir de uma questão vital para mais de 70 milhões de brasileiros de ascendência africana e para o próprio futuro do Brasil. É uma maneira de reiterar o mito da democracia racial, embora este esteja desmistificado" (MUNANGA, 2001, p. 42).

Em texto de 2017, Munanga rebatia os argumentos dos que continuavam a pensar que as cotas, em vez de corrigirem desigualdades de oportunidades em matéria de acesso à universidade pública, desencadeavam um racismo às avessas e fomentavam tensões raciais que no Brasil nunca teria conhecido. "As previsões escatológicas", assinala o antropólogo, "serviram para colocar medo na sociedade brasileira mas, tudo indica, as especulações de alguns estudiosos e jornalistas não se sustentam nos fatos e na experiência de quase dez anos de prática de cotas nas universidades que as adotaram" (Munanga, 2017, p. 42).

***

O racismo à brasileira é estrutural. As pessoas negras, independentemente da estrutura socioeconômica a que elas pertencem, não terão as mesmas oportunidades que seus pares brancos. Ciente disso, Munanga advoga que o problema do negro se converta numa preocupação de todas as forças vivas da nação. Na sua visão, mais do que pesquisas acadêmicas sobre o assunto, discursos retóricos e boas intenções, há a necessidade de combinar medidas universalistas e específicas concretas, um amplo programa de ações fundado no princípio da equidade – reconhecimento e redistribuição, que passa pela articulação de políticas públicas e privadas de combate às desigualdades raciais e práticas discriminatórias nas áreas em que estas são observáveis, como no mercado de trabalho, na educação, na saúde, na mídia, no esporte, nas instituições políticas etc. (Munanga, 2014, p. 34-45).

Tais políticas deveriam fazer parte de um novo projeto nacional, comprometido com os pilares do multiculturalismo, da cidadania e da democracia. Na concepção de Munanga, o Brasil só se tornará democrático, efetivamente, quando oferecer oportunidade para todos, em especial para a população que sofre as agruras do racismo e das desigualdades. "Um projeto nacional de construção de uma verdadeira democracia", assevera ele, "não pode ignorar a diversidade e as múltiplas identidades que compõem a sociedade brasileira". O reconhecimento da "pluralidade, o respeito pelas identidades e pelas diferenças não é uma questão romântica e meramente retórica; exige a representação dos outros, dos excluídos, nas instituições públicas e nos diversos setores da vida nacional" (Munanga, 1996a, p. 217-218).

Munanga se transformou em um dos principais intelectuais públicos no debate sobre racismo e antirracismo no Brasil. Sua voz e sua escrita foram lavradas com um pé na academia e outro no diálogo com o movimento social negro, observando, aprendendo e ensinando os desafios da luta por direitos e cidadania. Afinal, a construção da cidadania brasileira se inscreveria no processo de problematização e entendimento da questão racial, com suas demandas sociais que têm pautado a agenda nacional. Cidadania, ontem e hoje, corresponderia aos direitos da igualdade e das diferenças.

Há um provérbio africano que diz: "Até que os leões tenham seus próprios historiadores, as histórias de caça continuarão a glorificar o caçador". O provérbio encena o jogo das correlações de forças tecidas entre três personagens: leões, caçadores e historiadores, ou, em outras palavras, os oprimidos, opressores e intelectuais. Ao mesmo tempo que alude a uma história, projeta dois lugares – o lugar e a ação dos leões e o lugar e ação dos caçadores – e uma prática intelectual – o registro do historiador. Munanga não é historiador, porém sua prática intelectual se distingue pela posicionalidade do antropólogo que, sem pertencer à categoria dos leões oprimidos, coloca-se ao seu lado, de forma erudita, solidária e humana, assumindo, nos limites do possível, não só uma identidade, mas também uma "consciência de leão". Em suma, em Kabengele Munanga repousa um intérprete de visão êmica dos leões.

Referências

DANTAS, S.; FERREIRA, L.; VÉRAS, M. P. B. Um intérprete africano do Brasil: Kabengele Munanga. *Revista USP*, São Paulo, n. 114, p. 31-44, 2017.

MUNANGA, Kabengele. Racismo: da desigualdade à intolerância. *São Paulo em Perspectiva*, São Paulo, v. 4, n. 2, p. 51-54, 1990.

MUNANGA, Kabengele. Negritude afro-brasileira: perspectivas e dificuldades. *Revista de Antropologia*, São Paulo, n. 33, p. 109-117, 1992.

MUNANGA, Kabengele. As facetas de um racismo silenciado. In: SCHWARCZ, L. M. QUEIROZ, R. S. (Orgs.). *Raça e diversidade*. São Paulo: Edusp; Estação Ciência, 1996a. p. 213-229.

MUNANGA, Kabengele. Identidade, cidadania e democracia: algumas reflexões sobre os discursos anti-racistas no Brasil. *Resgate*, Campinas, n. 6, p. 17-24, 1996b.

MUNANGA, Kabengele. O antirracismo no Brasil. In: MUNANGA, Kabengele (Org.). *Estratégias e políticas de combate à discriminação racial*. São Paulo: Edusp; Estação Ciência, 1996c. p. 79-94.

MUNANGA, Kabengele. Teorias sobre o racismo. In: HASENBALG, K.; MUNANGA, K.; SCHWARCZ, L. M. (Orgs.). *Racismo: perspectivas para um estudo contextualizado da sociedade brasileira*. Niterói: Eduff, 1998. p. 43-65. (Série Estudos e Pesquisas, v. 4)

MUNANGA, Kabengele. Mestiçagem e identidade afro-brasileira. *Cadernos PENESB*, Niterói, n. 1, p. 9-20, 1999.

MUNANGA, Kabengele. Políticas de ação afirmativa em benefício da população negra no Brasil: um ponto de vista em defesa de cotas. *Sociedade e Cultura*, Goiânia, v. 4, n. 2, p. 31-43, 2001.

MUNANGA, Kabengele. A identidade negra no contexto da globalização. *Ethnos Brasil*, Marília, v. 1, n. 1, p. 11-20, 2002.

MUNANGA, Kabengele. A redemocratização de 1945 e a crise do mito de democracia racial: uma vista panorâmica. In: SALGUEIRO, M. A. A. (Org.). *A República e a questão do negro no Brasil*. Rio de Janeiro: Ed. Museu da República, 2005. p. 131-140.

MUNANGA, Kabengele. Algumas considerações sobre "raça", ação afirmativa e identidade negra no Brasil: fundamentos antropológicos. *Revista USP*, São Paulo, n. 68, p. 46-57, 2005-2006.

MUNANGA, Kabengele. Considerações sobre as políticas de ação afirmativa no ensino superior. In: PACHECO, J. Q.; SILVA, M. N. (Orgs.). *O negro na universidade: o direito à inclusão*. Brasília: Fundação Palmares, 2007. p. 7-19.

MUNANGA, Kabengele. Considerações sobre o debate nacional a respeito do multiculturalismo na escola e das cotas no Ensino Superior. *Universidade e Sociedade*, Brasília, n. 46, p. 35-44, 2010a.

MUNANGA, Kabengele. Mestiçagem como símbolo da identidade brasileira. In: MENEZES, M. P.; SANTOS, B. S. (Orgs.). *Epistemologias do Sul*. São Paulo: Cortez, 2010b. p. 444-454.

MUNANGA, Kabengele. Teoria social e relações raciais no Brasil contemporâneo. *Cadernos PENESB*, Niterói, n. 12, p. 169-203, 2010c.

MUNANGA, Kabengele. A questão da diversidade e da política de reconhecimento das diferenças. *Crítica e Sociedade: Revista de Cultura Política*, v. 4, n. 1, p. 34-45, 2014.

MUNANGA, Kabengele. As ambiguidades do racismo à brasileira. In: KON, N. M.; SILVA, M. L.; ABUD. C. C. (Orgs.). *O racismo e o negro no Brasil: questões para a psicanálise*. São Paulo: Perspectiva, 2017. p. 33-44.

MUNANGA, Kabengele. *Rediscutindo a mestiçagem no Brasil: identidade nacional* versus *identidade negra*. 5. ed. rev. ampl. Belo Horizonte: Autêntica, 2019.

CAPÍTULO 8

De Munanga a Lobato: um relato sobre (anti)racismo na escola de educação básica

Alessandra Pio

Ao final de 2013, por esforço e iniciativa de alguns docentes negros, foi instituído o Núcleo de Estudos Afro-Brasileiros do Colégio Pedro II, o NEABCPII. Esse empenho tornou-se público a partir dos relatos de docentes e técnicos negros e negras do colégio, quando ocorreu a reunião de formação do núcleo, em novembro de 2013. O chamado para que o grupo se configurasse foi feito pela reitoria, no sítio oficial do colégio,[1] para toda a comunidade escolar. Naquele momento, foi possível perceber a ânsia de mudança, a esperança de transformar aquele espaço cujo racismo estrutural era, e ainda é, percebido pelo baixo percentual de docentes negras e negros em oposição ao percentual significativo, neste grupo, de trabalhadores terceirizados e/ou fora das esferas decisórias de poder na instituição.

A reunião mencionada foi o primeiro momento, em anos de trabalho, no qual pude presenciar um quantitativo significativo de pessoas negras juntas, ainda que não somássemos uma dúzia. De todo modo, o sentimento era de fortalecimento, de expectativa. Havia naquela sala servidores negros e não negros e, destes últimos, era possível perceber uma preocupação persistente em salvaguardar uma "ação antirracista desenvolvida há tempos", segundo eles, que não nascia com o NEAB. Ao que parecia, antes mesmo de ser reconhecido institucionalmente, o núcleo causava certo desconforto, além de toda a expectativa mencionada. Seu surgimento também fomentava o encontro de servidores

[1] Disponível em: https://bit.ly/3M9wEL8. Acesso em: 2 dez. 2020.

que, até então, não haviam podido planejar estratégias didáticas antirracistas juntos.

Se, por um lado, havia ideias consideradas "radicais" para determinados membros que percebiam certo excesso de zelo para com a opinião da clientela branca, ou não negra, da escola, por outro, era possível perceber certo desânimo de pessoas mais atuantes quando as propostas eram consideradas superficiais. Algumas destas, chamadas militantes nos espaços escolares, formavam coro para que o núcleo tivesse uma postura mais política diante dos casos de racismo percebidos – eu, inclusive.

O início do trabalho tinha, pois, a tônica de indicar como mensuraríamos o peso e a medida das ações do núcleo. Sabíamos que não seria uma tarefa de fácil execução, pois desagradaria a algum ou mais grupos. Mas estávamos muito dispostos a enfrentar o que surgisse. As falas na reunião de apresentação demonstraram que o NEAB tinha potencial para ser o coletivo pelo qual a grande maioria ansiava para se sentir fortalecido e buscar parcerias para as ações necessárias.

Para marcar esse "nascimento" tão esperado pela comunidade negra da instituição, o grupo indicou à reitoria o nome do convidado para ministrar a Aula Magna, ou aula de abertura, do ano letivo de 2014.[2] Ficamos extremamente empolgados com a aceitação do nome do professor doutor Kabengele Munanga como conferencista. Em um momento histórico para a escola, em quase dois séculos de existência, um homem negro, africano, acadêmico, doutor, ministraria a conferência de abertura do ano letivo no Colégio Pedro II.

"Munanga... é nome africano?"

A curiosidade da comunidade escolar se dividia em alguns aspectos. Um deles se ocupava do nome do acadêmico, que enunciava sua origem africana e fomentava dúvidas sobre o que um africano teria de tão relevante a ponto de ser convidado como conferencista. Outro aspecto apontava para o desconhecimento da sigla NEAB, que

2 A Aula Magna foi ministrada pelo professor Kabengele Munanga no dia 3 de fevereiro de 2014, no Teatro Mário Lago, localizado no campus São Cristóvão (RJ), do Colégio Pedro II. Algumas imagens estão disponíveis no sítio oficial do colégio. Disponível em: https://bit.ly/3OoP1O5. Acesso em: 2 dez. 2020.

passa a ser visto quando seu nome é exposto junto à Pró-Reitoria de Pós-Graduação, Pesquisa, Extensão e Cultura (ProPGPEC), convidando a comunidade escolar para a conferência. Apesar do desconhecimento que a comunidade escolar, em sua grande maioria, apresentava sobre ambos, a relação entre o núcleo e o Dr. Munanga fica explícita quando ele, africano, ministra a conferência a convite do NEAB.

Algumas expressões são bastante utilizadas quando tratamos das relações raciais na escola: esses assuntos, essa temática, essas coisas, o tema de fulano ou fulana etc. Neste último caso, a personalização ocorre quando alguém assume a função de inserir o que preconiza a Lei n. 10.639/2003 no currículo, mesmo que seja em sua disciplina apenas. Tal postura é tratada como afinidade, quando a pessoa não é negra, ou como militância, quando o é. A expressão do corpo também se soma à fala: o braço se distancia do corpo, alocando "essa temática" ou "esses assuntos" em um local físico distante de quem fala. Fulano que trata "dessas coisas", ou seja, isso não é meu.

Lia Schucman (2020, p. 144), buscando compreender a formação da raça branca paulista tendo como foco a ideia de branquitude, chamou a atenção para a atuação sistemática da escola, que "tem um maior poder ideológico sobre os que nela permanecem e, portanto, o ensino eurocêntrico baseado nas populações europeias, brancas e cristãs privilegia sistematicamente sujeitos brancos, fazendo com que se sintam inseridos na construção da cultura e do mundo em detrimento de outras populações". Também, pelo mesmo trabalho de reprodução de valores civilizatórios eurocentrados, pessoas brancas se compreendem como o padrão, como a norma.

Durante algum tempo, quando nós, membros do NEAB, explicávamos os motivos para termos pleiteado o professor Munanga para aquela exposição, alguns servidores manifestavam indignação ou surpresa. Os poucos indignados acreditavam que não havia racismo para ser discutido, justificando pela ausência de alunos negros em seus *campi*; outros recorreram ao país miscigenado no qual ninguém poderia afirmar brancura com convicção e, por fim, os mais resistentes se protegiam da "onda politicamente correta", na qual não se pode "brincar" com ninguém que afirmam que é racismo e, ainda segundo eles, essa "caça às bruxas" acabaria por separar negros e brancos, o que supostamente nunca havia existido. A resistência em se abordar a questão racial tende a ser também uma estratégia de silenciamento das vítimas de racismo, com a falácia de que ninguém é racista em um país tão miscigenado.

Provavelmente prevendo esse mal-estar, o professor Kabengele Munanga, após agradecer o convite e iniciar sua preleção, relatou o desconforto ao colocar o conteúdo da sua aula, pois seria difícil contemplar as expectativas de quem o convidou e dos ouvintes. O tema escolhido por ele foi: "As diferenças constituem a riqueza coletiva da humanidade, mas por que foram degradadas em fontes de discriminação e desigualdade entre seres e sociedades humanas?" (Munanga, 2014, [s.p.]). Segundo o Dr. Munanga, a sugestão partiu da informação sobre o interesse do colégio em trabalhar as temáticas "da diversidade inclusiva, em particular da questão afro-brasileira" (Munanga, 2014, [s.p.]).

Abordando as diferenças e questionando se somos todos iguais ou todos diferentes, o professor iniciou a conferência buscando esmiuçar a própria formação humana, genética e biologicamente. Ele ultrapassou o debate sobre o conceito biológico e alcançou o racismo científico, entranhado de hierarquias inferiorizantes, inclusive agregando classes sociais, e observando que, mesmo abandonando o termo "raça", o racismo não deixaria de existir. As diferenças que enriquecem a humanidade ainda são utilizadas para dividir e hierarquizar as pessoas. Essa fala foi importante para equipes de biologia, física, química, por exemplo, que ainda persistem em afirmar a inexistência do racismo, pois a ciência já comprovou a inexistência de raças humanas. Essa argumentação, geralmente, silencia alunas, alunos e responsáveis que tentam se pronunciar.

Falando sobre religião, o professor apontou a prerrogativa branca de criar culturas e civilizações "superiores", o que desencadeia ainda hoje a ideia de superioridade de uma religião e um Deus melhor que o dos outros. Isso também legitimaria a "Missão Civilizadora e da Colonização" como processo de integração de negros e não brancos ao mundo ocidental, considerado melhor. Como Quijano (2005; 2007) articula, colonialidade e racismo são essenciais para que a dominação capitalista supremacista branca se mantenha.

> Quijano fala também da colonialidade do saber, entendida como a repressão de outras formas de produção de conhecimento não-europeias, que nega o legado intelectual e histórico de povos indígenas e africanos, reduzindo-os, por sua vez, à categoria de primitivos

e irracionais, pois pertencem a "outra raça" (Oliveira; Candau, 2010, p. 20).

A avaliação escolar, permeada de subjetividade, ainda relaciona modelos de educação com as classificações de valor de acordo com os grupos raciais aos quais os indivíduos pertencem: "ele é negro, logo..., ele é índio, logo [...]", citou Munanga (2014, [s.p.]) durante a conferência. Ele reforçou o que havia citado no início de sua palestra: não há relação entre raças e inteligência. Entretanto, as ideologias foram estratégias de dominação para as quais as raças eram úteis e seguem sendo, mesmo após cientistas afirmarem que essa relação de perfis entre "grupos raciais" não existe. A exclusão, a retenção, a evasão e a repetência possuem, pois, um recorte racial profundo.

Em pesquisa recente, uma membra do núcleo (PIO, 2020) concluiu que, dos alunos negros (pretos e pardos) que ingressaram no colégio por sorteio em 2004, os pretos foram os que menos conseguiram chegar ao final do Ensino Médio – somavam 26%, enquanto pardos chegavam a 46%, e brancos, 68%. Observar esse percentual se torna ainda mais cruel se verificamos que a proficiência em Língua Portuguesa e Matemática de todos os alunos nos dois primeiros anos de escolarização não ultrapassava os 2%. Ou seja: eram proficientes de forma relativamente próxima, podendo alcançar resultados também próximos, poderíamos inferir. Nos resta a dúvida sobre quais seriam os motivos da crescente disparidade entre os grupos autodeclarados pretos e brancos após o primeiro ano, e que só se acentuou nos demais – segundo análises da referida pesquisa. É essencial investirmos em novas pesquisas sobre a dimensão da interferência da cor da pele para as avaliações dos alunos.[3]

---

[3] Estudos como os de Alves, Ortigão e Franco (2007) se ocupam de analisar variáveis sociais e raciais para observar o risco reprovação para alunos pretos. Estudos como este são essenciais para combater uma inversão comum no ambiente escolar: uma parcela racista afirma que alunos pretos são mais excluídos do processo escolar por terem uma realidade menos favorável (relacionam, geralmente, ao capital cultural, em uma abordagem bourdiesiana, e à condição econômica). Entretanto, quando traçamos estratégias de investigação quantitativa para elaborar análises qualitativas, podemos afirmar que a cor da pele é desfavorável para estudantes pretos, mesmo quando eles possuem nível socioeconômico mais alto que os demais. No estudo citado, a conclusão foi a de que era ainda mais prejudicial ser aluno preto com renda acima da média da escola frequentada (ALVES; ORTIGÃO; FRANCO, 2007, p. 178). Em resumo, são estudos quali-quanti que possuem o maior potencial de evidenciar

Falando sobre o racismo enquanto ideologia, Sílvio de Almeida (2019, p. 63-69) discorre sobre como a representatividade elabora, em nosso inconsciente, a representação do que seria o lugar "natural" que cada um ocupa. Vamos adequando, doutrinando o costume do nosso olhar para negros sendo garis e brancos sendo médicos, por exemplo. A escola, então, reforça e reproduz o racismo ao educar crianças que se desenvolvem à imagem de negros em lugares subalternizados. Aprimoramos um sentido ideológico de racismo que denota inteligência, riqueza, beleza e qualidades intrínsecas a pessoas não negras. Toda essa situação já seria problema o bastante para a formação das subjetividades negras, mas soma-se a isso um currículo excludente que ainda não se modificou para atender a uma demanda legal – o artigo 26-A da Lei de Diretrizes e Bases da Educação.

Ainda recordando a conferência, o professor também mencionou um dos aspectos mais evidentes do racismo à brasileira: os racistas são os outros. Brasileiros costumam reportar-se ao "racismo de verdade", apontando para estadunidenses e os processos segregacionistas como o "Jim Crow" ou para o *apartheid* na África do Sul. Kabengele Munanga (2014, [s.p.]) recordou a fala de Florestan Fernandes, que dizia que brasileiros têm "preconceito de ter preconceito". A dificuldade em se combater o racismo também deriva do fato ou da ideia de que estamos tentando ministrar remédios a pessoas saudáveis, o que é visto como uma impertinência. Quando não se reconhece a doença, não há motivos para buscar a cura.

Para muitos, a questão brasileira ainda é essencialmente de classes sociais, situação na qual não se discriminaria uma pessoa porque ela é negra, mas porque ela é pobre. Persistindo no argumento do silenciamento das questões raciais na escola, é comum sermos questionados sobre quando falaríamos do branco pobre, do nordestino, que sofreriam "os mesmos preconceitos" que as pessoas negras. Não raro, profissionais, quando são apontados como racistas, argumentam sua ascendência nordestina, pobre, sofrida.

Oracy Nogueira (2006) denominou o racismo estadunidense como "racismo de origem", pois as marcas fenotípicas não são tão importantes

---

como o racismo opera na exclusão dos alunos, como evidenciou Pio (2020) em sua pesquisa sobre trajetórias escolares de alunos negros no Colégio Pedro II.

quanto as origens ancestrais que ligam as pessoas às codificações de negro, branco ou indígena, por exemplo. No Brasil, teríamos, ainda segundo Nogueira, um "racismo de marca", no qual a cor da pele e outros traços fenotípicos, como lábios e cabelo, seriam os marcadores do pertencimento racial. O autor prossegue analisando o que chama de "etiqueta racial", referindo-se aos desdobramentos de uma democracia racial pautada, basicamente, no argumento de que a miscigenação impede o racismo de se instalar entre o povo brasileiro, já que não poderia se falar em branco ou negro, mas em "misturas".

A etiqueta racial mencionada por Oracy Nogueira foi uma das questões mais sensíveis percebidas pelos membros do NEAB. Essa percepção se originava da necessidade de pensar em ações afirmativas e outras demandas sociais na escola a partir de um censo racial, que inexistia. No primeiro ano de atividades do núcleo, 2014, havia quase 50% de ausência de dados raciais nas fichas dos estudantes.[4] Após algumas reivindicações, acatadas pelo reitor, professor Oscar Halac, esta lacuna foi reduzida para menos de 7%, em 2018. Essa postura diante dos dados evidencia que a questão racial, durante muito tempo, não era uma demanda da escola, que só foi abordada com insistência pelo núcleo.

A busca por dados que provem a existência do racismo parece ocupar pessoas negras de maneira desgastante. O professor Munanga citou obras como a de Ali Kamel,[5] diretor de jornalismo da TV Globo; outra, organizada por Peter Fry, Yvonne Maggie, Marcos Chor Maio, dentre outros[6] que consideram a Lei n.º 10.639/2003 uma divisão perigosa; dentre outras. O que fica evidente é que racistas constituem um espaço normativo no qual a branquitude (Carone; Bento, 2002) é que dita os limites do que pode ser considerado racista, ou, ainda dialogando com o professor Kabengele: a vítima se torna algoz em um crime quase perfeito. Ele seguiu em sua análise sobre as peculiaridades do racismo à brasileira, pontuando que esse sentimento do brasileiro racista de

---

[4] Dados extraídos do sítio oficial do colégio pelo projeto "CPII em Números". Disponível em: https://bit.ly/3Osq4Ba. Acesso em: 2 dez. 2020.

[5] KAMEL, Ali. *Não somos racistas: uma reação aos que querem nos transformar em uma nação bicolor*. Rio de Janeiro: Nova Fronteira, 2006.

[6] FRY, Peter *et al. Divisões perigosas: políticas raciais no Brasil contemporâneo*. Rio de Janeiro: Civilização Brasileira, 2007.

que ele não o é advém essencialmente da ausência de um racismo institucionalizado de forma efetiva – por leis como nos Estados Unidos ou África do Sul, como citado anteriormente. Daí, ainda segundo o professor, a dificuldade do brasileiro em assumir seu racismo. O mito da democracia racial ajudou a disseminar a ideia de que somos todos mestiços e, portanto, ninguém poderia discriminar ninguém; todos gostamos das contribuições dos negros africanos – música, dança, culinária –, e isso, por si, já comprovaria que não pode haver racistas aqui.

Mais uma vez, cabe dizer o quanto é profícuo o diálogo com a perspectiva decolonial para observar algumas nuances: quais saberes seriam aceitos e legitimados pela escola; o tratamento folclorizado à cultura de origem africana ou a apropriação de sua autoria em benefício do grande mercado fonográfico, de entretenimento, de turismo etc.; a demonização da religiosidade ou da cosmopercepção africana dentro do espaço escolar, dentre outras questões. O papel da escola e da lei considerada perigosa por autores brancos preocupados em garantir o privilégio de suas narrativas históricas, como pontuou nosso conferencista, seria o de combater a hierarquização de saberes, não exotificar agentes de conhecimentos ancestrais indígenas e africanos. Munanga ratificou a importância deste trabalho na escola, dizendo:

> As leis n.º 10.639/03 e 11.645/08, que obrigam o ensino da história e da cultura dos negros e dos povos indígenas e a história e cultura da África na escola brasileira, visam justamente a construção de uma escola inclusiva e não discriminatória. Isto não significa que a história da Europa e da Ásia deve ser substituída, mas sim que a história do Brasil deve incluir outras raízes formadoras em vez de ser empobrecida por uma única história e cultura consideradas como superiores ou melhores que as outras. A não inclusão da história dos outros os destrói, os diminui e anula sua autoestima (Munanga, 2014, [s.p.]).

A fala do professor Kabengele Munanga durou tempo o suficiente para deixar à mostra a falta de informação e envolvimento que o colégio tinha, até então, com as questões raciais. Recaía sobre o NEAB, e ainda recai, grande responsabilidade para mudar a configuração racista na estrutura da instituição. Se antes de sua existência as questões envolvendo relações raciais eram atribuídas àquelas e àqueles que se dedicavam ao tema, por identificação e/ou responsabilidade social, após o surgimento do núcleo a questão estava institucionalizada: havia um NEAB do colégio, então ele tomaria as providências. Isso poderia acarretar mais inércia, já que "os responsáveis" iriam agir, mas também possibilitava ações com mais qualidade, pois propostas por pessoas estudiosas da questão, e abrangência.

Kabengele concluiu sua conferência provocando reflexão sobre a postura do colégio diante do dever de construir a igualdade que buscamos:

> O que o Colégio Pedro II pode fazer para dar sua contribuição no processo de transformação para uma sociedade mais igualitária em sua missão de uma instituição educadora? O que cada um do corpo social deste colégio – dirigentes, professores, funcionários e estudantes – pode fazer, individual e coletivamente, para transformar a sociedade à qual todos pertencem? (Munanga, 2014, [s.p.]).

Quem mexe com isso...

O período que se seguiu foi de intenso trabalho para quem decidiu participar do NEAB. Houve uma eleição, na qual esta autora foi eleita a primeira coordenadora do núcleo. Em uma primeira ação da coordenação, ainda em 2014, foi realizada uma diagnose da situação da escola frente às relações raciais. Todos os campi foram visitados pela coordenação, que conversou com as direções, entregando um compilado de referências para o trabalho de implementação da Lei n.º 10.639/2003[7] elaborado pela própria coordenadora e entregue aos membros representantes, pensados inicialmente para serem a presença do NEAB em cada campus.

Durante as visitas da coordenação aos campi, foi possível perceber como a lei supra era desconhecida. Muitos dos gestores que estavam na aula inaugural do professor Munanga perguntavam do que se tratava o NEAB e, diante da explicação da sigla, a expressão de grande ideia

[7] O "Caderno-GT" possui boa parte da legislação necessária à compreensão das normas relativas à Educação das Relações Raciais e pode ser consultado no sítio oficial da escola. Disponível em: http://www.cp2.g12.br/images/comunicacao/2014/set/CadernoGT.pdf. Acesso em: 2 dez. 2020.

surgia, acompanhada da indicação de alguém que lidava com o tema. Alguém, como mencionado anteriormente, "que mexia com aquilo", "que trabalhava com essas coisas, com essas temáticas", "que gostava do assunto" – utilizando as expressões ouvidas pela coordenação durante as visitas. Para cada campus, ficava evidente que não havia projeto institucional envolvido pelo currículo, aglutinando campos de saberes. A questão das relações raciais era tratada por uma pessoa – em alguns casos, duas. Todas essas pessoas foram entrevistadas pela coordenação do NEAB, que organizou os dados sobre o que estava sendo desenvolvido na escola.

Depois deste levantamento, de duas reuniões e de alguns entraves superados em equipe, formulou-se um evento com a intenção de alcançar todo o colégio – quinze campi, no total. Retomando a importância da presença do professor Munanga na escola: uma das ideias de trabalho surgiu do interesse dos alunos que abordavam membros no núcleo para perguntar o que o professor estudava, qual sua área de trabalho, o que deveriam ler e, muitas vezes, perguntavam o que era e onde estava o Movimento Negro. A partir de então, começamos a pensar em um evento que possibilitasse o contato do movimento com a escola, para que a ideia abstrata sobre as lutas antirracistas, bem como a idealização de um Movimento Negro único fossem superadas.

Organizamos o I Circuito Cultural Afro-Brasileiro[8] após muitas divergências. Entre as maiores, é possível destacar a dificuldade da branquitude docente em compreender, ou aceitar, a ideia de protagonismo negro em todas as esferas e os equívocos sobre o que seria um evento cultural. As duas questões se relacionavam de forma estreita, por exemplo, quando em lugar de colocar vendedores para fazer turbantes em alunas e alunos, chamamos mulheres negras para contar a história e a relação do turbante com a cosmopercepção iorubá. Acreditava-se que essa era uma proposta acadêmica, que desinteressaria aos alunos. A várias propostas de palestras houve resistências pelas mesmas argumentações e pela percepção folclorizada da cultura afro-brasileira.

Após superarmos os problemas internos, desenvolvemos onze dias de circuito, atendendo desde a educação infantil até o ensino médio.

---

[8] Informações disponíveis no sítio do evento: https://bit.ly/3uZ1mkk. Acesso em: 2 dez. 2020.

Houve palestras sobre fotografia, teatro, programas de cultura negra, mas também foram realizadas oficinas para crianças, adolescentes e adultos (alunos da EJA, responsáveis e servidores). O evento não contou com muitos recursos[9] e ainda enfrentou limitações para sua execução – já que, mesmo após as autorizações serem assinadas pelos diretores das unidades escolares, alguns mudavam as atividades/agenda da escola, impedindo que a programação fosse desenvolvida. Grande parte do corpo docente não permitia a participação dos alunos, argumentando que isso tiraria tempo de aula, mesmo com ampla divulgação do evento com antecedência para que pudessem organizar a saída e a utilização dos temas em sala – pois se tratava de questão que, obrigatoriamente, deveria constar do currículo oficial do colégio.

O que é preciso deixar evidente é que uma instituição pode convidar um renomado pesquisador das questões raciais para ministrar uma única conferência, a Aula Magna de abertura do ano letivo, e não preparar sua estrutura para lidar com o racismo nos demais dias letivos. Sobre essa escola que perpetua e potencializa as desigualdades através do racismo que opera, o professor Kabengele (1996, p. 141) pontua:

> [...] é possível que a escola tenha maior poder de saturação ideológica, por ter uma atuação sistemática, durante anos a fio, sobre os que nela permanecem. O processo de seletividade dos segmentos sem prevalência histórica na nossa sociedade são alguns [*sic*] dos mecanismos produzidos para manter a ideologia dominante. O produto final de todo esse processo está configurado no currículo eurocêntrico vigente nas escolas brasileiras, em todos os níveis de ensino.

A reprodução do racismo pela escola também pode ser percebida pelos usos dos espaços escolares, pelos cartazes, pelas homenagens, pelas representações nos grupos de estudos, pelas pessoas que se pronunciam e são respeitadas e ouvidas, pelos eventos que movem a comunidade escolar etc. O racismo se mostrou mais a partir da organização de um grupo como o NEAB, fosse pelas questões que acabo de evidenciar, ou pelas

[9] O NEAB participou de um edital interno que cobria o material de divulgação e pequeno pró-labore para oficineiros que tivessem cadastro no sistema do governo federal. A relevância do evento foi considerada parcial pela banca julgadora do edital (mesmo atendendo a toda a comunidade escolar), por isso não obtivemos o total do auxílio pleiteado.

resistências que começaram a surgir. Pode-se dizer que a coordenação ser ocupada por uma mulher preta e técnica, em uma instituição predominantemente docente, não era uma posição privilegiada. Cabe ressaltar que esta é uma postura da equipe até hoje: somos representados por pessoas negras. Mas, em todas as demais coordenações, foram docentes a ocupar a cadeira. De forma prática, isso se traduz em tempo: um técnico fica à disposição do núcleo; um docente divide sua carga de trabalho (aulas, planejamento, pesquisa, extensão) com o setor. A forma que a escola é percebida também muda, interferindo nas prioridades. Ainda se discute a postura político-pedagógica do grupo diante da resistência da escola a inserir, em seus currículos oficiais, o que preconiza a lei.

O NEABI[10] passa a debruçar-se sobre pesquisa, pós-graduação, tendo como foco alunas e alunos externos em seus cursos. Na escola, ainda não há um processo institucionalizado de formação para as relações raciais e sua implementação no currículo oficial da instituição, tampouco ações que visem a formação para os alunos da educação básica – essa continua sendo uma ação que depende de o professor "abraçar ou não o tema", como ainda se ouve na escola. São muitos os cursos de extensão oferecidos que abordam a temática e atendem à demanda externa, mas internamente essa ainda é uma lacuna.

Mesmo assim, o núcleo é a referência utilizada para inserir o Colégio Pedro II no âmbito dos que mais promovem Educação para as Relações Raciais, por causa de cursos já ministrados e de grande relevância social local – como Introdução à Cultura Iorubá, que teve a quinta turma em 2021, e o curso de extensão que se tornou pós-graduação, o Especialização em Educação das Relações Étnico-Raciais no Ensino Básico (EREREBÁ). Também voltado para a pesquisa é o Grupo de Estudos, Pesquisas e Ações sobre Racismo e Relações Étnico-Raciais e Indígenas (GEPARREI), que já promoveu um seminário em homenagem à Neusa Santos Souza e organiza a revista *NGANHU*, que também tem como foco as produções em Educação para as Relações Raciais.

Algumas atividades do I Circuito mobilizaram alunas e alunos, que se organizaram em grupos de debates sobre questões raciais, depois formaram as Frentes Negras (Lima, 2016). Alguns docentes repetiram

[10] Em 2018 o núcleo se ocupa também das questões indígenas, passando a se chamar Núcleo de Estudos Afro-Brasileiros e Indígenas, o NEABI.

atividades em outros anos, aumentando a dimensão do que havia ocorrido no campus, como foi o caso da Quizomba, que acontece todos os anos em Realengo, envolvendo muitos docentes e alunos. Também houve, sim, iniciativas docentes que antecederam o NEABI. Poucas, como o Fórum Racial – iniciado pela professora Fabiana Lima em 2013, no Engenho Novo –, que foi tão bem recebido pelos alunos e alunas, que seguiu mesmo após sua saída da escola.

Ações como a do Fórum Racial atendem diretamente às necessidades mais apontadas pelos discentes: a escuta, o acolhimento, a visibilidade de suas questões. É recorrente a fala de que, quando tomam coragem para reclamar, são tratados com pouco caso ou passam a ser apontados como chatos que não aguentam as "brincadeiras". Antes da atividade do circuito no campus Humaitá, em 2014, um aluno negro havia sido hostilizado, quando alunos brancos atiraram sobre ele cascas de banana e o chamaram de macaco. A atuação da escola foi incipiente, para dizer o mínimo, pois a direção do campus estava tomando precauções para que os demais alunos não hostilizassem os racistas, sem prestar amparo, atendimento social e psicológico ao aluno negro – que chegou a fugir da escola sem sequer levar seu material. Tal auxílio quem prestou foram colegas de turma, em sua maioria, negros.

Nesse alinhamento, entre a postura do colégio diante de atitudes racistas e a preocupação com os agressores, verificamos a consistência do que Aparecida Bento (2002) descreveu como pacto narcísico branco. Segundo a pesquisadora, no intuito de manter privilégios, brancos desenvolvem um acordo coletivo de manutenção de interesses próprios nas instituições e visão de mundo. Isso só ocorre porque esses sujeitos, se reconhecendo como iguais e fortalecendo narcisicamente uns aos outros, se afirmam em lugares de poder. Para Lia Schucman (2020, p. 60-61),

> [...] a branquitude é entendida como uma posição em que sujeitos que a ocupam foram sistematicamente privilegiados no que diz respeito ao acesso, a recursos materiais e simbólicos gerados inicialmente pelo colonialismo e pelo imperialismo, e que se mantêm e são preservados na contemporaneidade.

É preciso observar de maneira mais sistemática a relação entre esses conceitos para a compreensão das barreiras impostas à implantação da História e da Cultura Afro-Brasileira e Africana nos currículos de todas as disciplinas da educação básica. Afinal, o currículo é um campo de disputa e privilegia saberes eurocentrados, pelas palavras de Munanga. O último relato, a seguir, é um exemplo onde o pacto narcísico branco desencadeia um processo de desqualificação de saberes desde a escola até a academia.

Admiradores de Munanga, cúmplices de Lobato

Há um longo trajeto percorrido por militantes e/ou acadêmicos no enfrentamento ao conteúdo racista de Monteiro Lobato. Entre os anos 2010 e 2012, teve grande repercussão o caso em que o Conselho Nacional de Educação (CNE) recebeu denúncias de racismo contidas nas obras de Lobato, especificamente em *Caçadas de Pedrinho*. A Câmara de Educação Básica do CNE aprovou por unanimidade o parecer da ex-ministra Nilma Lino Gomes, conselheira à época e relatora, acatando a denúncia da Secretaria de Promoção da Igualdade Racial que, por sua vez, a havia recebido de Antônio Gomes da Costa Neto, um mestrando da Universidade de Brasília (UnB) à época.

Segundo as denúncias, o foco das questões racistas do livro recaía sobre Tia Anastácia, a personagem negra que trabalha no Sítio do Pica-Pau Amarelo. Na história, a personagem faz comidas deliciosas, mas é tratada como burra e comparada a animais como urubu, macaco e feras africanas. O livro ratifica uma visão estereotipada do negro e do universo do qual ele se origina, o continente africano, em diversos trechos analisados pelo autor da denúncia e o grupo de pesquisa do qual ele fazia parte. A relatora conclui, à luz da Constituição de 1988 e em estudos teóricos que discutem a importância da literatura antirracista na escola, o seguinte:

> Nos termos deste parecer, à vista do disposto no Parecer CNE/CP n.º 3/2004 e na Resolução CNE/CP n.º 1/2004, é essencial considerar o papel da escola no processo de educação e (re)educação das (e para as) relações raciais, a fim de superar o racismo, a discriminação e o preconceito racial. A despeito do importante caráter literário da obra de Monteiro Lobato, o qual não se pode negar, é necessário considerar que somos sujeitos da nossa própria época, porém, ao mesmo tempo, somos responsáveis pelos desdobramentos e efeitos das opções e orientações políticas, pedagógicas e literárias assumidas no contexto em que vivemos. Nesse sentido, a literatura em sintonia com o mundo

> não está fora dos conflitos, das tensões e das hierarquias sociais e raciais nas quais o trato à diversidade se realiza. São situações que estão presentes nos textos literários, pois estes fazem parte da vida real. A ficção não se constrói em um espaço social vazio (Brasil, 2010).

Nilma Gomes não critica a extensa obra do autor em sua qualidade, mas expressa o caráter racista que ela possui, enfatizando o papel da escola no processo de educação para as relações raciais – reeducação, inclusive. Mas as críticas foram surgindo de várias partes do país, motivadas pela fidelidade ao autor e incentivadas pela mídia, que reforçava as notícias sobre a relevância das obras e minimizava o racismo nelas contido.

Sobre o papel da mídia na corrida protecionista ao racismo de Lobato, Patrícia Andrade (2016), após análises discursivas sobre o debate envolvendo as obras de Lobato na imprensa, concluiu que, no Brasil, "os jornais ainda apresentam um discurso que tende a expor atitudes, conhecimentos das minorias como crenças não confiáveis, apesar de os argumentos das minorias serem objetos também de diversos estudos acadêmicos atuais".

As argumentações mais difundidas são baseadas no que é veiculado pela mídia. A *Folha de S. Paulo*, principal objeto de estudo na pesquisa acima citada, deixava, e ainda deixa, evidente sua defesa pela obra racista, julgando ser o racismo uma interpretação inferior à grandeza do autor. Por isso, percebemos dificuldade na relação entre a cumplicidade narcísica e o estabelecimento de uma educação antirracista na escola: para quem adota a educação antirracista, fica inviável defender quem propaga o racismo. Este seria o objetivo de uma educação antirracista, inclusive. Por outro lado, como quebrar um elo vital que protege a si mesmo e aos seus iguais em nome de outrem?

A experiência das atuais coordenadoras do NEABI, Sílvia Barros e Aline Carmo, nos mostra que a leitura de Monteiro Lobato já é percebida por alguns responsáveis de alunas e alunos negros como nociva à construção das suas subjetividades. A coordenação de literatura do Colégio Pedro II discorda. O NEABI, reunido em colegiado, ouviu o relato de duas responsáveis por alunos negros do campus Humaitá I que se sentiram ignoradas pela escola ao levar essa reclamação sobre trechos do livro adotado, *Reinações de Narizinho*. A coordenadora mobilizou a equipe que, em outubro de 2019, participou de uma reunião com a coordenação da equipe de literatura no campus Humaitá, contando com a presença de alguns membros– como a vice-coordenadora e dois professores de Língua Portuguesa.

As argumentações giravam em torno da relevância da obra de Lobato para a formação das crianças. Alguns dos responsáveis reclamantes se manifestaram, indagando sobre quais crianças os defensores da obra estavam falando ou representando. Naquele momento era visível a postura de minimizar a escrita racista, além de desqualificar a fala dos responsáveis reclamantes e dos profissionais do NEABI, com larga exposição dos currículos das propositoras do projeto e perguntas silenciadoras que intimidavam os responsáveis – como questionamentos sobre a confiança destes no profissionalismo e na competência da equipe.

Uma das falas mais recorrentes das pessoas brancas que se declaram em favor da obra ser adotada para crianças nas escolas é a lembrança da infância: como Lobato mexia com a imaginação deles, despertava a criatividade, levou-os a fazer Letras na universidade etc. Impressiona o nível de falta de empatia com as crianças negras. Para isso, bastaria lembrar de como era ouvir que a personagem preta do livro era a feia, burra, macaca e de estimação. Causa indignação e revolta que educadores tenham essa dificuldade.

Profissionais brancos ficam ofendidos quando falamos que a postura é racista. Ocorre, então, a estigmatização da agressividade de pessoas negras militantes, que enxergam racismo em tudo. O que difere hoje, em uma escola como o Colégio Pedro II, é a formação das equipes. No NEABI, praticamente todos os docentes e técnicos são doutores, alguns, mestres. Suas pesquisas envolveram, ou envolvem, a questão racial direta ou indiretamente e, quando não, tratam de questões essenciais para um debate como este.

A despeito de toda formação e preparo, o reconhecimento não se instala para além do pacto narcísico, e ocorre, por vezes, de pessoas brancas discursarem a mesma argumentação e serem consideradas brilhantes, enquanto as pessoas negras são impertinentes. Trazendo essa observação para a relação entre racismo e colonialidade, discutida por Quijano (2005; 2007), qualquer saber fora da eurocentricidade é descartado e questionável.

Não basta uma pessoa negra ter o título de doutora, é preciso provar a todo momento que merece ostentar o título, utilizando autores consagrados por uma maioria acadêmica branca. Quando os autores utilizados são negros, africanos, latino-americanos ou até brasileiros negros e desconhecidos dessa massa academicista eurocentrada, o saber é desqualificado. Portanto, teorias das relações raciais são combatidas com impressões pessoais, com lembranças da infância ou com argumentos de sensibilidade rasa ("eu tenho amigos negros", "leciono há 20 anos e adoro o tema da negritude" etc.).

Sem respostas...

O Movimento Negro luta por uma educação libertadora desde que percebeu que seu povo estava preso para além das correntes, das grades, das senzalas, das prisões. O aprisionamento da população negra é a colonialidade, que propicia alianças impensáveis, como a que se perpetua entre oprimidos e opressores. Também é essa atmosfera colonizada que reforça a cor como espaço de poder.

Nossos livros didáticos persistem nas mesmas histórias de humilhação e dor. A contribuição de uma população inteira fica limitada à gastronomia e à dança, saberes essenciais para a sobrevivência cultural, ou seja, da alma de uma nação, mas a contribuição da ancestralidade negra não se limita a esses saberes. Por isso, a busca por uma lei que obrigasse as instituições escolares a contar nossa história foi uma conquista grandiosa.

A pergunta do professor Munanga na palestra que inspira este depoimento ainda não possui resposta consistente. Não há muitas perspectivas de que, no corpo social das escolas brasileiras, as pessoas que "mexem com isso" sejam brancas ou não negras. É provável que a justificativa mais utilizada por escolas elitizadas e de prestígio, públicas ou privadas, para a ausência dos conteúdos preconizados pela Lei 10639, seja o baixo índice de pessoas negras em seus estabelecimentos – formando mais pessoas não negras e brancas com os mesmos preconceitos. Entretanto, é exatamente a busca por essas respostas que nos mobiliza.

Referências

ALMEIDA, Sílvio de. *Racismo estrutural*. São Paulo: Sueli Carneiro; Pólen, 2019.

ALVES, Fátima; ORTIGÃO, Isabel; FRANCO, Creso. Origem social e risco de repetência: interação raça-capital econômico. *Cadernos de Pesqui*sa, São Paulo, v. 37, n. 130, p. 161-180, abr. 2007. Disponível em: https://bit.ly/37uZXsQ. Acesso em: 2 dez. 2020.

ANDRADE, Patrícia Ricardo Andrade. *Análise crítica do debate sobre* Caçadas de Pedrinho *na imprensa: racismo, controle discursivo e polarização ideológica*. 181 f. 2016. Dissertação (Mestrado em Estudos Linguísticos) – Centro de Ciências Humanas e Naturais, Universidade Federal do Espírito Santo, Vitória, 2016.

BENTO, Maria Aparecida Silva. *Pactos narcísicos no racismo: branquitude e poder nas organizações empresariais e no poder público*. 169 f. 2002. Tese (Doutorado em Psicologia) – Instituto de Psicologia, Universidade de São Paulo, São Paulo, 2002.

BRASIL. Ministério da Educação. Parecer CNE/CEB n.º 15/2010. Aprovado em 1 de setembro de 2010. Disponível em: https://bit.ly/3EvzW8J. Acesso em: 2 dez. 2020.

CARONE, Iray; BENTO, Maria Aparecida Silva (Orgs.). *Psicologia social do racismo*. Petrópolis: Vozes, 2002.

LIMA, Michelle Botelho. *Jovens Negros do Colégio Pedro II: o protagonismo na construção de um Coletivo de Resistência*. 2016. Dissertação (Mestrado em Relações Étnico- raciais) – Centro Federal de Educação Tecnológica do Rio de Janeiro, Rio de Janeiro, 2016.

MUNANGA, Kabengele. O antirracismo no Brasil. In: MUNANGA, Kabengele. *Estratégias e políticas de combate à discriminação racial*. São Paulo: Edusp/Estação Ciência, 1996.

MUNANGA, Kabengele. *As diferenças constituem a riqueza coletiva da humanidade, mas por que foram degradadas em fontes de discriminação e desigualdade entre seres e sociedades humanas?*. Conferência. Colégio Pedro II: Rio de Janeiro, 2014. (mimeo.)

NOGUEIRA, Oracy. Preconceito racial de marca e preconceito racial de origem. *Tempo Social – Revista de Sociologia da USP*, v. 19, n. 1, p. 287-308, 2006.

OLIVEIRA, Luiz Fernandes de; CANDAU, Vera Maria Ferrão. Pedagogia decolonial e educação antirracista e intercultural no Brasil. *Educação em Revista*, Belo Horizonte, v. 26, n. 1, p. 15-40, abr. 2010. Disponível em: https://bit.ly/3JTe0Wk. Acesso em: 2 dez. 2020.

PIO, Alessandra. *12 anos de escolarização no Colégio Pedro II: acesso, permanência e equidade na trajetória de alunos negros*. 2020. Tese (Doutorado em Educação) – Faculdade de Educação, Universidade Federal do Rio de Janeiro, 2020.

QUIJANO, Aníbal. Colonialidad del poder y clasificación social. In: CASTRO-GÓMEZ, S.; GROSFOGUEL, R. (Orgs.). *El giro decolonial: reflexiones para una diversidad epistémica más allá del capitalismo global*. Bogotá: Universidad Javeriana/Instituto Pensar/ Universidad Central-IESCO; Siglo del Hombre Editores, 2007. p. 93-126.

QUIJANO, Aníbal. Colonialidad del poder, eurocentrismo y América Latina. In: LANDER, E. (Org.). *La colonialidad del saber: eurocentrismo y ciencias sociales: perspectivas latinoamericanas*. Buenos Aires: Clacso, 2005. p. 227-277

SCHUCMAN, Lia Vainer. *Entre o encardido, o branco e o branquíssimo: branquitude, hierarquia e poder na cidade de São Paulo*. 2. ed. São Paulo: Veneta, 2020.

PARTE 3

NEGRITUDES: PENSAMENTO E ARTE AFRICANA

CAPÍTULO 9

Nosso racismo é um crime perfeito, sintetiza Kabengele Munanga

Juarez Tadeu de Paula Xavier

A oralidade esculpe as experiências afrodescendentes (Hampaté Bâ, 2010). Ela dá a plasticidade necessária para uma concepção cosmogônica sacudida por múltiplos processos e fragmentos em movimentos e embates perpétuos, com transformações constantes e profundas. Teses, antíteses e sínteses em choque permanente e implicação mútua. Grandes relatos completam e são completados por pequenas e micro porções de contos. Uma enciclopédia em abertura e edição contínua. Esse movimento faz uma *mixagem* e funde passado, presente e futuro, cristalizado no fato dito. Atualiza, amplia, suprime, recria histórias, editando-as e embalam mitos (não fabulações) que permitem o compartilhamento de sonhos, como projeções de futuros possíveis (Ribeiro, 2019). Os relatos são fios que tecem redes de saberes universais (ciências), singulares (sociais) e particulares (estéticos). Para esse "multiverso", as histórias orais são fundamentais (Ki-Zerbo, 2010).

Miles Davis: síntese criativa no *jazz*

O mundo do *jazz* (síntese criativa da cultura negra estadunidense) é, assim como outras manifestações com a digital negra, um caldeirão de múltiplos contos fundantes, alicerces de novas possibilidades nesse estilo musical que é um sítio de seguidas "destruições criativas" e "criações destrutivas" (Oliveira, 2014). Um desses contos mitologizados envolve um *enfant terrible* do estilo: Miles Dewey Davis III,[1] um gênio criativo irresistível.

Segundo o mito-lenda, durante uma entrevista, perguntaram a Miles como ele definia seu processo criativo. Miles responde: "Less is more!" (Menos é mais!) (Ávila, 2007). A resposta vale por um manifesto cultural, como os que marcaram a produção estética – epistêmica, teórica, técnica e ética – das linguagens artísticas do século XX (Teles, 1983). O estilo econômico disseminou-se pela produção musical jazzística e instigou sua produção criativa na segunda metade do século passado.

A história começou assim: no princípio (era o som), na cidade de Alton (Illinois, Estados Unidos), nasce Miles Davis (26 de maio de 1926 [1991]). Diferentemente de outros gênios do *jazz*, (primeiro ponto fora da curva), ele nasceu numa família de classe média. Aos 22 anos, promoveu, jovem para o panorama da época (segundo ponto fora da curva), a síntese criativa do *cool jazz*, desatando o nó de admiração que o vinculava aos estilos de dois outros gênios – o saxofonista Charles Parker Jr. (1920-1955) e o trompetista John Birks "Dizzy" Gillespie (1917-1993). Aos 32, criou o *modal* (terceiro ponto fora da curva) que redefiniu o gênero. Dez anos depois, mais uma vez, Miles se aventura para além curva (quarto ponto) e forja o *jazz fusion*, influenciando o estilo jazzístico e o *rock and roll*.

Cercado por uma ambiência de experimentação, encapsulado em uma categoria criativa frenética e com os pés fincados em um solo de inovações técnico-funcionais, Miles conheceu o pianista Thelonious Sphere Monk (1917-1982) (Teixeira, 2009). Novo estalo! Com Monk, ele aprendeu que o *não som*; o silêncio, era um elemento fundamental na música: descobriu que menos som poderia ser mais sonoridade. Um passo em direção ao *less is more*, seu estilo decisivo!

Estavam dadas as condições para a gravação do disco que seria considerado pela crítica como o mais importante da história do gênero pelas inovações conceituais, e o mais vendido de todos os tempos: *Kind of Blue*.[2]

---

1 Ver: História e vida de Miles Davis. Disponível em: https://www.milesdavis.com/. Acesso em: 1 jan. 2020.

2 Sobre *Kind of Blue*, ver: https://bit.ly/386yn5g. Acesso em: 10 mar. 2020.

Nos dias 2 de março, primeira sessão, e 24 de abril, segunda, Miles Davis (trompete), John William Coltrane (1926-1967, saxofone), Julian "Cannonball" Edwin Adderley (1928-1975, saxofone alto), William John "Bill" Evans (1929-1980, pianista), Wynton Charles Kelly (1931-1971, pianista), Paul Laurence Dunbar Chambers Jr. (1935-1969, baixista) e Wilbur James Cobb (1929, baterista) entraram no estúdio da Columbia, na 30th Street, em Nova York, e fizeram história – e muito *jazz*.

Kind of Blue foi lançado no dia 17 de agosto de 1959.

Miles revolucionou a música norte-americana, gravando *Birth of the Cool*, *Kind of Blue* e *Bitches Brew* e colocando-se ao lado dos gênios do *jazz* – Louis Daniel Armstrong (1901-1971), Edward Kennedy "Duke" Ellington (1899-1974) e Charles Parker – no panteão sagrado do gênero, consagrando, assim, uma metódica conceitual criativa em que menos (estilo econômico) vale mais (pela riqueza contida na síntese).

O fenômeno não se limita à música! Ambiência inovadora, agentes criativos e recursos criativos estão disponíveis em diversos lugares, com a digital afrodescendente. A universidade, como parte da sociedade, é um *locus* – espaço de invenção e inovação – e *logos* – reflexão epistêmica, teórica, conceitual, técnica e ética – em que esses processos estão presentes. As ciências sociais são os seus melhores laboratórios.

Kabengele Munanga: síntese criativa na antropologia

O antropólogo Kabengele Munanga, no campo das ciências sociais, produziu uma dessas sínteses criativas que concentram um amplo espectro conceitual, reveladora da essência de um fenômeno que se estende desde o século XVI no ocidente: o sistemático processo de destruição de vidas de africanos e seus descendentes, em escala industrial e planetária, como crime sem punição – portanto, para os perpetuadores, um crime perfeito, em especial no Brasil.

Nos anos 1970, a Universidade de São Paulo (USP), suas pesquisadoras e seus pesquisadores, as relações étnico-raciais,[3] o movimento social da população negra e a política internacional dão as condições

[3] Centro de Estudos Africanos (CEA). Criado em 1965, passa a funcionar em 1969 no Centro Interdepartamental/Intraunidade da Faculdade de Filosofia, Letras e Ciências Humanas da Universidade de São Paulo (FFLCH/USP). Disponível em: http://cea.fflch.usp.br/. Acesso em: 3 abr. 2020.

ideais para o espírito questionador daquele jovem que chegou ao país para se doutorar.

Munanga nasce em 22 de junho de 1940 em Bakwa Kalonji, na República Democrática do Congo, quando esse território ainda era uma colônia belga, condição imposta desde o final da Conferência de Berlim (1884/1885), que promoveu uma nova divisão no continente e deixou registros de grandes atrocidades contra os povos originários do continente (Hochschild, 2000). Os fenômenos sociais que caracterizaram a presença negra no mundo estão presentes na vida do antropólogo em estado puro, desde o seu nascimento em África: a escravização, o colonialismo e o *apartheid* (Mbembe, 2018).

O pesquisador congolês-brasileiro iniciou seus estudos superiores em 1964, na Université officielle du Congo, a primeira universidade criada no país em 1955, quatro anos antes da independência. Ele fez parte da segunda geração de jovens universitários congoleses numa dura seleção em que ingressaram dez entre duzentos candidatos. Quando se abre o lacre que leva à independência, em 1960, com 24 milhões de habitantes, a República Democrática do Congo tinha oito jovens com diploma universitário, situação comum entre as diversas recém-nações africanas.

Em 1975, num período em que ditadura civil-militar brasileira recrudesceu a repressão, em especial na universidade, com a instalação de uma ditadura escancarada (Gaspari, 2002), Kabengele Munanga chega à USP para se doutorar em Antropologia.[4]

A construção do olhar é uma experiência epistêmica (Novaes, 1988) que implica a mobilização de complexos processos e subsunçores: compreensões subjetivas e objetivas da realidade circundante. Várias ocorrências do cotidiano, naturais para os da terra, provocam rupturas epistêmicas no olhar do "estrangeiro" e abrem novas possibilidades cognitivas. O olhar de quem *olha* e o olhar de quem *vê* provocaram em Munanga uma experiência singular sobre o racismo brasileiro.

A institucionalização do racismo no país percorreu caminhos diferentes dos percorridos nos Estados Unidos e na África do Sul. Nesses países, o estado instituiu políticas segregacionistas com a força

[4] Kabengele Munanga foi orientado pelo professor Dr. João Baptista Borges Pereira, primeiro doutor em Antropologia da Universidade de São Paulo (USP). Disponível em: https://www.fflch.usp.br/302. Acesso em: 3 abr. 2020.

do mecanismo de coerção acompanhado pela eficiente máquina da persuasão. No Brasil, o Estado mobilizou o vetor da persuasão, assistido pelo da coerção. Mudança sutil, mas decisiva. Com os mesmos resultados: nos três países vigora o racismo estrutural, para além das subjetividades individuais, e o racismo institucional, mantido pela legislação que reflete a força, hábitos e costumes da lógica material do arcabouço legal. No Brasil, porém, esse fenômeno é de difícil percepção para os olhares nacionais (Schwarcz, 2017). Mas essa sutileza não passou despercebida pelos olhares atentos de Kabengele Munanga.

O antropólogo congolês-brasileiro observou essa distinção. Munanga percebeu a diferença do racismo brasileiro em relação ao praticado na África do Sul durante o regime do *apartheid* (1948-1994) e nos Estados Unidos, em especial no sul daquele país, com a prática *Jim Crow* (1870/1880-1965) - nome pela qual a política de segregação ficou conhecida. No Brasil, o racismo é velado, sutil, pastoso, enganoso. Todavia, o pesquisador observou que essa diferença não anula seus resultados perversos (Milena, 2019).

A Constituição promulgada em 1988, chamada pelos constituintes de "Cidadã" (Senado Notícias, 2006), assegurou que o racismo é crime imprescritível e inafiançável. Ele deixou de ser uma contravenção - conhecida como Lei Afonso Arinos (1951), de Melo Franco Afonso Arinos (1905-1990) (Jusbrasil, 1951) - para ser crime. Uma mudança profunda nos hábitos nacionais.

Munanga chega ao Brasil na metade da década de 1970, próximo do ponto de inflexão que mudaria a luta antirracista no país nos anos seguintes. Tal período se estende desde o lançamento do Movimento Negro Unificado Contra a Discriminação Racial (MNUCDR), mais tarde Movimento Negro Unificado (MNU), em 7 de julho de 1978, até a adoção em âmbito nacional das políticas públicas de ingresso nas universidades públicas, federais e estaduais, em 2012.

Ele observou a diferença entre o tratamento dado a um negro brasileiro e a um estrangeiro. Analisou como o racismo lia as geografias dos corpos negros nacionais, curvados pela violência do racismo estrutural e institucional, e as dos corpos negros estrangeiros. Segundo o professor, por vezes, sem abrir a boca, ouvia: "Você não é daqui?", como lembrou em uma entrevista à *Revista USP* (Dantas; Ferreira; Véras, 2017). Era o jeito do corpo, comportamento, andar, olhar e o modo de ser. Essas fricções diárias desmontaram, para ele, a fabulação da democracia racial e lapidou sua compreensão sobre a modalidade do racismo exercido na sociedade brasileira.

Ponto de inflexão

Por muito tempo, essa singularidade do racismo nacional o retirava da universalidade do supremacismo branco. Ela trazia conforto para o espírito racista e circunscrevia a consciência negra numa bolsa de alienação. Kabengele Munanga, entretanto, compreendeu que os racismos, em todas as suas modalidades (aberto, sutil, estrutural, institucional, velado, recreativo, consciente, alienado, cultural, religioso), são abomináveis. Em quatro década no país, ele viu: a emergência da ruptura (criação do MNUCDR) nos anos 1970; a criminalização do racismo (Constituinte) nos anos 1980; a admissão da prática racista pelo Estado (formação do Grupo de Trabalho Interministerial de Valorização da População Negra) nos anos 1990; a formulação de política pública em espaços institucionais globais (III Conferência Mundial Contra o Racismo, a Discriminação Racial, a Xenofobia e as Formas Conexas de Intolerâncias, em Durban, África do Sul) na primeira década do século XXI; a aprovação das políticas de reserva de vagas para o ingresso nas universidades públicas (Lei 12.711/2012) no início da segunda década do século XXI; e as violências contra esses conquistas promovidas pelo governo federal no início dos anos 2020 (Putti, 2020).

Essa rica ambiência de debates, enfrentamentos, organizações políticas, produções acadêmicas e reestruturação econômica, cultural, social e política impactaram os movimentos sociais da população negra e suas lideranças, transformando as pautas políticas e reivindicativas da luta antirracista. Um manancial de ricas informações colocadas à disposição do homem, negro, teórico, pesquisador e docente Kabengele Munanga.

Pluralidade de visões, contradições e superações pontuais e sistêmicas, as quatro décadas de debates frenéticos sobre a questão racial criaram o arranjo intelectual ideal para a síntese precisa sobre o racismo brasileiro. Kabengele Munanga percorreu o mesmo caminho de outros criativos que se debruçaram sobre a realidade negra, como Miles Davis, para as suas inovações criativas entre as décadas de 1940 e 1960, ao sintetizar 40 anos de debate acadêmico e político na frase: "O racismo é um crime perfeito, porque a própria vítima é responsabilizada pelo racismo que sofre, e quem cometeu não tem nenhuma sanção".

A síntese criativa formulada por Munanga tem três assertivas conceituais, que resumem quatro décadas de experiências de luta antirracista no país:

1. O Brasil é um país racista!
2. No Brasil, o racismo é crime!
3. No Brasil, o racismo é um crime perfeito!

Cada uma dessas assertivas é uma fase do amadurecimento político e organizativo no enfrentamento ao preconceito, à discriminação racial e ao racismo, submetidos às análises críticas, observações e pesquisa do intelectual-militante Kabengele Munanga.

O Brasil é um país racista!

O manifesto político do Movimento Unificado Contra a Discriminação Racial (MNUCDR), em 1978,[5] provoca uma ruptura epistêmica sobre a compreensão do racismo no país. Desde os anos 1930, com os trabalhos pioneiros do sociólogo Gilberto Freyre (1998), passou a vigorar na intelectualidade brasileira a ideia de que, diferentemente dos Estados Unidos e da África do Sul, no Brasil vigoraria uma harmonia racial. Essa abordagem foi uma virada de perspectiva em relação ao século XIX, quando estava vigente a noção de "racismo científico" (Souza, 2012). O conceito de democracia racial, cantado em verso e prosa como uma respeitável instituição nacional, passou a ser sistematicamente questionado pelo moderno movimento social de negras e negros nos anos 1970. O olhar sobre o racismo no país tinha mudado. E muito!

Entre o final da Segunda Guerra Mundial e o início dos anos 1970, a economia mundial produziu o maior volume de riqueza material e imaterial na história do capitalismo: os trinta anos de ouro. A abundância consolidou a ascensão da classe média, um dos fenômenos mais importante do século, e serviu, em vários países, para a redução

[5] Ver: Manifesto do Movimento Negro Unificado Contra a Discriminação Racial (MNUCDR) de 1978. Disponível em: https://bit.ly/3xWOZaz. Acesso em: 10 jan. 2020.

da desigualdade social (Piketty, 2014). O estado de bem-estar social, modelo da democracia liberal na Europa Ocidental, assegurou acesso aos direitos trabalhistas (salário, jornada de trabalho, assistência social e direito de organização sindical). Os direitos sociais foram universalizados. Ampliou-se o direito ao voto. A representação política se robusteceu. Florescem as artes, culturas, ciências, pesquisas e os meios de comunicação desenham os novos hábitos e costumes sociais. O petróleo, matriz energética do século, impõe mudanças no arranjo produtivo industrial, que se capilariza pelo território na forma de ruas, estradas, revendedoras e sistema de financiamento. A urbanização explode e ampliam-se as áreas concentradas, ocupadas por próteses tangíveis e intangíveis (Santos; Silveira, 2001). A Europa está na moda. O mundo vira uma rede de conexões com a supressão do tempo e do espaço (Hobsbawm, 1994).

É necessário destacar que os europeus fizeram essas mudanças na Europa, mas não nas colônias que os países europeus mantinham em todos os continentes até o colapso do modelo na década de 1970. Kabengele Munanga chega, portanto, ao Brasil quando o país está amadurecido para uma ruptura conceitual na compreensão do enfrentamento à violência racial: preconceito, discriminação e racismo. Três anos depois de ingressar no doutorado na USP, há a conjugação de fatos corriqueiros na violência na cidade, que precipita uma ação desencadeadora de uma nova atitude do movimento social de negros: a prisão e morte de um jovem trabalhador negro e a discriminação de jovens atletas no acesso aos equipamentos de um clube da classe média paulistana.[6] O dique de contenção é rompido. O MNUCDR convoca uma manifestação em frente ao Teatro Municipal de São Paulo. Centenas de pessoas, inclusive militantes de outros estados, participaram do ato vigiados pelas forças da ditadura civil-militar, que recrudesceu a violência a partir da edição do Ato Institucional 5 (AI 5) e acumulou mortes em todo o território nacional.

A brasa estava em fogo brando há mais de vinte anos no mundo e no país.

As novas nações africanas que emergem da luta anticolonialista dão dimensões planetárias à luta contra o racismo. A luta contra o

[6] Disponível em: https://bit.ly/3keaBqQ. Acesso em: 1 abr. 2020.

apartheid entra na pauta política global a partir dos anos 1960.[7] Nos Estados Unidos, depois de intensas mobilizações em defesa dos direitos civis, o movimento chega a uma encruzilhada logo após a adoção das políticas de ação afirmativa, assinadas por Lyndon Baines Johnson (1908-1973), sobre qual o melhor caminho a ser seguido: a não violência ou a violência. As mortes de Martin Luther King Jr. (1929-1968) e de Malcolm X (Hajj Malik Al-Shabazz, 1925-1965) trazem para a cena política a jovem militância do Partido Panteras Negras,[8] tornada ameaça pública pelo governo estadunidense, perseguida pelo FBI e vitimada pela estratégia de guerra às drogas (Alexander, 2017) posta em marcha por Richard Milhous Nixon (1913-1994). Com a prisão de Angela Yvonne Davis (1944),[9] a organização ganha a simpatia dos principais movimentos radicais pelo mundo afora, como no Brasil.

No plano interno, o aparelho de repressão abateu a oposição da classe média com prisão, torturas e mortes e se instalou confortavelmente nas periferias das grandes e médias cidades na forma de violência policial, grupos de matadores e esquadrões da morte. E de lá nunca mais saiu. As violências e humilhações cotidianas nas áreas de visibilidades e invisibilidades sofridas pela população negra foram, paulatinamente, corroendo a percepção da cantada (em versos, prosas, cinemas e novelas) "democracia racial". O vetor muda de direção: o módulo da desigualdade abissal não está no comportamento do negro na sociedade brasileira, mas na forma de organização da máquina estatal, que distribui bens materiais e imateriais a partir dos marcadores étnico-raciais. O problema não é o negro, mas o supremacismo racial branco, chamado no Brasil de "branquitude" (Bento, 2002).

Essa é a mais importante inovação política no manifesto do MNUCDR (Garrido, 2017). A abordagem muda a forma de organização política, do conteúdo do debate e a pauta política do movimento negro, preparando-o para o novo desafio: a escassez de dados sobre as implicações do racismo nas condições de vida e morte de negras e negros no país.

---

7 Sobre o Dia Internacional para a Eliminação da Discriminação Racial da Organização das Nações Unidas, ver: https://bit.ly/3rDTcMg. Acesso em: 1 abr. 2020.

8 Programa dos 10 pontos dos Panteras Negras (1966). Disponível em: https://bit.ly/381htot. Acesso em: 1 abr. 2020.

9 Documentário *Libertem Angela Davis*. Direção de Shola Lynch. Elenco: Angela Davis, Eisa Davis. (1h37min.)

Mas a democratização trouxe as ferramentas necessárias para enfrentar esse desafio. Os governos do estado de São Paulo (André Franco Montoro, 1916-1999 – governador entre os anos 1983 e 1987) e do Rio de Janeiro (Leonel de Moura Brizola, 1922-2004 – governador entre os anos 1991 e 1994), e o governo do município de São Paulo (Luiza Erundina de Souza, 1934, prefeita entre os anos 1989 e 1993) instituíram conselhos de promoção e desenvolvimento da população negra e outras iniciativas de enfrentamento ao racismo. Como parte da máquina estatal, esses órgãos e iniciativas passaram a acessar e a minerar os dados econômicos, culturais e sociais da população preta e parda. Os números chocaram pela profundidade do fosso que separa negras e brancos, em todos os indicadores. Eles provocaram dois movimentos convergentes na estratégia política do combate ao racismo: a diluição da fábula da democracia racial (os números, os dados factuais, as informações qualificadas demoliram a falácia) e a necessidade de adoção das políticas públicas de ação afirmativa, a exemplo do que ocorrera nas décadas anteriores em diversos países. A combinação desses vetores desemboca na mobilização da sociedade em favor da Assembleia Nacional Constituinte e, quando há a promulgação da Carta Magna, na criminalização das práticas de racismo (Santos, 2001).

Essa conquista pautou todas as demais legislações sobre racismo no país (Pereira, 2010). Ela deu a métrica para as legislações antirracistas promovidas nos anos 1990, que encapsulou várias ações políticas importantes, como o I Encontro Nacional de Entidades Negras (ENEN), realizado em São Paulo, com o apoio da prefeitura da cidade, governada pelo Partido dos Trabalhadores (PT). O I ENEN teve um papel de decantação política quanto às propostas formuladas. A principal resolução amarra as reflexões sobre a natureza de classe do racismo, mas reafirmava a ideia original de 1978 sobre a centralidade da questão racial na composição dos problemas estruturais da segregação e da desigualdade.

Esse foi o tema central do movimento negro na década de 1990. Em 1995, a Marcha Nacional das Entidades Negras e o Congresso Continental dos Povos Negros das Américas debruçaram-se sobre as características genocida, etnocida e epistemicida do racismo. Nesse mesmo ano, em razão das celebrações em memórias de Zumbi dos Palmares e da resistência do Quilombo dos Palmares, o governo brasileiro, pela primeira vez, reconhece que o estado é o promotor do racismo. A criação do Grupo de Trabalho Interministerial (GTI), no governo do presidente Fernando Henrique Cardoso (1931),[10] teve o mesmo efeito dos conselhos, só que em âmbito nacional. Os dados levantados pelos governos municipais, estaduais e, depois, federal, comprometidos com a identificação das causas da desigualdade, caracterizaram a situação da população negra como "genocídio" por organizações nacionais e internacionais, e por instituições em defesa dos direitos humanos, como a Anistia Internacional. Em todas as áreas, foi possível constatar a generalizada e sistemática prática de violências materiais e imateriais contra a população negra que estimularam a destruição de corpos e subjetividades negras em escala industrial. Essa construção convergia com o debate internacional, estimulado pelos debates preparatórios do III Conferência Mundial Contra o Racismo, realizada em 2001 em Durban, África do Sul.[11]

Nesse encontro, para a delegação brasileira, o processo foi pedagógico pelo método dialógico e horizontal construído com organizações e militantes de todos os continentes. O diagnóstico das violências industrializadas implicou a necessidade do debate sobre as formas e mecanismos de superação das iniquidades. Ganha corpo, nesse debate, a necessidade imperiosa de instituir políticas públicas de ação afirmativa – pontuais/amplas, verticais/horizontais, de governo, de governo/Estado – como plataforma eficiente para a redução das assimetrias que marcam as condições de vida de negros e brancos na sociedade brasileira. Esses debates prepararam as condições para a adoção das políticas de ingresso nas universidades públicas em 2012, no governo da presidenta Dilma Vana Rousseff (1947).[12]

Kabengele Munanga: um intérprete do Brasil

Entre 1978 e 2018, o movimento social de negras e negros amadureceu sua compreensão sobre o racismo, compreendeu a importância estratégica do acesso aos dados para a desarticulação da fabulação da democracia racial, elaboração de políticas públicas reversas e sobre

---

10 Presidente entre os anos 1995 e 2003.

11 Ver Declaração e Programa de Ação da III Conferência Mundial Contra o Racismo de Durban em: https://bit.ly/39558QK. Acesso em: 11 mar. 2020.

12 Presidenta entre os anos 2011 e 2016.

a natureza homicida do racismo no país como fenômeno estrutural e institucional.

Quarenta anos em que a ambiência dos enfrentamentos e debates sobre as relações étnico-raciais, a mobilização da militância – em espaços de enfrentamento político e de pesquisa acadêmica – e a formulação de políticas públicas e pesquisas científicas conformaram a compreensão das práticas do preconceito, discriminação racial e racismo e das estratégias eficientes para superá-las. Essas mudanças não passaram incólumes pelo crivo agudo do antropólogo congolês-brasileiro Kabengele Munanga.

O contato direto com a realidade pelos estudos, pesquisa e reflexões com a militância na sociedade e na universidade – como orientador em nível de graduação e pós-graduação – e com as propostas formulados ao longo desse tempo colocaram, à disposição do antropólogo, materiais de primeira grandeza para articulá-los, analisá-los e generalizá-los como experiências e práticas intelectuais e políticas. Kabengele forjou uma visão precisa do racismo brasileiro.

Como Miles Davis, Kabengele Munanga atravessou um período rico de transformações profundas e significativas no seu campo de atuação. Entre os anos 1978 – quando com a fundação do MNUCDR, *célula mate*r do MNU – e 2018 – quando o discurso racista, amalgamado com o supremacismo de gênero e classe social, escapa das bolhas protetoras da fabulação –, ocorreram profundas mudanças no debate sobre as relações étnico-raciais nos planos externos e internos, nas formas de organização políticas das entidades e das lideranças e nas legislações antirracistas. Cientista social, Munanga se debruça sobre esse cenário e produz reflexões acadêmicas e políticas que o levam à síntese criativa sobre a modalidade do racismo no Brasil.

O Brasil e o mundo se tornaram um grande laboratório das relações étnico-raciais, das suas implicações econômicas, culturais, sociais e políticas e das suas estratégias de superação do preconceito, discriminação racial e racismo. O antropólogo observou, viu, analisou e descreveu, no arranjo vivo da sociedade brasileira, as complexas relações raciais no país quando, sob o impacto dos números das desigualdades, desmoronava o edifício da harmonia racial. As assimetrias sociais entre negros e não negros germinavam nos institutos de estudo e pesquisa, nos estudos acadêmicos, nos debates das organizações e nas instituições de governo comprometidos com o levantamento de dados sobre o racismo.

Kabengele Munanga acompanha, participa, estimula e analisa o debate que dá forma e precisão aos conceitos e suas naturezas. Preconceito passa a ser compreendido como uma formulação subjetiva que constrói uma noção de menor valia da população negra, mesmo quando a realidade nega as bases que sustentam a fabulação. Muitas delas, usinadas nas instituições de ensino no século XIX, bem como nas escolas de Medicina desde 1808 (escolas de Salvador e do Rio de Janeiro), nas escolas de direito desde 1827 (escolas de São Paulo e do Recife) e instituições de difusão científica desde 1838 (criação do Instituto Histórico e Geográfico Brasileiro, IHGB) – espaços que se tornaram arranjos criativos e produtivos das bases dos preconceitos raciais no país, legitimadores das práticas segregacionistas.

Com a emergência dos dados, Kabengele Munanga estudou os impactos do preconceito na segregação econômica (a população negra é a mais pobre em todas as faixas etárias e segmentos sociais), cultural (a população negra está apartada do protagonismo de todas as áreas de visibilidade e de poder social), social (a população negra está separada no território das principais áreas concentradas onde estão os melhores equipamentos de atenção nas grandes, médias e pequenas cidades) e política (a população negra é a vítima principal da necropolítica promovida pelo Estado brasileiro). Esse *apartheid* produziu um fosso abissal que separa negros e não negros na sociedade, responsável pelo que pesquisadoras e pesquisadores classificam como genocídio.

Kabengele Munanga é referência para a intelectualidade negra que faz a mineração de dados nos bancos com macroinformações (como o Instituto Brasileiro de Geografia e Estatística, IBGE) e consolida a percepção do genocídio (a população negra é a principal vítima dos homicídios registrados no país), etnocídio (as culturas negras são as mais perseguidas pelo fundamentalismo religioso, como as tradições de matrizes africanas quimbanda, umbanda e candomblé) e o epistemicídio (a negação sistemática das marcas civilizatórias africanas no barro da civilização brasileira). Aprendizados importantes para a fase seguinte, de elaboração das políticas públicas antirracistas.

No *annus mirabilis* de 1995 (ano da Marcha Zumbi dos Palmares, do Congresso Continental de Entidades Negras, e da criação do Grupo de Trabalho Interministerial, GTI), ao coordenar um grupo de estudo sobre políticas de promoção e desenvolvimento da população negra na USP, Kabengele Munanga contribuiu para firmar na agenda política do movimento negro a luta por políticas públicas antirracistas.

Os anos 1970, quando Kabengele Munanga chega ao Brasil, são de ruptura. Mudança de foco. De vetor. Nos anos 1980, já doutor, o antropólogo congolês-brasileiro pôde acompanhar o impacto que teve sobre a militância negra (social e acadêmica) o acesso aos dados e números que desenham as linhas da segregação sociorracial no Brasil e que desmantelam a fabulação da democracia racial. Os anos 1990 são a antecâmara da aplicação das políticas públicas de enfrentamento ao racismo, aplicadas nas décadas seguintes.

Kabengele Munanga já era um pesquisador reconhecido pelas suas contribuições acadêmicas e políticas quando foram consagradas as políticas públicas de combate ao racismo na III Conferência Contra o Racismo, em Durban; quando foram aplicadas as primeiras experiências de políticas de reserva de vagas nas universidades públicas, na primeira metade da primeira década do século XXI, e as primeiras denúncias de fraudes no sistema; quando o Supremo Tribunal Federal (STF) confirmou a constitucionalidade da política de reserva de vagas como marcador sociorracial e a insurgência da miríade de trabalhos de conclusão de curso, dissertações de mestrado, teses de doutorado, muitas orientadas por ele, e as mobilidades nacionais e internacionais, sobre o racismo, estimuladas pelas experiências dos quarenta anos anteriores. As mudanças nesses processos sociais e políticos, nas formas de organização da militância e intelectualidade negra e nas políticas públicas foram a ambiência propícia para que Kabengele Munanga se tornasse um dos maiores intérpretes do país.

Referências

ALEXANDER, Michelle. *A nova segregação: racismo encarceramento em massa.* São Paulo: Boitempo, 2017.

ÁVILA, Caio. O menos que é mais em Miles. *Revista USP*, n. 75, p. 184-189, set. nov. 2007.

BENTO, Maria Aparecida Silva. *Pacto narcísico no racismo: branquitude e poder nas organizações empresariais e poder público.* 185 f. 2002. Tese (Doutorado em Psicologia) – Instituto de Psicologia, Universidade de São Paulo, São Paulo, 2002. Disponível em: https://bit.ly/3uVq8BU. Acesso em: 20 mar. 2020.

DANTAS, Sylvia; FERREIRA, Lígia; VÉRAS, Maura Pardini Bicudo. Um intérprete africano do Brasil. *Revista USP*, São Paulo, n. 114, p. 31-44, jul.-set. 2017. Disponível em: https://bit.ly/396uJbZ. Acesso em: 25 mar. 2020.

FREYRE, Gilberto. *Casa-grande & senzala*. Rio de Janeiro: Record, 1998.

GARRIDO, Mírian Cristina de Moura. *Nas constituições dos discursos sobre o afro-brasileiros: uma análise histórica da ação de militantes negros e dos documentos oficiais voltados à promoção do negro brasileiro (1978 a 2010)*. 310 f. 2017. Tese (Doutorado em História e Sociedade) – Faculdade de Ciências e Letras, São Paulo, 2017. Disponível em: https://bit.ly/3uXBIw9. Acesso em: 10 nov. 2019.

GASPARI, Elio. *Ditadura escancarada*. São Paulo: Companhia das Letras, 2002.

HAMPATÉ BÂ, Amadou. A tradição viva. In: KI-ZERBO, Joseph (Ed.). *História geral da África, I: metodologias e pré-história da África*. 2. ed. Brasília: UNESCO, 2010. Disponível em: https://bit.ly/3vtORw5. Acesso em: 3 jan. 2022.

HOBSBAWM, Eric. *Era dos extremos: o breve século XX (1914-1991)*. São Paulo: Companhia das Letras, 1994.

HOCHSCHILD, Adam. *O fantasma do Rei Leopoldo*. São Paulo: Companhia das Letras, 2000.

JUSBRASIL. Lei Afonso Arinos – Lei n.º 1.390, de 3 de julho de 1951. Disponível em: https://bit.ly/3L04WQX. Acesso em: 2 abr. 2020.

KI-ZERBO, Joseph (Ed.). *História geral da África, I: metodologias e pré-história da África*. 2. ed. Brasília: UNESCO, 2010. Disponível em: https://bit.ly/3vtORw5. Acesso em: 3 jan. 2022.

MBEMBE, Achille. O devir-negro no mundo. *Cult*, 5. nov. 2018. Disponível em: https://bit.ly/3LdfVGs. Acesso em: 10 jan. 2020.

MILENA, Lilian. Kabengele Munanga, o antropólogo que desmistificou a democracia racial no Brasil. *Carta Maior*, 15 maio 2019. Disponível em: https://bit.ly/3Mmx3dl. Acesso em: 20 jan. 2020.

MUNANGA, Kabengele. *Estratégias e políticas de combate à discriminação racial*. São Paulo: Edusp, 1996.

MUNANGA, Kabengele. *Origens africanas do Brasil contemporâneo*. São Paulo: Editora Globo, 2009.

MUNANGA, Kabengele. Nosso racismo é um crime perfeito. *Fundação Perseu Abramo*, 9 fev. 2012. Disponível em: https://bit.ly/3EtRYZa. Acesso em: 2 fev. 2020.

MUNANGA, Kabengele. *Negritude: usos e sentidos*. 4. ed. Belo Horizonte: Autêntica, 2019.

MUNANGA, Kabengele. *Rediscutindo a mestiçagem no Brasil: identidade nacional* versus *identidade negra*. 5. ed. rev. ampl. Belo Horizonte: Autêntica, 2019.

MUNANGA, Kabengele; GOMES, Nilma Lino. *O negro no Brasil de hoje*. São Paulo: Editora Globo, 2006.

MUNANGA, Kabengele; HASENBALG, Carlos A.; SCHWARCZ, Lilia Moritz. *Racismo: perspectivas para um estudo contextualizado da sociedade brasileira*. Rio de Janeiro: Eduff, 1998. (Série Estudos e Pesquisas, v. 4.)

NOVAES, Adauto (Org.). *O olhar*. São Paulo: Companhia das Letras, 1988.

PEREIRA, Amílcar Araújo. *"O mundo negro": a constituição do movimento negro contemporâneo no Brasil (1970-1995)*. 268 f. 2010. Tese (Doutorado em História) – Universidade Federal Fluminense, Niterói, 2010. Disponível em: https://bit.ly/3rGO5uO. Acesso em: 21 mar. 2020.

PIKETTY, Thomas. *O capital no século XXI*. Rio de Janeiro: Intrínseca, 2014.

PUTTI, Alexandre. Relatório da Human Rights Watch denuncia política desastrosa de Bolsonaro para direitos humanos. *Carta Capital*, 15. jan. 2020, por *Geledés – Instituto da Mulher Negra*. Disponível em: https://bit.ly/3MjKevk. Acesso em: 21 mar. 2020.

OLIVEIRA, Fabrício Augusto de. Schumpeter: a destruição criativa e a economia em movimento. *Revista de História Econômica & Economia Regional Aplicada*, v. 10, n. 16, jan.-jun. 2014. Disponível em: http://www.ufjf.br/heera/files/2009/11/SchumpeterUFJF-2-para-pdf.pdf. Acesso em: 10 jan. 2020.

RIBEIRO, Sidarta. *O oráculo da noite: a história e a ciência do sonho*. São Paulo: Companhia das Letras, 2019.

SANTOS, Ivair Augusto Alves dos. *O movimento negro e o estado: o caso do Conselho de Participação e Desenvolvimento da Comunidade Negra no governo de São Paulo (1983-1987)*. 227 f. 2001. Dissertação (Mestrado em Ciências Políticas) – Departamento de Ciências Políticas, Instituto de Filosofia e Ciências Humanas, Universidade Estadual de Campinas, Campinas, 2001. Disponível em: https://bit.ly/3uWTccg. Acesso em: 21 mar. 2020.

SANTOS. Milton; SILVEIRA, Maria Laura. *O Brasil: território e sociedade no século XXI*. Rio de Janeiro: Record, 2001

SCHWARCZ, Lilia Moritz. Os reflexos do racismo histórico. *Geledés – Instituto da Mulher Negra*, 9 jan. 2017. Disponível em: https://bit.ly/3vtQgTn. Acesso em: 2 abr. 2020.

SENADO NOTÍCIAS. Legislação antirracista avança desde a Constituição de 1988. 19 set. 2006. Disponível em: https://bit.ly/3L2TGDk. Acesso em: 2 abr. 2020.

SOUZA, Vinícius Becker. "As facetas de um racismo silenciado" de Kabengele Munanga. In: *Geledés – Instituto da Mulher Negra*, 25 nov. 2012. Disponível em: https://bit.ly/3rEhVjt. Acesso em: 21 mar. 2020.

TEIXEIRA, Rafael. Milhas à frente. *Piauí*, 30 mar. 2009. Disponível em: https://bit.ly/37BWBnM. Acesso em: 2 fev. 2020.

TELES, Gilberto Mendonça. *Vanguarda europeia e modernismo brasileiro: apresentação dos principais poemas, manifestos, prefácios e conferências vanguardistas, de 1857 até hoje*. 7. ed. Petrópolis: Vozes, 1983.

Capítulo 10

De Bakwa Kalonji à cidadania baiana: Kabengele Munanga

Luiz Marcio S. Farias

Navegar foi preciso, embarcar nas águas da memória, é sempre preciso, içar velas mar adentro fez os caminhos.[1] Foi através do Oceano que, na travessia atlântica, testemunhou separação, ruptura, castigo e o banzo ruir, fez-se também um Mar de encontros, de encantos, de recomeços e de outros possíveis caminhos na diáspora. Um verdadeiro encantamento de Bakwa Kalonji, Kabengele Munanga, torna-se um irmão da Bahia.

Kabengele Chrispim, Kabengele Munanga, Kabengele, o Amado ou, carinhosamente, Kabê é congolês de nascença, de vivência e de resistência. Nasceu, em 22 de junho de 1940, em uma aldeia com o nome de Bakwa Kalonji (descendentes de Kalonji), no Congo-Belga, uma colônia que se tornou independente em 30 de junho de 1960, quando o Chrispim tinha seus 20 anos de idade. Com o processo da descolonização, seu país se torna independente e passa a se chamar, sucessivamente, República do Congo, República do Zaire e República Democrática do Congo.

Bakwa Kalonji é uma cidade populosa situada na província de Kasai, na atual República Democrática do Congo. A República Democrática do Congo é o quarto país mais populoso do continente africano,

[1] No texto original, do primeiro capítulo da tese ÁFRICA: âncora dos navios de nossa memória, a profa. Dra. Conceição Evaristo menciona que "Navegar é preciso, embarcar nas águas da memória, içar velas mar adentro, retomar o caminho, buscar a história emaranhada em direção à volta" (BRITO, 2011).

e comumente é chamado de Congo, RDC ou Congo-Kinshasa para diferenciá-lo da vizinha República do Congo, que também é chamada de Congo-Brazzaville.

Durante o período de 1908 a 1960, essa antiga colônia foi chamada de Congo Belga, mas também de Congo-Léopoldville até 1966, quando o nome da capital foi mudado para Kinshasa. Com a zairianização,[2] o país foi chamado de Zaire de 1971 a 1997. A República Democrática do Congo (RDC) é o segundo maior país da África depois da Argélia, estendendo-se do oceano Atlântico ao Planalto Oriental e correspondendo à maior parte da Bacia do Rio Congo. O norte do país é uma das maiores áreas de floresta equatorial do mundo, o leste do país faz fronteira com a grande fenda da África Oriental, área de montanhas, colinas, grandes lagos além da presença de vulcões. Ao sul e ao centro, é composto por savanas arborizadas, onde formam um alto planalto rico em minerais. No extremo oeste, cerca de quarenta quilômetros ao norte da foz do Rio Congo, há uma costa que se estende até o oceano Atlântico.

O país ainda partilha fronteiras com o enclave de Cabinda (Angola) a oeste-sudeste, com a República do Congo a oeste, a República Centro-Africana ao norte, o Sudão do Sul a nordeste, Uganda a oeste-nordeste, Ruanda e o Burundi a leste, a Tanzânia a oeste-sudeste, a Zâmbia ao sul-sudeste e Angola a sudoeste. Como podemos considerar, o povo da RDC apresenta potencialidades advindas das diferentes contribuições territoriais.

O Kasai Baluba (ou Baluba-Kasai, Luba-Kasai, Bena-Kasai, Baluba Bena-Kasai) é um povo da República Democrática do Congo de procedência principalmente da região do Kasai, ao sul do Rio Sankuru, e de pertencimento ao grande grupo Luba. Eles falam tshiluba, que faz parte do tronco linguístico da família Bantu do grupo de línguas Luba. A sua origem histórica é o Katanga em torno do Lago Kisale e Upemba, assim como a maioria dos grupos étnicos do sul do Congo.

Os Baluba de Kasai são um povo bantu da RDC. Eles são compostos por uma multidão de comunidades tradicionais (*bisamba*) e clãs

---

[2] A terminologia advém da ideologia estatal oficial do regime do então presidente Mobutu Sese Seko a partir da década de 1960. Sua campanha foi um esforço descolonial com a finalidade de libertar o país de todo e qualquer vestígio remanescente colonialista e da influência cultural do ocidente na perspectiva de criar uma identidade nacional mais centralizada e singular ao povo do futuro Zaire.

(*bifuku*). Todas estas famílias tradicionais partilham a língua tshiluba e têm muitos traços culturais em comum. Além disso, eles compartilham uma história política comum que remonta ao Império Luba, que possui origem nas proximidades do Lago Upemba, no Katanga.

Segundo estudiosos, o vocábulo baluba é utilizado por diversos povos. Para além do baluba de Kasai, há o baluba de Katanga. Todos estes povos chamados Baluba ou Luba estão, todavia, ligados historicamente, linguisticamente e culturalmente.

O povo de Luba é um dos reinos mais antigos da região central do Congo, tendo sua origem por volta dos séculos II e IV. O reino de Luba é caracterizado por sua estrutura político-militar baseada em princípios sagrados. Os Baluba de Kasai são originários da região dos lagos Upemba e Kisale. Várias centenas de grupos étnicos constituem a população do país da RDC; o francês é a língua oficial, e quatro línguas bantu (lingala, kikongo, swahili e tshiluba) têm o estatuto de línguas nacionais. A economia é baseada, principalmente, na agricultura e na mineração.

É desse continente que o professor Kabengele Munanga trouxe riquezas e compartilha tão ricamente as heranças culturais de Luba entre o povo africano na diáspora, sobretudo o povo brasileiro e, particularmente, baiano. O cidadão daqui, cidadão dali, cidadãos do mundo, como diriam Silva, Souto e Farias (2016), foi naturalizado brasileiro, e neste país construiu e constrói extensos debates, pesquisas e produções pautados nas questões sociais dos negros e das negras e do racismo na sociedade brasileira. Sua vinda e permanência no Brasil embrenha-se em diversos contextos políticos, acadêmicos e profissionais: pós-colonização do Congo, doutoramento em Antropologia da população afro-brasileira e oportunidades de trabalho.

No contexto acadêmico-científico do Brasil, Jaime e Lima (2013, p. 507) declaram que entre os vários nomes, a maioria absoluta era de europeus e estadunidenses, salvo engano, todos brancos. "O professor Kabengele Munanga era uma exceção."

Desde a década de 1970, O Amado[3] Kabengele contribuiu com rupturas às epistemologias e à antropologia eurocêntricas tão

[3] Munanga é um "apelido" dado pelos seus pais que significa *Amado*. Essa alcunha foi adquirida na década de 1970, após revolução cultural de seu país, onde todas as pessoas foram obrigadas a adotar nomes étnicos. Tornou-se, assim, Kabengele Munanga.

dominantes no campo científico brasileiro. É a partir de mil novecentos e setenta do século passado que teremos uma maior expressividade negra nos espaços acadêmicos.

> [...] com o crescimento da consciência negra através de seus movimentos sociais, viu-se nascer novas áreas de pesquisa, enriquecidas, entre outras, pela discussão sobre o resgate da identidade e sobre as estratégias de inclusão e de participação na sociedade. Lenta e arduamente, alguns raros negros começaram a penetrar no espaço conceitual das ciências humanas, fomentando novas linhas de pesquisa na problemática da educação, do multiculturalismo e das políticas públicas dentro do contexto de "*affirmative action*" inspirado nos Estados Unidos e na África do Sul pós-*apartheid* (Munanga, 2002, p. 1-2).

Assim, a primeira de muitas contribuições científico-acadêmicas para o movimento social do negro e da negra foi sua tese de doutorado intitulada *Os Basanga de Shaba* (1986). Doutor em Antropologia pela USP, ensaiou essa discussão ainda em Bruxelas, mas é no Brasil que nos presenteia com um estudo antropológico sobre as transformações sociais e culturais entre o grupo étnico Basanga, conforme resumo a seguir. Apresentando-nos, com isso, sociedades africanas em meio a uma discussão sobre os quilombos na África.

Em terras paulistas, assumindo a cadeira de Antropologia da USP e atuando em atividades administrativas – respectivamente, a direção do Museu de Arqueologia e Etnologia (1983-1989), a vice-direção do Museu de Arte Contemporânea (2002-2006) e do Centro de Estudos Africanos (2006-2010) da Universidade de São Paulo –, o congolês-brasileiro consolida estudos com base na Diáspora Africana.

É nesse cenário que o professor Munanga amplia construções relacionando conhecimento antropológico e o saber das militâncias sociais do negro, e "isso é possível", como prefacia Boaventura de Sousa Santos a obra *O movimento negro educador: saberes construídos nas lutas por emancipação* (2017), de Nilma Lino Gomes. Segundo o professor Boaventura (2017), os movimentos sociais do negro têm um valor epistemológico intrínseco e produzem um tipo específico de conhecimento porque o conhecimento nasce da luta.

INTRODUÇÃO

1. A questão central

Iniciando este estudo sobre os Basanga, nossas ambições primeiras tinham sido analisar os processos de mudanças sociais e culturais, resultantes da situação de contacto com a civilização ocidental. Mas, à medida que esse projeto amadurecia, fomos percebendo, cada vez mais, a quase impossibilidade de realizá-lo sem um certo conhecimento do pano de fundo tradicional sobre o qual se fundam e se constroem as mudanças.

Uma primeira solução possível teria sido aceder ao conhecimento do passado cultural Sanga baseando-nos na análise dos documentos escritos existentes. Ora, exceto alguns documentos dispersos e confusos escritos por um missionário e um administrador (F. Grevisse e R. Hadelin - vide bibliografia), ambos colonizadores, operando na região, há carência total de monografia séria, quer sobre os Basanga, quer sobre os grupos circunvizinhos. Daí a dificuldade de realização do trabalho como proposto inicialmente.

Uma segunda solução, que pareceu mais razoável, foi retomar, nós mesmos, as pesquisas de campo com vistas a uma reconstrução dos aspectos sócio-econômicos e político- religiosos do grupo Sanga, e, a partir daí, abordar o estudo das mudanças.

É esta segunda solução proposta que tentamos realizar parcialmente neste trabalho. Dizemos parcialmente porque fazemos no presente estudo somente a reconstrução da cultura Sanga, reconstrução percebida como fundamento do estudo das mudanças.

A suspensão do primeiro objeto de nossas preocupações, a saber: "O processo de mudanças sócio-cultur[illegible]

Figura 1: Introdução (questão central) da tese defendida por Munanga na USP em 1986. Fonte: MUNANGA, Kabengele. Os Basanga de Shaba (Zaire): Aspectos sócio-econômicos e político-religiosos. África: *Revista do Centro de Estudos Africanos da USP*, 1979. Disponível: https://bit.ly/3yoen7C. Acesso em: 20 maio 2022.

Repensar o protagonismo dos negros e das negras na história do Brasil é uma das maiores, se não a maior contribuição do intelectual após sua naturalização no país. Nesse sentido, questionar a ausência/presença da população negra no meio acadêmico, apontar a dinâmica da realidade colonial e da população africana na diáspora brasileira no tempo e no espaço, denunciar o racismo encoberto pelo mito da democracia racial no Brasil – ainda que desmistificado pela ciência – o faz consolidar o estudo sobre a Negritude, seus usos e seus sentidos em 1988.

Diante dos usos e sentidos da Negritude, Kabengele sinaliza que,

> [...] sem a escravização e a colonização dos povos negros da África, a negritude, essa realidade que tantos estudiosos abordam

> não chegando a um denominador comum, nem teria nascido. [...] A mudança da realidade colonial acompanhou esse ritmo. Enquanto movimento, a negritude desempenhou historicamente seu papel emancipador, traduzido pelas independências africanas e estendeu-se como libertação para todos os negros na diáspora, ainda vítimas do racismo branco, por exemplo, nas Américas (Munanga, 1988, 2019, p. 5).

Sem dúvidas, o trabalho *Negritude: usos e sentidos* (1988) é magistral e imprescindível à comunidade negra. Haja vista, sua construção advém em um ano enfático às discussões, nacionais e internacionais, sobre os Direitos Humanos frente à nova Constituição Brasileira (1988), na qual o movimento negro, grupos antirracistas e aliados aprovaram a criminalização do racismo com reclusão, sendo ele crime inafiançável e imprescritível. Ao tratar da identidade negra na contemporaneidade, o autor ainda discorre sobre o conceito de negritude na diáspora, contemplando o que se pode chamar de tentativa de assimilação dos valores culturais do branco, apresentando, em vista disso, fatores históricos, psicológicos, linguísticos, culturais, político-ideológicos e raciais sobre a construção identitária do Brasil.

O professor revela:

> Este foi um livro lido por diferentes gerações de afrodescendentes. Por que o escrevi? Porque *observei que existia um grande vazio em termos de conhecimentos sobre a negritude. Muitos jovens falavam da negritude sem saber ao justo o que significava histórica e conceitualmente. Havia a necessidade de uma síntese inteligível de tudo o que tinha sido publicado sobre a negritude, para que os jovens afrodescendentes e estudantes em geral pudessem se inteirar antes de aplicar esse conceito ao processo de construção da identidade negra no Brasil.* [...] a proposta do livro era mostrar para eles que não poderiam construir uma identidade que não passasse pela geografia do corpo, que é a sede de todas as identidades: intelectual, espiritual, estética e moral. Esse corpo negro, com seus atributos morfológicos como o cabelo crespo, os lábios grossos e o nariz achatado, tem de ser aceito e assumido com orgulho. *É necessário conhecer o que foi feito dele na história da humanidade, para que se possa entender a persistência do racismo nas instituições, na cultura, na educação e nas relações cotidianas* (Jaime; Lima, 2013, p. 533-534, grifos nossos).

Abordando sobre os usos e sentidos da negritude, para além de outras valiosas contribuições de Munanga em palestras, conferências e numerosas publicações, em *Estratégias e políticas de combate à discriminação racial* (1996) ele é preciso ao rediscutir o que já propunha em *Negritudes*. No ano anterior, durante o Seminário Internacional de Estratégias e Políticas de Combate às Práticas Discriminatórias, em São Paulo, apresenta alguns outros olhares sobre a luta antirracista, trazendo reflexões que suleassem a comunidade negra com elaborações de políticas pública em prol do combate à discriminação racial.

Do ponto de vista dos ex-colonizados e das ex-colonizadas, em 1995 escreve um livro com o antropólogo Carlos Serrano que retrata sobre a *Revolta dos colonizados*. Nesse trabalho, com narrativas descoloniais, os autores discutem sobre a conquista colonial no contexto da "guerra fria", tendo como fio condutor análises documentais de líderes em diferentes territórios, sendo do Zaire o discurso do líder e mártir Patrice Lumumba.

Pautar discussões que nos conduziram à descolonização foi e é um caminho percorrido na trajetória de Kabengele. Ao transcorrer esse texto, podemos considerar o eco da sua própria voz, das suas próprias experiências e existências; dos escritos de *Revolta dos Colonizados* emergem histórias vistas de baixo, de dentro. Afinal, "O Amado" nasce em um cenário colonial que se torna independente ao longo dos seus 20 anos de idade, o qual coloca no seu *fazer* antropológico, no seu *fazer* científico, subvertendo as influências de dominação ideológico-cultural nas formações. Como o próprio defende, em entrevista ao *Jornal GGN*, "A luta pela liberdade não tem preço".[4]

Um acolhedor incomensurável, professor Kabengele Munanga nunca mediu esforços para "jogar a corda" científica para puxar e ajudar seus irmãos e irmãs da diáspora dentro da academia, o que lhe confere honrarias enquanto *cidadão daqui, cidadão dali, cidadão do mundo* (Silva; Souto; Farias, 2016).

Na década de 1990, o honorável antropólogo presenteia a sociedade brasileira com o indispensável livro *Rediscutindo a mestiçagem no Brasil: identidade nacional* versus *identidade negra* ([1999] 2019).

[4] Trecho extraído da reportagem "Entrevista com Kabengele Munanga, o antropólogo que desmistificou a democracia racial no Brasil". Ver: https://bit.ly/3JTCajz.

Ao defender a livre-docência, o cientista reposiciona os fundamentos da identidade nacional no Brasil sob a lente do multiculturalismo e pluriculturalismo frente à própria especificidade racial brasileira – o mito da democracia racial "que impediu que se discutisse uma exclusão racial negada oficialmente e até mesmo pelas próprias vítimas" (Jaime; Lima, 2013, p. 538). O debate centrou-se, portanto, na realidade do processo de miscigenação diante do ideal do branqueamento. Especialmente porque "o mito da democracia racial, apesar de já ter sido destruído política e cientificamente, tem uma forma inercial difícil de desmantelar" (Munanga, 2016 *apud* Milena, 2019) no Brasil.

Juntamente com os movimentos sociais negros e intelectuais negras e negros, Kabengele Munanga nos oferece – nos campos acadêmicos e científicos – um intenso debate sobre o resgate da memória negra e sua identidade racial na/pela/através da educação. Nesses percursos de construção, o pesquisador apresenta estratégias para políticas públicas que incluíam sujeitos e sujeitas historicamente excluídos e excluídas dos diferentes setores sociais e discriminadas nos espaços da educação (tanto básica quanto superior) com a ampliação de pesquisas sobre a história da África e dos povos da diáspora africana no Brasil.

No início do século XXI, suas contribuições socioantropológicas serão tão urgentes quanto outrora. As problemáticas que envolvem as questões etnicorraciais ganham, em 2001, maior abrangência no palco nacional e internacional através da III Conferência Mundial Contra o Racismo, a Xenofobia, a Discriminação Racial e Formas Correlatas de Intolerância (WCAR), a Conferência de Durban. No contexto brasileiro, esta conferência foi "um marco para um espectro amplo das organizações e movimentos sociais" (Thomas; Nascimento, 2003, p. 1).

Considerando-se uma ampla denúncia da existência e das atrocidades do racismo e da discriminação racial às populações colonizadas nos diferentes territórios do planeta, das denúncias, houve as seguintes descrições no relato do documento:

> - fontes, causas, formas e manifestações correntes de racismo, a discriminação racial, a xenofobia e formas correlatas de intolerância;
> - espectro das vítimas do racismo, a discriminação racial, a xenofobia e formas correlatas de intolerância;
> - medidas preventivas, educativas e protetivas voltadas à erradicação do racismo, a discriminação racial, a xenofobia e formas

correlatas de intolerância nos âmbitos nacional, regional e internacional;

- definição de recursos e medidas reparatórias (compensatórias) nos diversos âmbitos;
- estratégias para alcançar plena e efetiva igualdade no combate ao racismo, à discriminação racial, à xenofobia e formas correlatas de intolerância, incluindo a cooperação internacional e a intensificação dos mecanismos à disposição da ONU, bem como de outros instrumentos internacionais, e acompanhamento de sua implementação (Thomas; Nascimento, 2003, p. 11).

Após vinte e um anos de realização da conferência, as lutas antirracistas ainda hoje resistem às persistentes incidências de todas as formas de violência/crime racial no Brasil. A cada segundo, populações pretas e indígenas sofrem injúrias raciais que, em muitos casos, resultam em suas mortes. O racismo religioso, o racismo epistêmico, o alto índice de genocídio da juventude negra e feminicídio das mulheres negras e da população preta LGBTQIAP+, o racismo ambiental e institucional são alguns dos instrumentos de apagamento das vidas de populações historicamente discriminadas.

Como bem atesta o professor,

> "A luta pela mudança, da transformação da sociedade, demora muito. Já tivemos no Brasil algumas conquistas, sobre a questão da igualdade entre branco, negro, indígenas e outros diferentes e isso foi luta de gerações do movimento negro que vem desde Zumbi dos Palmares até agora", explicou Munanga (Milena, 2019).

É sobre essas caminhadas que o benemérito prossegue na luta pela mudança positiva em respeito à diversidade na sociedade. Em vista disso, dá continuidade nos escritos com a organização da obra *Superando o racismo na escola* (2005) e, posteriormente, *O negro no Brasil de hoje* ([2006] 2016). No primeiro livro, o intelectual tem a maestria de reunir tantas outras intelectualidades a fim de propor estratégias para a superação do racismo em um dos espaços mais diversos e sensíveis da sociedade: o espaço escolar!

A referida produção teve sua primeira edição, em 1999, ainda antes da determinação da Lei n.º 10.639/2003. A legislatura prescreve o ensino de História da África e Culturas Afro-Brasileiras e Africanas

nas escolas públicas e privadas da educação básica brasileira, e, após a sua promulgação, há a necessidade de uma reedição sua, já que, das muitas importâncias, sugere desconstruções ideológicas e de práticas racistas no cotidiano escolar.

Figura 2: Capa do livro *Superando o racismo na escola* (2005).

Em entrevista ao *Jornal GGN* (*apud* Milena, 2019), responde que organizou a obra das reflexões direcionada pela intelectual Eliane Cavalleiro. Relata:

> O silêncio e o não dito sobre o racismo brasileiro marca o preconceito da educação e da formação da cidadania em toda as direções. Como escreveu Eliane Cavalleiro, esse silêncio começa no lar e se prolonga na educação infantil, desde a escola. *Foi com essa consciência, com a consciência dessa lacuna, que organizei o livro Superando o racismo na escola*, a pedido do Ministério da Educação, cuja a primeira edição, em 1999, contou com o prefácio do então Ministro da Educação Paulo Renato Souza, e a segunda impressão, em 2001, com o prefácio do então Presidente da República, Fernando Henrique Cardoso. Outras edições certamente

> vieram no governo do ex-presidente Lula (MUNANGA, 2016 *apud* MILENA, 2019, [s.p.]).

Assim sendo, é um dos caminhos à superação do racismo epistêmico a partir da prática docente no cotidiano das escolas.

Já no livro *O negro no Brasil de hoje* ([2006] 2016), somos convidadas e convidados a responder o porquê da importância de estudar a história do negro e de seus descendentes pretos e pardos no Brasil de hoje. O ato da resposta nos provoca reflexão, pois o autor faz um resgate histórico da história e da cultura das populações que compuseram a história e a formação sociocultural brasileira anteriores à colonização. Esse resgate nos coloca frente à compreensão do porquê, entre os 473 anos de dominação colonial, conforme dados do IBGE (2010), 51% da população total é negra, mas apenas uma minoria está presente nos espaços de poder socioeconômico.

Em conformidade com a sinopse da literatura,

> [...] buscou-se contar um pouco da história esquecida ou deformada dos povos africanos que ajudaram a construir no país em que vivemos uma história que pertence a todos nós, brasileiros, sem discriminação de cor, idade, gênero, etnia e religião (MUNANGA, 2016, [s.p.]).

A comunidade negra no Brasil e, sobretudo, da Bahia tem plena consciência que é imensurável narrar em linhas os muitos aportes para a educação da nossa população. Suas participações em incontáveis mesas redondas sempre a nos levar a novas perspectivas e horizontes, participações em bancas de mestrados, doutorados, orientações com temáticas pautadas no antirracismo e uma educação negra tão utilitária e oportuna nas vidas de brasileiras e brasileiros foram e são como águas revolucionárias nos campos científicos.

E quem não quer ter a presença necessária do professor Kabê e a oportunidade de fazer águas revolucionárias da vida acadêmica terem um novo horizonte com as suas ricas contribuições? Todos queremos! E são por esses quereres que somos gratos e gratas pelas lutas incansáveis de Munanga e não cansamos de conceder a ele menções honrosas, prêmios e homenagens de reconhecimento pelas suas partilhas e contribuições à cultura brasileira.

Em 2002 o grande professor recebeu a Comenda da Ordem do Mérito Cultural pela contribuição à cultura brasileira da Presidência da República do Brasil. Após dois anos, o reconhecimento é fortalecido e potencializado, e a comunidade negra, através da Comenda Zumbi dos Palmares, concede a ele a Comenda de Grau Cavaleiro do Mérito da Liberdade através do Governo Estadual de Alagoas (2004).

Tais honrarias nos demonstram outra cosmopercepção da Antropologia, das Ciências Humanas a partir das rediscussões sobre a população negra africana e afrodiaspórica diante da ilustre contribuição do mestre Munanga. A Academia ganhou, as Ciências Humanas ganharam e, sobretudo, a sociedade brasileira ganhou ao termos o congolês-brasileiro-baiano Kabengele Munanga.

O Departamento de Antropologia da (Faculdade de Filosofia, Letras e Ciências Humanas da USP (FFLCH/USP), em 2008, presta homenagens a ele como Decano em Estudos Antropológicos e Processos de Produção de Diferenças: Etnicidade, Raça, Sexualidade, Gênero e Idade e, na mesma universidade, a Associação de Docentes o laureia pela contribuição à superação das desigualdades raciais no Brasil, assim como pela sua trajetória acadêmica, no ano de 2012. Entre essas homenagens, em 2009 ele lança o livro *Origens africanas do Brasil contemporâneo: histórias, línguas, culturas e civilizações.* Neste, o autor faz um resgate da história e das belezas da África antes da exploração e da dominação a que foram submetidos os africanos para justificar e legitimar sua colonização e todo o projeto imperialista.

Nesse mesmo período, o professor Kabê, como estudantes próximos carinhosamente o chamam, recebe outras homenagens e uma premiação, sendo ela: homenagem pelo conjunto da obra conferido pela Universidade Federal de Santa Catarina em 2012; homenagem da Associação Brasileira de Pesquisadores/as Negros/as pela dedicação e contribuição à promoção da igualdade e valorização das populações afro-brasileiras (2012); Prêmio Benedito Galvão da Ordem dos Advogados do Estado de São Paulo (2012).

Das homenagens e prêmios, o significado e o valor são para além do recebido, pois é de incomensurável ganho para todas e todos nós brasileiras e brasileiros o que foi por ele prestado à comunidade do Brasil. De onde está, nos presenteia com o seu amplo conhecimento em diferentes âmbitos, relacionados à desigualdade e à discriminação racial. A força do seu olhar e o poder do seu silêncio são verdadeiros exemplos e característica de um ancião que, ao emitir suas palavras, nos faz curvar, escutar e enriquecer com ricos aprendizados. Esse nobre cidadão do mundo revela: "[...] eu me assumi como intelectual engajado, porque essa sociedade [brasileira] me recebeu, me integrou. Tento manter minhas raízes, não posso perdê-las. Hoje tenho novas raízes, tanto que tenho filhos brasileiros. Faz parte da minha vida, da minha história. Todo imigrante tem que fazer um duplo esforço, por um lado, para não esquecer suas raízes, suas histórias" (MUNANGA, 2008a, [s.p.]).

Suas histórias, suas caminhadas ganham passos, um repouso sempre em movimento. O repouso o traz para a Bahia, para o Recôncavo Baiano, para as margens do Rio Paraguaçu. Becos, vielas, ruas, casas, igrejas, feiras livres, gastronomia, rezas e orações são, particularmente, singulares na Cachoeira da Bahia. Esse novo cenário de vivências do professor Kabê, Cachoeira, é daqueles lugares que têm cheiro de África, que têm uma expressividade religiosa peculiar, arquitetura, artes plásticas, saberes e sonoridades presentes na cultura africana, indígena e europeia – delineada por uma plástica típica do Brasil Império.

Sua vinda para o Recôncavo Baiano como professor sênior de História da África na Universidade Federal do Recôncavo da Bahia (UFRB) foi um ganho para nossa alegria e para a formação de muitos professores, professoras, pesquisadoras e pesquisadores. Não podíamos perder a oportunidade de expressar nosso reconhecimento e contentamento por tudo e por tanto. Em vista disso, a comunidade baiana não poderia deixar de reconhecê-lo como um filho da Bahia! Filho este que foi presenteado com o título de cidadão baiano pelo reconhecimento da Bahia e do Brasil, devido a seus trabalhos científicos, estudos aprofundados e levantamentos sobre a identidade e importância do povo negro do continente e na diáspora. Desta forma, na 47ª Sessão Especial da Assembleia Legislativa do Estado da Bahia, no dia 22 de setembro de 2016, foi outorgado ao professor Kabengele Munanga e à professora Maria de Lourdes Siqueira o título de cidadãos baianos.

Sempre em movimento ele vem, ao longo da sua trajetória, a passos lentos e precisos, nos ensinando que há a necessidade de conquistarmos a nova e verdadeira abolição, a fim de nos libertarmos dos novos grilhões que nos aprisionam e para a libertação da escravidão contemporânea. Neste dia, os brasileiros e as brasileiras, baianos e baianas que puderam se fazer presentes prestaram homenagens ao professor Kabengele Munanga.

O ato solene lotou o plenário da Casa Legislativa, que contou com a participação de militantes do Movimento Negro, autoridades de diferentes instâncias, ex-alunos e familiares dos homenageados.

Essa trajetória, portanto, incansavelmente reconstrói novas epistemologias para o povo negro. Entre outras autoridades do Movimento Negro Unificado (MNU), se fizeram presentes Dra. Fábya Reis, secretária da Igualdade Racial, representante do governo do Estado da Bahia; o professor Horácio Nelson Filho, diretor da Escola de Administração, representando o reitor da UFBA, o professor João Carlos Salles; o professor Silvio Luiz de Oliveira Soglia, reitor da Universidade Federal do Recôncavo Baiano (UFRB); a professora Georgina Gonçalves dos Santos, vice-reitora da UFRB; o professor Edvaldo Boaventura, fundador da Universidade do Estado da Bahia (UNEB) e ex-coordenador de pós-graduação em Educação da UFBA; a Sra. Maria de Lourdes Goulart, ex-presidente da Liga Brasileira de Direitos Humanos e membra da diretoria do Comitê de Anistia; a Sra. Maria da Conceição Brenha Raposo, ex-pró-reitora de graduação da Universidade Federal do Maranhão (UFMA) e ex-secretária de Educação; o Sr. Carlos Alves Moura, fundador e primeiro presidente da Fundação Cultural Palmares e secretário Nacional da Justiça e Paz na Conferência Nacional dos Bispos do Brasil; o Sr. Antônio Carlos dos Santos, Vovô, presidente do Ilê Aiyê; Sra. Maria Francisca, da Associação dos Terreiros de Candomblé; Dona Rosângela Cardoso, Identidade Brasil, de Cachoeira; Marinalva Dias, Fundação Casa Paulo Adorno Dias, de Cachoeira; Nídia Maria dos Santos, do Ilê Axé Opô Afonjá; Sra. Luiza Júnior; Sra. Elizângela Santos do Terreiro do Bate Folha; Sociedade Protetora dos Desvalidos; Grupo Tortura Nunca Mais; Sr. Almir Mendes, coordenador da Pastoral Afro - CAAPA; Sr. Paulo Cambuí; Blocão da Liberdade; Sra. Catarina Valéria; Sra. Julce Silva, diretora do Instituto Cultural Steve Biko; Sra. Alaíde e Camila França, Bloco Alvorada; Sr. Diogo Santos, representando a Associação de Pesquisadores Negros (APN); Sra. Maria Rodrigues, editora-chefe da Nação Nasa Edições; a professora Dra. Nilma Lino Gomes, ex-ministra; o ex-deputado Luiz Alberto; a Sra. Cristiane Taquari; o Sr. Mário Rezende, ex-secretário nacional de Política de Promoção da

Igualdade e professor da Universidade Federal de Sergipe (UFS); a Sra. Mel Adún; a Sra. Guellwaar Adún, da Editora Ogum's Toques Negros; o Sr. Camilo Afonso, adido cultural da Casa de Angola na Bahia; a Sra. Uiara Lopes, representando a secretária de Políticas para as Mulheres; a Deputada Olívia Santana; o Sr. José Cavalcante, da Academia Maçônica de Letras da Bahia; o Sr. Ronaldo Barros, ex-secretário da Seppir; a Sra. Célia Ramos, coordenadora da Fundac; a Sra. Elisa Nascimento, do Instituto de Pesquisas e Estudos Afro-Brasileiros (Ipeafro); o Sr. Cláudio Rodrigues dos Santos, coordenador executivo de Políticas para Povos e Comunidades Tradicionais da Sepromi; a Sra. Maria Auxiliadora dos Santos Góia; o Sr. Clarindo Silva, da Cantina da Lua; o professor Paulo Gabriel, da UFRB; ao professor Nilo Rosa dos Santos; o Sr. Evilásio Bouças; a professora Rita de Cássia, pró-reitora de graduação da UFRB; a professora Tatiana Veloso da UFRB; o professor José Marcelo dos Reis da UFRB; a Professora Elísia Lins, pró-reitora de graduação da Universidade Estadual de Santa Cruz (UESC); a professora Petronilha Beatriz Gonçalves da Universidade Federal de São Carlos (UFSCar) (Palmas); a professora Fátima Santiago do Instituto Federal da Bahia (IFBA); a professora Terezinha Gomes da UNEB; a professora Tainá Pereira da Universidade Estadual de Feira de Santana (UEFS); e o professor Amílcar, da Universidade Católica de Salvador (UCSal).

Sob a aclamação baiana, desvelou seu contentamento: "É muita emoção! Estou emocionado, muito contente e alegre por ser adotado pela Bahia entre seus filhos" (Tv Alba, 2016, [s.p.]). Durante esta cerimônia, o professor Kabengele Munanga proferiu um discurso emocionado e emocionante, através do qual revelou

> [...] grande emoção e agradecimento às pessoas que, de uma maneira ou outra, indicaram e recomendaram meu nome para receber este título de cidadania baiana. Inicialmente gostaria de agradecer ao deputado Bira Corôa pelo fato de ter me convidado, alguns anos atrás, para proferir nesta Casa uma conferência em comemoração ao dia da África, que acontece anualmente no dia 25 de maio. No ano passado e quase na mesma data, o referido deputado, em conjunto com a Reitoria da UNILAB e o campus UNILAB do Malê em São Francisco do Conde, me convidaram igualmente para proferir uma conferência no ato público de comemoração de cinco anos da UNILAB e um ano da criação do Campus do Malê. Hoje,

> novamente, ele está presidindo esta cerimônia cujos sujeitos agraciados somos eu e a professora Maria de Lourdes Siqueira. Nosso muito obrigado, meu muito obrigado (Tv Alba, 2016, [s.p.]).

O professor Kabengele Munanga, no seu discurso, saudou alguns membros presentes na ALBA, ao mesmo tempo que sintetizou sua trajetória, aprendizados e intersecções com a Bahia.

> Quero cumprimentar e agradecer a todas as pessoas presentes, meus familiares, amigos, amigas, colegas que sacrificaram suas atividades, seus compromissos de hoje para nos prestigiar neste momento único em nossas vidas. Algumas pessoas vieram de longe, de São Paulo, Belo Horizonte, Rio de Janeiro, estou vendo à minha frente a professora Nilma Lino Gomes, minha amiga, nossa amiga, ex-ministra da SEPPIR, de Direitos Humanos e Mulheres; estou vendo a professora Petronilha Beatriz Gonçalves, que veio do Rio Grande do Sul, de Porto Alegre provavelmente; a professora Glória Maria, que veio de Brasília; e a nossa querida Elisa Larkin Nascimento, que veio certamente do Rio de Janeiro. Eu gostaria, através delas, de saudar a todos e a todas. Estou vendo aqui esta mesa oficial composta de pessoas cujos encontros me fizeram crescer como ser humano e como intelectual. Poderia fazer um pequeno discurso de agradecimento a cada uma delas, mas, infelizmente, o tempo não nos permite. Por isso, através do professor Silvio Luiz de Oliveira Soglia, Magnífico Reitor da UFRB, meu reitor, e da professora Georgina Gonçalves dos Santos, Magnífica Vice-Reitora da UFRB, minha vice-reitora, agradeço a todos e a todas, com a certeza de que sou um eterno devedor diante delas e deles. Costumo afirmar que minha vida durante os meus 41 anos no Brasil é uma espécie de valsa: um pé à frente na Academia universitária, o outro atrás na militância intelectual negra. Na academia, aprendi os conceitos e as teorias, e na militância me ensinaram a verdadeira e autêntica situação do negro neste país. Sem o concurso de uma e do outro, não seria esta pessoa que sou. Quero por isso cumprimentar os meus colegas e minhas colegas da Academia presentes neste auditório. Como não posso nomear todos, quero apenas citar o nome do professor Edivaldo Boaventura, professor emérito da UFBA que foi um dos primeiros a me abrir as portas da Faculdade de Educação da UFBA para examinar teses de doutorados e dissertações de mestrado, proferir palestras e conferências junto com a professora Maria

> de Lourdes Siqueira. [palmas] Essa iniciativa não morreu porque jovens professores, como Maria Cecília de Paula, aqui presente, continuam a me convidar na Faculdade de Educação, seguindo o exemplo do professor Edivaldo Boaventura. Na militância intelectual negra, tenho orgulho de ter me aproximado tanto dos homens como das mulheres e aprendido com todas e todos. Não vou me arriscar para citar alguns nomes e esquecer outros, mas posso me permitir cumprimentar todas e todos através dos saudosos Abdias do Nascimento e Luiza Bairros, ex-ministra da SEPPIR que muito recentemente foi para o mundo do Orum. Que coincidência receber o título da cidadania baiana junto com a professora Maria de Lourdes Siqueira! Ela foi uma das primeiras pessoas que conheci quando pisei o solo de Salvador em dezembro de 1975. Me lembro que, àquela altura, ela e os saudosos Pierre Verger e padre François De L'Espinay, que se tornou também meu querido amigo, levaram a mim e ao professor Olabiyi Yai, ex-embaixador do Benin junto à UNESCO, para conhecer o Terreiro de Candomblé Ilê Axé Opô Aganjú, do pai de santo Balbino. Desde então, nos tornamos amigos e finalmente passamos a nos tratar como irmão e irmã, e ela se tornou tia de meus filhos... Quando em nossos debates acalorados sobre a nossa situação, muitas vezes, ela aumenta o tom da voz, eu abaixo o meu, como manda a minha tradição cultural. Obrigado, Lourdinha, por ter me ensinado tantas coisas sobre a Bahia e o Brasil durante estes 40 anos de convivência. Quem de nós poderia imaginar que estaríamos hoje submetidos, juntos, a este ritual para receber o título de cidadania baiana? Que coincidência!... Que coincidência que a Bahia nos adote como filha e filho no mesmo dia e mesmo ato. Que coincidência, eu e Irene – minha mulher, aqui sentada – nos casarmos nesta cidade em 13 de janeiro de 1979, no Fórum Ruy Barbosa. E a primeira vez que abri o sorriso por ter me tornado avô, título muito importante na ancestralidade africana, meu primeiro neto nasceu baiano. Depois veio a irmã dele. Estão ali sentados. Agora posso dizer para ele e para ela, com muito orgulho, que eu também sou baiano; que me tornei cidadão do coração da diáspora africana nas chamadas Américas. Viva à Bahia, região mais africana do Brasil e da América do Sul (Tv Alba, 2016, [s.p.]).

Por sua trajetória de militância e seus escritos acadêmicos, o professor Kabengele Munanga é um referencial importante na formação acadêmica e política de diversas instâncias do movimento negro baiano e brasileiro. Por ser esse referencial, foi com muito orgulho que as professoras Rosiléia Santana da Silva, Teresa Cristina Souto, professor Antônio Cosme Onawalê e o deputado Bira Corôa, organizaram parceria junto comigo, e nos mobilizamos para reconhecer todo o brilhantismo de anos de trabalho e dedicação do professor Kabengele Munanga na luta contra o racismo, na construção identitária do povo negro e da diáspora africana, concedendo-lhe o título de cidadão baiano em 2016.

> [...] grande emoção e agradecimento às pessoas que, de uma maneira ou outra, indicaram e recomendaram meu nome para receber este título de cidadania baiana. Inicialmente gostaria de agradecer ao deputado Bira Corôa pelo fato de ter me convidado, alguns anos atrás, para proferir nesta Casa uma conferência em comemoração ao dia da África, que acontece anualmente no dia 25 de maio. No ano passado e quase na mesma data, o referido deputado, em conjunto com a Reitoria da UNILAB e o campus UNILAB.

Em continuidade, encerramos com a percepção de que caminhar com os ensinamentos das nossas mais velhas e dos nossos mais velhos passamos a valorizar que o ato de reconhecer é tão vital quanto o ato da recordação. "Recordar é preciso" (Evaristo, 2006, p. 27), sim, é muito! E, nas palavras de Paul Gilroy (2001, p. 14), em *Atlântico Negro*, a contaminação líquida do mar envolveu tanto mistura quanto movimento. Nesse percurso, reconheçamos e sigamos aplaudindo a travessia atlântica que funde África – América/Brasil e os caminhos caminhados pelo nosso ancião Amado Kabengele.

Referências

EVARISTO, Conceição. *Recordar é preciso. Becos da Memória*. Belo Horizonte: Mazza, 2006.

GILROY, Paul. *O Atlântico negro: modernidade e dupla consciência*. São Paulo: Editora 34; Rio de Janeiro: Universidade Cândido Mendes, Centro de Estudos Afro-Asiáticos, 2001.

GOMES, Nilma Lino. *O movimento negro educador: saberes construídos nas lutas por emancipação*. Petrópolis: Vozes, 2017.

JAIME, Pedro; LIMA. Ari. Entrevista com o Prof. Kabengele Munanga. *Revista De Antropologia da USP*, São Paulo, v. 56, n. 1, 2013.

MILENA, Lilian. Kabengele Munanga, o antropólogo que desmistificou a democracia racial no Brasil. *Carta Maior*, 15 maio de 2019. Disponível em: https://bit.ly/3Mmx3dl. Acesso em: 3 jan. 2022.

MUNANGA, Kabengele. *Estratégias e políticas de combate à discriminação racial.* São Paulo: Edusp, 1996.

MUNANGA, Kabengele. *Superando o racismo na escola.* Brasília: MEC; SECADI, 2005.

MUNANGA, Kabengele. *Origens africanas do Brasil contemporâneo: histórias, línguas, culturas e civilizações.* São Paulo: Global Editora, 2009.

MUNANGA, Kabengele. *O negro no Brasil de hoje.* 3. ed. São Paulo: Global Editora, 2016.

MUNANGA, Kabengele. *Negritude: usos e sentidos.* 4. ed. Belo Horizonte: Autêntica, 2019.

MUNANGA, Kabengele. *Rediscutindo a mestiçagem no Brasil: identidade nacional* versus *identidade negra.* 5. ed. rev. ampl. Belo Horizonte: Autêntica, 2019.

MUNANGA, Kabengele. Depoimento de Kabengele Munanga ao Museu da Pessoa. São Paulo: Casa das Áfricas, 2008a.

SERRANO, Carlos Moreira Henriques; MUNANGA, Kabengele. *Revolta dos colonizados.* São Paulo: Atual, 1995.

SILVA, Rosiléia Santana da; SOUTO, Teresa. Cristina Silva de Souza; FARIAS, Luiz Márcio Santos (Orgs.). *Maria de Lourdes Siqueira e Kabengele Munanga: cidadãos daqui, cidadãos dali, cidadãos do mundo.* 1. ed. Salvador: Bigraf, 2016. v. 1.

THOMAS, Omar Ribeiro; NASCIMENTO, Sebastião. *Entre a intenção e o gesto: a Conferência de Durban e a elaboração de uma pauta de demandas de políticas compensatórias no Brasil.* São Paulo: USP, 2003.

TV ALBA. Professores recebem Título de Cidadão Baiano na Casa do Povo. *YouTube*, 2016. Disponível em: https://bit.ly/3xHqWfn. Acesso em: 3 jan. 2022.

CAPÍTULO 11

Nação como ficção: um espaço no imaginário para a ruptura com o mito da democracia racial brasileira

Fernanda R. Miranda

Todos os racismos são abomináveis, são crimes, mas eu achei que o racismo brasileiro é um crime perfeito partindo da ideia de um judeu prêmio [Nobel] da Paz que disse uma vez que o carrasco mata sempre duas vezes, a segunda pelo silêncio, e nesse sentido achei o racismo brasileiro um crime perfeito. É como um carrasco que você não vê te matando, está com um capuz; você pergunta pelo racista e você não encontra, ninguém se assume, mas o racismo e a discriminação existem. Esse racismo matava duas vezes, mesmo fisicamente, a exclusão e tudo, e matava a consciência da própria vítima. A consciência de toda a sociedade brasileira em torno da questão, o silêncio, o não dito... Nesse sentido, era um crime perfeito, porque não deixava nem a formação de consciência da própria vítima, nem a do resto da população através do chamado mito da democracia racial.

Kabengele Munanga (2016).

Democracia racial: o poder da ficção

Esse artigo parte da perspectiva central de que existem correspondências entre as séries social e literária, e aquilo que entendemos compor a experiência material da realidade brasileira diz respeito e se expande também a uma *atitude textual*[1] – que configura a gramática

[1] O conceito é de Edward Said, em seu livro *Orientalismo*: "Talvez pareça estranho falar sobre algo ou alguém como portador de uma atitude textual, mas um estudioso da literatura compreenderá a expressão mais facilmente, se pensar no tipo de visão atacada por Voltaire em *Cândido* ou na atitude para com a realidade satirizada

do texto nacional. Essa atitude textual, pensada nos termos de Edward Said (2007) e se aproximando da noção foucaultiana de discurso, corresponde muito particularmente à construção representativa do nosso texto nacional, isto é, do texto que constrói a si no mesmo ato edificante que elabora e fixa a identidade para a nação e para o sujeito nacional. Em outras palavras, textos que constituem a base do cânone literário brasileiro e que repercutem nosso sistema imaginário mais durável, baseado na ideia de que no Brasil vigora a tolerância e a harmonia entre raças e populações, e não o genocídio étnico, a violência e o conflito – marcas históricas de nossa sociabilidade e organizadoras seculares de nossa sociedade.

Conforme aprendemos com as reflexões do grande intelectual e professor Kabengele Munanga, o mito da democracia racial forma e substancializa a educação do brasileiro, seu sistema de mundo, sua visão de si. Sabemos que a democracia racial é uma ficção, isto é, algo que produz e organiza seu próprio código de verdade e de coerência interna, gerando noções alternativas à realidade social observada. Um mito resistente e duradouro, que compreende também um sistema de textos, rastreados em períodos evidentemente anteriores à elaboração sociológica que Gilberto Freyre empenhou à concepção nativa de igualdade entre as raças.

por Cervantes em *Dom Quixote*. O que parece bom senso incontestável para esses escritores é o fato de ser uma falácia supor que a confusão abundante, imprevisível e problemática em que os seres humanos vivem possa ser compreendida com base no que os livros – os textos – dizem; aplicar o que se aprende num livro literalmente à realidade é arriscar cair na loucura ou na ruína. Mas, é evidente, as pessoas tentaram e tentam usar textos dessa maneira tão simplista [...]. Parece uma falha humana comum preferir a autoridade esquemática de um texto à desorientação dos encontros diretos com o humano. Mas essa falha está constantemente presente, ou há circunstâncias que, mais que outras, tornam provável que prevaleça a atitude textual? [...] Um texto que se propõe conter conhecimento sobre algo real [...] não é facilmente descartado. Atribuísse-lhe conhecimento. A autoridade de acadêmicos, instituições e governos pode ser-lhe acrescentada, circundando-o com um prestígio ainda maior que o garantido por seus sucessos práticos. Muito importante, esses textos podem criar não só conhecimento, mas também a própria realidade que parecem descrever. Com o tempo, esse conhecimento e a realidade produzem uma tradição, ou o que Michel Foucault chama discurso, cuja presença ou peso material – seja qual for a originalidade de um determinado autor – é responsável pelos textos a que dá origem" (SAID, 2007, p. 140-143).

> Esse mito [da democracia racial] já faz parte da educação do brasileiro. E esse mito, apesar de desmistificado pela ciência, a inércia desse mito ainda é forte e qualquer brasileiro se vê através desse mito. Se você pegar um brasileiro até em flagrante em um comportamento racista e preconceituoso, ele nega. É capaz dele dizer que o problema está na cabeça da vítima que é complexada, e ele não é racista. Isso tem a ver com as características históricas que o nosso racismo assumiu, um racismo que se constrói pela negação do próprio racismo (Munanga, 2016, [s.p.]).

O mito da democracia racial é explicado por Munanga como um autoconstruto de espelhos invertidos, que, em vez de mostrar o real, produz/performa uma face e uma alteridade ilusórias para o território e o sujeito nacionais refletidos em tal moldura. Este espelho ao contrário conforma a crença de que não há racistas no Brasil: racistas são os outros.

> O brasileiro gostaria de ser considerado como europeu, como ocidental. Isso está claro no sistema de educação. Nosso modelo de educação é uma educação eurocêntrica. [...] A história que é ensinada é a história da Europa, dos gregos e dos romanos. No entanto, quem são os brasileiros? Os brasileiros não são só descendentes de gregos e romanos, de anglo-saxões e de europeus. São descendentes de africanos também, de índios, e descendentes de árabes, de judeus e até de ciganos. E se olharmos o nosso sistema de educação, onde estão esses outros povos que formaram o Brasil? Então, há um problema no Brasil, além de essas pessoas serem as maiores vítimas da discriminação social, no sistema de educação formal elas não se encontram, elas são simplesmente ocidentalizadas, são simplesmente embranquecidas. Se colocarmos as questões: "quem somos, de onde viemos e por onde vamos?", vamos ver que o Brasil nasceu do encontro das culturas, das civilizações, dos povos indígenas, africanos que foram deportados e dos próprios imigrantes europeus de várias origens. Comemoramos os cem anos da imigração japonesa, e fala-se mais dos cem anos da imigração japonesa do que dos 600 anos da abolição. Não tenho nada contra isso, mas fala-se muito pouco da abolição. Então, se queremos saber quem somos, devemos conhecer todas as nossas raízes, aqueles povos que formaram o Brasil, alguns dizem que somos um país mestiço, mas essa mestiçagem não caiu do céu. Já que não queremos reconhecer

> a diversidade das coisas, suponhamos que sejamos todos mestiços, vamos pelo menos estudar as raízes da nossa mestiçagem, isso faz parte da nossa cultura. Mas o brasileiro não se incomoda, o brasileiro quer se ver como europeu ocidental, parece que o brasileiro não se enxerga (MUNANGA, 2016, [s.p.]).

Enquanto autoficção, a democracia racial funciona como uma *narrativa de fundação*, cujos primórdios já se localizam nas nossas primeiras instituições, ou melhor, no discurso das nossas primeiras instituições. Um exemplo é a fundação do Instituto Histórico e Geográfico Brasileiro (IHGB) em 1838, poucos anos após o surgimento de seu congênere francês. Homens brancos letrados reunidos na órbita do IHGB se voltaram à tarefa de pensar o país de acordo com os postulados de uma história empenhada na revelação duma gênese para a nação. Nesse espírito, atento à construção do imaginário nacional, em 1844 o IHGB lançou um concurso cujo tema era "Como se deve escrever a História do Brasil". Karl Friedrich Philipp Von Martius, um naturalista bávaro, foi premiado com um artigo que defendia que a história do Brasil deveria ser formulada a partir da condição de país tropical com população formada pelo contato entre o nativo, o europeu e o africano. Entretanto, seu artigo, publicado em 1845, afirmava que os nativos viviam em "dissolução moral e civil", de maneira que "neles não reconhecemos senão ruínas de povos" (PARRON, 2008, p. 22) Sobre tais ideias, reuniram-se conceitos civilizatórios que conduziram o projeto moderno de dar um sentido homogêneo à história da nação, construída em um processo narrativo.

Essa primeira proposição de narrativa para a História brasileira baseada no contato de três raças - sendo que uma delas é considerada em ruínas, a outra estava sendo escravizada e a terceira escreve a narrativa - inscreve um padrão axiológico de discurso nacional identitário que para existir precisa silenciar. A explicação para isso reside no fato de que, no movimento de buscar uma definição para o Brasil, foi definido simultaneamente o *outro* da nação.

A ideia de que o Brasil se forma como síntese de um encontro - e não de um conflito ou de uma imposição - entre três raças, a partir do qual se produziu a experiência da mestiçagem sem desigualdade e da sociedade sem ódio racial e sim gerenciada pela *lógica do favor* e da cordialidade, que é construída e refinada nos textos (entre outros) literários, e substancializa muitas questões para o romance brasileiro oitocentista, por exemplo, no qual se fixam as narrativas fundacionais de identidade nacional que mais tarde irão formar o cânone literário, embora não se esgote aí.

A democracia racial, nesses termos, é uma *atitude textual*, pois também existe no domínio do imaginário e suas representações empenhadas em sustentar a ficção da igualdade. Uma narrativa persistente, que, para Munanga, nos diferencia radicalmente de outros territórios, nos quais se admite abertamente a existência de desigualdades e conflitos com base no pertencimento racial.

> Sem dúvida, ouvimos falar ou lemos algo sobre manifestações do racismo que aconteceram na história da humanidade cujas lembranças estão ainda frescas na memória de algumas gerações entre nós. Essas manifestações são as mais conhecidas, pois são mais noticiadas e popularizadas em nosso país e em nossa educação. Mais do que isso, foram institucionalizadas e oficializadas na Alemanha nazista, na África do Sul (1948-1994) e nos Estados Unidos da América desde a abolição da escravatura naquele país até os anos de 1960. Mas o maior problema da maioria entre nós parece estar em nosso presente, em nosso cotidiano de brasileiras e brasileiros, pois temos ainda bastante dificuldade para entender e decodificar as manifestações do nosso racismo à brasileira, por causa de suas peculiaridades que o diferenciam das outras formas de manifestações de racismo acima referidas. Além disso, ecoa, dentro de muitos brasileiros, uma voz muito forte que grita: "não somos racistas, os racistas são os outros, americanos e sul-africanos brancos". Essa voz forte e poderosa é o que costumamos chamar "mito de democracia racial brasileira", que funciona como uma crença, uma verdadeira realidade, uma ordem. Assim fica muito difícil arrancar do brasileiro a confissão de que ele é racista (Munanga, 2010, p. 1).

A ideia de que o Brasil tem organizado seus signos de identidade e outridade dentro de uma narrativa da ordem do mito – ou seja, como sistema simbólico durável – guarda em si mesma seu contraponto e sua dissolução. Ambas perceptíveis quando percorremos outras elaborações identitárias para a nação, secularmente empreendidas por intérpretes negros. Não obstante o apagamento sistemático da autoria negra pelo sistema literário brasileiro e pelo sistema de circulação discursiva de forma mais ampla, é altamente visível a disputa por narrativas e por sentidos perenes quando adentramos seu domínio.

Dentro da produção literária brasileira, disputas por narrativas possuem rastros longínquos, não obstante todo soterramento persistente. Já à época oitocentista, concomitantemente à produção de Alencar e temporalmente próxima aos discursos identitários empreendidos por instituições como o IHGB, Maria Firmina dos Reis produzia outro entendimento para a formação da nação, ressaltando, sobretudo, a dinâmica de poder e opressão racial gerenciando o quadro social. Melhor dizendo, poder e opressão e suas intersecções de raça e gênero, posto que a escritora negra maranhense elabora o poder interseccionalizando suas posicionalidades de forma pioneira em nossa ficção.[2]

Se essa narrativa tivesse sido assumida enquanto parte do edifício textual brasileiro como ocorreu com Alencar, a história certamente teria feito outras curvas. No entanto, essa suposição em si não se sustenta dentro da historicidade brasileira, pois mulheres negras como Firmina estavam à margem do poder de construir e fixar sentidos e pensamento, ainda mais por meio da palavra escrita. À cognição do nosso tempo contemporâneo, entretanto, a disputa de sentidos perceptível em ambas as narrativas se revela ainda mais potente, posto que a desestabilização do mito da democracia racial possivelmente alcança hoje seu momento mais profundo.

O professor Kabengele Munanga afirma em diversos textos e entrevistas que o mito da democracia racial ainda se sustenta em razão

---

[2] Discuto esse aspecto em minha tese de doutorado, na qual analiso romances de autoras negras brasileiras, tomando o texto de Maria Firmina dos Reis como romance de fundação. De fato, *Úrsula* (1859) é um romance de fundação que tece uma visada interseccional de entendimento do jogo de forças que conforma o social. Essa tessitura é percebida através dos seus personagens, representativos de posicionalidades diversas, e das conexões que se estabelecem entre eles, mediadas por relações de poder. Além da fundamental e pioneira subjetivação da mulher e do homem negro (Susana e Túlio), o texto salienta o governo sobre a vida da mulher branca dentro da ordem patriarcal (Luiza B. e Úrsula); mostra a dissidência da masculinidade branca hegemônica através de um personagem homem, branco, da elite, que não compactua com o *ethos* do senhor (Tancredo); e aponta o centro do poder gerador de violência e opressão na intersecção de gênero, raça e classe: a masculinidade branca senhorial, representada por homens que possuem o título de Comendador (Fernando P.). Verificar em MIRANDA, 2019.

da sua instalação arraigada na construção imaginária do brasileiro sobre si mesmo, embora já tenha sido descontruído pela ciência. Ainda não é possível afirmar se este mito irá perdurar depois do momento político em que vivemos agora no Brasil, após as eleições de 2019, pois o Estado brasileiro tem dado demonstrações incontornáveis e cabais no sentido oposto à imagem de uma nação harmônica e tolerante, de modo que podemos de fato estar chegando ao fim da ideia do racismo cordial, haja vista as declarações incontestes que abertamente afirmam a declinação governamental para a manutenção e o aprofundamento das desigualdades. Contudo, imaginários e *atitudes textuais* não caminham necessariamente no mesmo passo que as atitudes do Estado, e, portanto, é também dentro do próprio campo das elaborações narrativas que o mito da democracia racial tem sido colocado em debate e problematizado desde muito tempo.

Pensando especificamente nesse aspecto, entende-se que o imaginário é um campo central de disputa de narrativas, dentro do qual destaco aqui a escrita de romances brasileiros que têm autoria de mulheres negras, um espaço textual no qual se elabora uma outra forma de enxergar/elaborar o brasileiro, e o Brasil – sobretudo como território em conflito.

O romance como arena de disputa de narrativas

A origem do romance está ligada à elaboração/formalização de experiências históricas de sujeitos e sociedades em transformação – ascensão da burguesia, mudanças de regime político, a ideia de igualdade e de sujeito. Segundo Bakhtin (1988, p. 398), o romance é um gênero "nascido e alimentado pela era moderna". Claudio Magris (2009, p. 1.016), partindo do teórico russo, entende que o romance "*é* o mundo moderno": "o único gênero que surgiu sob as condições da autoconsciência epistemológica e historiográfica que caracterizam o período moderno".

A modernidade, como mostrou Paul Gilroy em *O Atlântico negro* (2001), não pode ser bem compreendida sem articular ao seu núcleo genealógico e epistemológico a ocupação da África pelos europeus e a experiência escrava moldando a diáspora negra nas Américas. Assim, se "o romance *é* o mundo moderno", no Brasil esse mundo refletiu a imagem colonial que o constituía. O início da produção de romances escritos no Brasil é posterior à ruptura oficial do território com a condição de colônia[3] e está intimamente ligado à construção tanto da identidade nacional quanto da elite letrada que a formulava.

Enquanto a escravidão estava praticamente ausente nas narrativas, na primeira parte do século XIX podia-se encontrar romances sendo vendidos por escravos, que os levavam sob a cabeça, em balaios. Assim nos conta o cronista João do Rio: olhando para o seu passado em um texto de 1908, ele dizia que "Hoje o escritor trabalha para o editor e não manda vender como José de Alencar e o Manuel de Macedo por um preto de balaio no braço, as suas obras de porta em porta, como melancias ou tangerinas" (Rio, 1908, p. 326).

A imagem do negro escravizado carregando um cesto cheio de "livros edificantes e novelas" (Cunha, 1988) à caça das leitoras e leitores ilumina o descompasso intrínseco à nossa situação colonial. Pois, em termos de representação, o próprio conteúdo que os romances veiculavam, engajados em construir e fixar imagens da "realidade" local, constituíam um paradoxo, diante da existência da escravidão.

Modernidade e escravidão são duas faces do mesmo evento. Já na década de 1970, Beatriz Nascimento (2018, p. 57) afirmava que "o sistema escravista que emergiu no início da expansão da economia europeia, é pelas suas contradições, um dos pontos cruciais da história universal. Ao mesmo tempo em que se opõe a um sistema econômico de tipo moderno é sua própria razão de existência". O sistema escravista, ela continua, oferece implicações singulares ao implantar-se no Novo Mundo: "utiliza-se arbitrariamente do trabalho e da persona de milhões de homens de dois continentes, exatamente num momento em que aparecem os ideais

[3] Um sistema de escrita só se desenvolveu no Brasil quando a colônia se tornou centro – e com o centro, veio a imprensa. De fato, a impressão e a publicação de textos só se iniciou por aqui em 1808, depois de Portugal ser invadido pelas tropas napoleônicas, desencadeando a fuga da família real para o Brasil e a consequente instalação da capital do Império português no Rio de Janeiro. Assim, diferentemente do que acontecia em outros territórios coloniais no mesmo período, toda e qualquer atividade de imprensa, como publicação de jornais, panfletos e livros, ficou proibida no Brasil até esse momento. A chegada da corte portuguesa implicou na instalação das primeiras instituições científicas, como a Imprensa Régia, o Museu Real, o Horto, a Biblioteca – importantes centros de produção e reprodução de sua cultura e memória (SCHWARCZ, 2005, p. 24).

embrionários de igualdade, liberdade e universalidade entre os habitantes da Europa ocidental" (Nascimento, 2018, p. 58).

Em conversa com Paul Gilroy, Toni Morrison deslinda este argumento com particular vigor:

> A vida moderna começa com a escravidão... Do ponto de vista das mulheres, em termos de enfrentar os problemas que o mundo enfrenta agora, as mulheres negras tiveram que lidar com problemas pós-modernos no século XIX e antes. Essas coisas tiveram de ser abordadas pelo povo negro muito tempo antes: certos tipos de dissolução, a perda e a necessidade de construir certos tipos de estabilidade. Certos tipos de loucura, enlouquecer deliberadamente, como diz um dos personagens do livro, "para não perder a cabeça". Essas estratégias de sobrevivência constituíram a pessoa verdadeiramente moderna. São uma resposta a fenômenos ocidentais predatórios. Você pode chamar isto de ideologia e de economia, mas trata-se de uma patologia. A escravidão dividiu o mundo ao meio, ela o dividiu em todos os sentidos. Ela dividiu a Europa. Ela fez deles alguma outra coisa, ela fez deles senhores de escravos, ela os enlouqueceu. Não se pode fazer isso durante centenas de anos sem que isto cobre algum tributo. Eles tiveram de desumanizar, não só os escravos, mas a si mesmos. Eles tiveram que reconstruir tudo a fim de fazer este sistema parecer verdadeiro (Morrison *apud* Gilroy, 2001, p. 412).

No Brasil, apesar de isso ser um índice fulcral da realidade, ainda é preciso fortalecer a afirmação de que a colônia nos legara, também, o nexo escravista. Não obstante toda a relevância que possui na constituição nacional, esse nexo ficou obliterado na leitura dos nossos processos constitutivos, postergada sob o regimento de uma espécie de "contrato social" entre os brancos, que organizava o "peso da classe". Assim, o favor, como mediação social destinada aos brancos pobres da sociedade escravocrata, representava uma acomodação possível para o relacionamento hierárquico entre proprietários e subalternizados, regido pela sustentação de critérios raciais de tratamento. Em *As ideias fora do lugar*, Roberto Schwarz (2000, p. 16-20) entendeu que

> O favor é a nossa mediação quase universal – e sendo mais simpático do que o nexo escravista, a outra relação que a colônia no legara, é compreensível que os escritores tenham baseado nele a sua

> interpretação do Brasil, involuntariamente disfarçando a violência, que sempre reinou na esfera da produção [...]. No momento da prestação e da contraprestação – particularmente no instante-chave do reconhecimento recíproco – a nenhuma das partes interessava denunciar a outra, tendo embora a todo instante os elementos necessários para fazê-lo. Esta cumplicidade sempre renovada tem continuidades sociais mais profundas, que lhe dão peso de classe: no contexto brasileiro, o favor assegurava as duas partes, em especial à mais fraca, de que nenhuma é escrava.

Se o sistema escravista forma, informa e conforma a nação, evidentemente ele pauta a branquitude nacional e as negociações junto aos espaços de poder. Em razão disso, nem o proprietário rico nem o pobre livre estavam à parte do sistema que os privilegiava por serem brancos – ao contrário, ambas as classes destes homens são conformadas pela existência do escravo, seja como usufruto, seja como base de diferenciação. Ao privilegiar o favor enquanto base de acordos e negociações entre brancos poderosos e brancos subalternos, não podemos esquecer o mais óbvio: de que tanto o poder quanto a subalternidade eram contingências da escravidão.

Olhando assim, a escolha deliberada dos escritores brasileiros de basear no favor a chave de interpretação do Brasil, conforme Roberto Schwarz (2000) defende, corresponde à escolha da elite de apagar e silenciar a existência do escravo no cerne da sua própria fundação, no centro da nação. Como corolários dessa escolha, avultam noções com as quais ainda nos debatemos: a ideologia de que somos um povo racialmente misturado, porém sem racismo. Os interstícios da hierarquia senhor/escravo conformando a ordem social em múltiplas frentes, a ideologia da ausência do conflito mediando as relações.

Roberto Reis (1987, p. 20) complementa esse último ponto ao sinalizar que nos romances oitocentistas "a violência jamais comparece, evocando-nos, num outro âmbito, mas ainda dentro das representações sociais, os mitos da 'história incruenta', da 'cordialidade' e da 'índole pacífica do povo brasileiro',[4] de evidentes conotações ideológicas". Este é o caso de romances clássicos no repertório

[4] A tese da cordialidade brasileira é trazida para a formação social nacional principalmente por meio das análises do sociólogo Gilberto Freyre, em *Casa-grande e senzala*.

nacional, como *O tronco do Ipê*, de José de Alencar, e *A escrava Isaura*, de Bernardo Guimarães.

Todavia, no *corpus* de romances de autoras negras brasileiras, a escravidão (narrada como experiência vivida pelas personagens, como memória, ou como resquício do passado que persiste em outros tempos) surge enunciada como a principal cognição que "a colônia nos legara" – isto é, como aquilo que mantém o paradigma da colonialidade em funcionamento através dos tempos e das relações.

Essa elaboração se torna perceptível por meio da forma como os romances trabalham o tempo, articulando as temporalidades em uma espiral-*plantation*[5] – uma forma perceptível de problematizar a passagem do tempo filtrando aquilo que fica no espaço, que permanece como vestígios de ruínas que resistem, e que emerge à superfície do presente por meio da memória, a contrapelo do esquecimento. E, junto ao tempo, pela maneira como trabalham a experiência – filtrada através do *locus* de quem enuncia.

A enunciação da violência, o espaço aberto para o conflito, o debate em torno de posicionalidades sociais e poder e o relevo áspero da memória resgatando não mais a cena senhorial e sim a cena desumana sob a qual se consolidou a elite dos senhores no Brasil são significações apreendidas na leitura comparada de romances como: *Úrsula* (1859), de Maria Firmina dos Reis; *Água funda* (1946), de Ruth Guimarães; *Pedaços da fome* (1963), de Carolina Maria de Jesus; *Negra Efigênia: paixão do senhor branco* (1966), de Anajá Caetano; *A mulher de Aleduma* (1981), de Aline França; *As mulheres de Tijucopapo* (1982), de Marilene Felinto; *Ponciá Vicêncio* (2003), de Conceição Evaristo; *Um defeito de cor* (2006), de Ana Maria Gonçalves; *Assim na terra como embaixo da terra* (2017), de Ana Paula Maia; *O crime do Cais do Valongo* (2018), de Eliana Alves Cruz; e *Maréia* (2019), de Miriam Alves.

Neste corpo de narrativas, todas de autoria de romancistas negras, está elaborada uma interpretação do Brasil, uma teoria do tempo e da colonialidade nacional, uma retomada de posse da História, a configuração de uma atitude textual que confronta o mito

[5] Desenvolvo este conceito em minha tese de doutorado *Corpo de romances de autoras negras brasileiras (1859-2006): posse da história e colonialidade nacional confrontada* (2019).

da democracia (racial), conformando outro espelho para pensar o sujeito e o território nacional.

De fato, a ruptura com a ideia de nação harmônica e, ainda, com a concepção do favor mediando as relações (Schwarcz, 2005) é visível e salienta uma tradição discursiva que irrompe no romance de autoria de mulheres negras desde o século XIX até o instante presente. O apagamento e o silenciamento históricos dessa produção, por seu turno, favorece a manutenção do falso mito da cordialidade e tolerância racial, assegurado pelo cânone.

De acordo com Raymond Williams (1989, p. 228), "[em] sua maioria, os romances são, num certo sentido, comunidades cognoscíveis", pois o gênero, enquanto forma cultural, empenha-se basicamente na revelação do caráter/qualidade dos sujeitos e de suas relações.

> Ao mesmo tempo que diz respeito aos vínculos entre indivíduos e sociedade, o conceito também levanta questões imediatas e evidentes sobre a relação entre o escritor e seus materiais, entre sujeito e objeto, portanto, uma vez que a preocupação de Williams é compreender como a consciência do autor escolhe o que representar em um texto. O que é cognoscível, assim, não se refere apenas ao "que há para ser conhecido", mas depende, em última instância, da posição do observador na comunidade e em relação a ela; ou, em outras palavras, o que há para ser conhecido depende da seleção social e do ponto de vista (Vasconcelos, 2011, p. 305-306).

Em outras palavras, *a matéria cognoscível depende do ponto de vista de quem conta a história*. Dessa forma, pela própria potência de construir mundos a partir do mundo do sujeito que elabora, entende-se que o romance é uma forma fértil para a enunciação de sujeitos que foram (ou estão) apartados dos processos de formulação da *imaginação constituinte* (Veyne, 1984) vigente em cada tempo.

Outra narrativa para a nação forjada no romance de autoras negras

A literatura é um discurso social e, portanto, interage com as dinâmicas de poder e silenciamento que espelham o jogo de forças da sociedade. Conceber a literatura como mecanismo de intervenção na arena pública de discursos permite que a interpelemos como dispositivo de subjetivação e agência.

A literatura de autoria negra, e muito particularmente o gênero romance, tem, historicamente, disputado narrativas e significados perante conteúdos que formulam e interpretam o *ethos* nacional, o passado colonial e a sociedade presente exclusivamente a partir do eurocentrismo das elites. Uma disputa epistêmica, sustentada na literatura enquanto força produtiva que explica/motiva processos e dissensos sociais, simbólicos, históricos e políticos. Uma disputa na arena discursiva, em narrativas que produzem sentidos contrários àqueles que pensaram o negro como objeto, como vazio, inscrevendo, por oposição, o sujeito negro no lugar das ideias.

Fértil como terra preta, nesse aspecto, é o romance, onde tal disputa por significados tem mais espaço e campo largo para florescer. Nos romances de autoras negras brasileiras, essa disputa se verte principalmente à revisão dos sentidos da escravidão, da abolição e, consequentemente, da liberdade, principalmente articulando as continuidades de tais experiências históricas no tempo e nos sujeitos.

Evoquei o conjunto citado de textos e os convidei para conversar, formando uma roda de romancistas negras. Nessa roda, a autoria negra feminina estabelece o fio de contato, e a forma de contar tece a conexão. Olhando a roda bem de perto, tudo nela é diálogo, ponte, paridade. A roda articula a inteligibilidade do ventre livre: é parideira de conhecimentos acerca das continuidades, ruínas e permanências entre o colonial e o pós-colonial, configurando o passado e o presente da nação.

Uma parte dos romances está centrada na reescrita da experiência escrava. São as obras de Maria Firmina dos Reis, Ana Maria Gonçalves, Anajá Caetano, Aline França. Algumas versam sobre os resquícios dessa experiência no presente: Carolina Maria de Jesus e Conceição Evaristo lidam com os resquícios dessa experiência no pós-colonial, Marilene Felinto e Aline França costuram os atravessamentos temporais que a memória dessa experiência instaura no presente e no imaginário, respectivamente.

Muito se tem escrito e dito sobre a necessidade de produzir uma narrativa descolonizada, decolonial, que conforme as temporalidades da nação em outra ordem, não eurocêntrica e sim pluriversal.[6] Nesse

6 *Pluriversalidade* é um conceito do filósofo sul-africano Mogobe Ramose, explicitado em seu artigo *Sobre a legitimidade e o estudo da filosofia africana*: "Considerando

caso, realça-se novamente o *corpus* de romances de autoras negras, e particularmente seu diálogo com o histórico assumido/elaborado como discurso ficcional. Este *corpus* constitui instrumento cognitivo capaz de produzir uma elaboração sobre a modernidade brasileira, inscrevendo-a de forma crítica, por meio da sua face colonial - demarcada através da configuração dos lugares de poder na intersecção de gênero e raça. Deste corpo, emerge uma cognição libertadora, porque traz à superfície ficcional a sustentabilidade de signos soterrados na significação da nação e da História, tornando visível a resistência diversificada de pessoas negras diante da permanência da colonialidade.

Conhecer essas obras, torná-las visíveis e circulantes, assumilas em sua tradição crítica, torná-las material formativo nas escolas e universidades significa ofertar narrativas que disputem espaço ante aquilo que já é sólido no imaginário social e que dialoga com nossa luta por uma sociedade igualitária. Como nos ensina o professor Kabengele Munanga,

> Aqui está o grande desafio da educação como estratégia na luta contra o racismo, pois não basta a lógica da razão científica que diz que biologicamente não existem raças superiores e inferiores, como não basta a moral cristã que diz que perante Deus somos todos iguais, para que as cabeças de nossos alunos/as possam automaticamente deixar de ser preconceituosas. Como educadores, devemos saber que apesar de a lógica da razão ser importante nos processos formativos e informativos, ela não modifica por si o imaginário e as representações coletivas negativas que se tem do negro e do índio na nossa sociedade (Munanga, 2010, p. 14-15).

---

que 'universal' pode ser lido como uma composição do latim *unius* (um) e *versus* (alternativa de...), fica claro que o universal, como um e o mesmo, contradiz a ideia de contraste ou alternativa inerente à palavra *versus*. A contradição ressalta o um, para a exclusão total do outro lado. Este parece ser o sentido dominante do universal, mesmo em nosso tempo. Mas a contradição é repulsiva para a lógica. Uma das maneiras de resolver esta contradição é introduzir o conceito de pluriversalidade. Deve-se notar que o conceito de universalidade era corrente quando a ciência entendia o cosmos como um todo dotado de um centro. Entretanto, a ciência subsequente destacou que o universo não possui um centro. Isto implicou na mudança do paradigma, culminando na concepção do cosmos como um pluriverso. Parece que a resistência do 'universo' mostra uma falha que aponta para o reconhecimento da necessidade de um deslocamento do paradigma. [...] Optamos por adotar esta mudança de paradigma e falar de pluriverso, ao invés de universo" (RAMOSE, 2011, p. 10).

Começando pelo oitocentista *Úrsula* e passando por obras dos séculos XX e XXI, a violência está enfaticamente enunciada nas narrativas de autoras negras, tornando insustentável a perspectiva que opta por ocultar o conflito. Nestas obras, irrompe aos olhos a ênfase no paradigma colonial enunciado em variadas formas, revelando a face violenta, opressora e (para o negro) nem um pouco cordial da nação.

A experiência histórica negra elaborada nos romances abre a possibilidade, via ficção, de uma comunidade de sentidos partilhados. A inscrição dessa comunidade, através da narrativa, dá acesso a um conteúdo de experiência que confronta diretamente a representação do negro conforme o texto nacional canônico, fraturando certos signos da nação enquanto "comunidade imaginada": o país da democracia racial. Dessa forma, não apenas os romances permitem imaginar instantes da vida em movimento, mas também respondem às urgências da História como fluxo narrativo vivo e aberto, reconfigurando seus apagamentos e esquecimentos.

Deste *corpus*, emerge um conhecimento *localizado* na experiência histórica negra; um entendimento sobre o tempo; um olhar que intersecciona raça e gênero na dinâmica de forças que conforma o social; uma teoria, que por si mesma organiza, desde o século XIX, uma visão capaz de pôr em relevo a lógica colonial da modernidade na qual se inscreve a nação.

Palavras finais

Kabengele Munanga é um intelectual fundamental para compreendermos nossos interditos e silenciamentos sistêmicos, pois a longevidade de sua produção crítica e o alcance de suas ideias se destacam em um cenário de tradição sociológica majoritariamente sustentado no paradigma da classe social e da nacionalidade.

Nascido na República Democrática do Congo antes do território africano possuir este nome, Munanga era jovem quando o Congo se tornou independente. A trajetória ímpar do pesquisador começa na experiência de ter vivido os primeiros vinte anos de sua vida em um regime de colonização europeia na África para, enquanto professor, se tornar um dos maiores pensadores das relações raciais, ainda profundamente colonialistas, no Brasil. Seu aporte intelectual e político tem formado inúmeros pensadores, ativistas e pesquisadores negros e antirracistas em diferentes campos de atuação e disciplinas.

Neste artigo, busquei salientar a importância das narrativas de autoras negras no conjunto de esforços empenhados na superação do mito da democracia racial, ao qual Munanga refere em diversos de seus trabalhos, atribuindo principalmente à educação, à formação e à descolonização de saberes e práticas a perspectiva real de mudança – tanto na nossa sociedade como em nossa imaginação e autorreflexo.

Referências

BAKHTIN, Mikhail. *Questões de literatura e de estética: a teoria do romance*. São Paulo: Hucitec, 1988.

CUNHA, Manuela Carneiro da. Olhar escravo, ser olhado. In: AZEVEDO, Paulo Cesar de; LISSOVSKY. Mauricio (Orgs.). *Escravos brasileiros do século XIX na fotografia de Christiano Jr*. São Paulo: Ex Libris, 1988.

DANTAS, Sylvia; FERREIRA, Ligia; VÉRAS, Maura Pardini Bicudo. Um intérprete africano do Brasil, Kabengele Munanga (Entrevista). *Revista USP*, São Paulo, n. 114, p. 31-44, jul.-set. 2017.

GILROY, Paul. *O Atlântico negro: modernidade e dupla consciência*. São Paulo: Editora 34; Rio de Janeiro: Universidade Cândido Mendes, Centro de Estudos Afro-Asiáticos, 2001.

MAGRIS, Claudio. O romance é concebível sem o mundo moderno?. In: MORETTI, Franco (Org.). *A cultura do romance*. São Paulo: Cosac Naify, 2009.

MIRANDA, Fernanda Rodrigues de. *Corpo de romances de autoras negras brasileiras (1859-2006): posse da história e colonialidade nacional confrontada*. Tese (Doutorado em Letras) em Letras – Faculdade de Filosofia, Letras e Ciências Humanas, Universidade de São Paulo, São Paulo, 2019.

MUNANGA, Kabengele. Teoria social e relações raciais no Brasil contemporâneo. Especial Curso ERER-Educação para as Relações Étnico-raciais. *Cadernos PENESB*, Niterói, n. 12, 2010.

MUNANGA, Kabengele. Mito da democracia racial faz parte da educação do brasileiro. *Geledés*, 29 jan. 2016. Entrevista a Thiago de Araújo. Disponível em: https://bit.ly/3jZatuW. Acesso em: 3 jan. 2022.

NASCIMENTO, Beatriz. *Quilombola e intelectual, possibilidade nos dias da destruição*. Sa o Paulo: UCPA/Filhos da África, 2018.

PARRON, Tâmis (Org.). *José de Alencar: cartas a favor da escravidão*. São Paulo: Hedra, 2008.

SAID, Edward. *Orientalismo, o oriente como invenção do ocidente*. São Paulo: Cia das letras, 2007. p. 140-143.

RAMOSE, Mogobe. Sobre a legitimidade e o estudo da filosofia africana. Tradução de Dirce Eleonora Nigro Solis, Rafael Medina Lopes e Roberta Ribeiro Cassiano. *Ensaios Filosóficos*, v. 4, p. 6-25, 2011.

REIS, Roberto. *A permanência do círculo: hierarquia no romance brasileiro*. Niterói: Eduff, 1987.

RIO, João do. *O momento literário*. Rio de Janeiro: Livreiro-Editor; Paris: H. Garnier, 1908.

RIO, João do. *A alma encantadora das ruas*. São Paulo: Companhia das Letras, 1997.

SCHWARCZ, Lilia Moritz. *O espetáculo das raças: cientistas, instituições e a questão racial no Brasil (1870-1930)*. São Paulo: Cia das Letras, 2005.

SCHWARZ, Roberto. *Ao vencedor, as batatas: forma literária e processo social nos inícios do romance brasileiro*. São Paulo: Duas Cidades, 1976.

WILLIANS, Raymond. *O campo e a cidade: na História e na Literatura*. Tradução de Paulo Henriques Britto. São Paulo: Companhia das Letras, 1989.

VASCONCELOS, Sandra Guardini Teixeira. Linguagem, formas de representação e o romance inglês. *Floema*, ano VII, n. 9, p. 305-321, jan.-jun. 2011.

VEYNE, Paul. *Acreditavam os deuses em seus mitos? Ensaio sobre a imaginação constituinte*. São Paulo: Brasiliense, 1984.

CAPÍTULO 12

Encontros e narrativas: ações afirmativas em territórios de cultura africana

Luci Chrispim Pinho Micaela

[...] A força que mora n'água
Não faz distinção de cor
[...]
É d'Oxum[1]
Eu vou navegar
Eu vou navegar nas ondas do mar eu vou navegar
(Iá aguibá Oxum aurá olu adupé)
Gerônimo.[2]

Com este trabalho, pretendo compartilhar a vivência de ter presenciado o encontro do professor Dr. Kabengele Munanga[3] com o Instituto Cultural Babá Toloji,[4] em Campinas, São Paulo. Munanga

---

1 Disponível em: https://youtu.be/L9alcAEQN80. Acesso em 12 maio 2022.

2 Gerônimo Santana Duarte é cantor e compositor brasileiro, nascido em Salvador - BA. Sua composição mais conhecida "É d'Oxum" foi escrita em parceria com Vevé Calasans e regravada pela cantora Gal Costa, tornando-se grande sucesso.

3 Kabengele Munanga fez a maior parte de sua carreira acadêmica como professor efetivo da Universidade de São Paulo, de 1980 a 2012, onde se aposentou como Professor Titular. Atuou principalmente nas áreas de Antropologia da África e da População Afro-brasileira, com enfoque nos seguintes temas: racismo, políticas e discursos antirracistas, negritude, identidade negra *versus* identidade nacional, multiculturalismo e educação das relações étnico-raciais. É autor de mais de 150 publicações, entre livros, capítulos de livros e artigos científicos. Foi um dos intelectuais negros no debate nacional em defesa das cotas e políticas afirmativas. Atualmente, é professor visitante sênior da Universidade Federal do Recôncavo da Bahia (UFRB).

4 Disponível em: www.toloji.org.br. Acesso em: 20 abr. 2022.

é membro dos *lubas*,[5] nascido na aldeia de Bakwa Kalonji, no Congo Belga, onde passou uma pequena parte de sua infância, pois aos 10 anos deixou a aldeia para estudar em outras cidades. Como veremos ao longo deste artigo, as próprias memórias dessa infância reemergem à medida que Munanga observa os itens do acervo do Instituto Cultural, o que nos remete inevitavelmente ao processo de

> Possuir uma identidade cultural [...] e estar primordialmente em contato com um núcleo imutável e atemporal, ligando ao passado o future e o presente numa linha ininterrupta. Esse cordão umbilical e o que chamamos de "tradição", cujo teste é o de sua fidelidade às origens, sua presença consciente diante de si mesma, sua "autenticidade" (Hall, 2003, p. 29).

Neste trabalho, fiz uso de imagens fotográficas feitas por mim e de outras que constavam nos arquivos do Instituto, a fim de registrar o encontro do professor antropólogo Dr. Kabengele Munanga com a arte, as esculturas, as máscaras e as peças africanas de diferentes países do continente africano ali disponíveis. O desejo de trazê-las para o texto é o de utilizar as imagens como mais um meio para disparar a memória e adensar a narrativa apresentada.

Desse modo, este texto registra alguns momentos na companhia do renomado antropólogo e professor Dr. Kabengele Munanga. Faz-se importante o resgate deste acontecimento de modo tão minucioso pelo fato de se tratar de um protagonista com diversas produções acadêmicas e com pesquisas sobre a cultura africana; além de ser um colecionador, um candomblecista e um amante da arte africana. Consequentemente, as produções desse teórico têm sido referência para leitores e pesquisadores da temática racial/negra.

Tendo isso em vista, foi necessário planejar o trajeto com o professor com o objetivo de obter o maior aproveitamento possível. Logo após o primeiro café, foi feito um contato telefônico com Babá Toloji, curador do Instituto Cultural Babá Toloji, a fim de informá-lo sobre a visita do professor Dr. Kabengele Munanga, por ocasião do Fórum Campinas pela Paz, um evento que reunia diferentes estudiosos e conferencistas

[5] Os *lubas* habitam a província de Shaba, no sudeste da República Democrática do Congo.

sobre a pauta das ações afirmativas na cidade de Campinas. Logo após o aceite do Babá, dirigimo-nos ao hotel na companhia de minha filha, uma aprendiza. Iniciava-se ali um registro inesquecível – algo que só podia ser aprendido se fosse vivido.

Caminhar com o Mestre seria, portanto, a atividade mais esperada daquela manhã de domingo. Estava com o coração acelerado e a certeza de que aquela caminhada traria à baila os diversos momentos de diálogo feitos no silêncio da leitura com o acadêmico professor Dr. Kabengele Munanga – um educador que iluminou a práxis pedagógica, a construção acadêmica e os discursos políticos desta narradora. Porém, a partir daquele encontro real uma outra história seria construída e, certamente, seria bem diferente.

Exaltava em mim a força que mora n'água, o desejo de ter olhos, ouvidos e o coração puro para beber naquela fonte que abria. Seguindo a leitura de Carla Akotirene (2019, [s.p.]), "*quando* buscamos a epistemologia africana, percebemos logo que Osun[6] significa fonte". Oxum é o caminho que nos humaniza e nos convida a refletir para vivenciarmos uma sociedade equânime. Kabengele Munanga era a fonte, reforçando a ideia de Paulo Freire (1996, p. 41) de que

> Mulheres e homens, somos os únicos seres que, social e historicamente, nos tornamos capazes de aprender. Por isso, somos os únicos em que aprender é uma aventura criadora, algo, por isso mesmo, muito mais rico do que meramente repetir a lição dada. Aprender para nós é construir, reconstruir, constatar para mudar, o que não se faz sem abertura ao risco e à aventura do espírito.

Enquanto descíamos as escadarias do hotel, havia uma relação de cuidado e afeto, e naquele momento o antropólogo buscava compreender uma Campinas mais humana. Indagou sobre a educação, quais eram as ações afirmativas e os compromissos que tinham sido estabelecidos com a implementação da lei que alterou a Lei de Diretrizes Bases da Educação (a Lei n.º 10.639, de 9 de janeiro de 2003), bem como com a Lei de Cotas (Lei n.º 12.711, de 29 de agosto de 2012). Aqui, é importante destacar que Campinas, mesmo sendo pioneira na implementação de políticas afirmativas no que tange à história e cultura afro-brasileira no

[6] A autora utiliza a escrita *Osun*, palavra em iorubá.

currículo escolar, não se afasta da ideologia racista impregnada nas ações históricas da cidade. Como afirma o próprio Munanga (2009, p. 17), ao comentar sobre pesquisas que apontaram a existência do racismo no Brasil, os entrevistados nunca discriminaram ninguém: "Já ouviu falar em crime perfeito? Nosso racismo é um crime perfeito, porque a própria vítima é que é responsável pelo seu racismo, quem comentou não tem nenhum problema".

As políticas públicas para uma educação antirracista iniciaram em Campinas com a Lei Municipal n.º 9.777, de 24 de junho de 1998, de autoria do vereador Sebastião Arcanjo. Ela instituía a inclusão na disciplina de História do currículo da rede municipal de ensino, inclusive no supletivo, dentro da qual deveria haver ensino relativo ao estudo do negro na formação socioeconômica-cultural brasileira. Isso significa que, para pensar uma cidade mais humana, foi necessário percorrer um longo caminho de formação dos educadores e educadoras:

> [...] Primeiro é preciso formar os educadores, porque eles receberam uma educação eurocêntrica. A África e os povos indígenas eram deixados de lado. A história do negro no Brasil não terminou com a abolição dos escravos. Não é apenas de sofrimento, mas de contribuição para a sociedade (Munanga, 2012, [s.p.]).

A resistência à cultura africana nas escolas sofreu uma ruptura quando a cidade elegeu o governo democrático e popular de Antônio da Costa Santos.[7] Durante esse governo, ocorreram diversos momentos de formação, entre eles a formação de educadores da rede municipal de educação; a aquisição de livros paradidáticos; a fabricação de bonecas étnicas para a educação infantil e os anos inicias; a inserção nos editais de concurso público da Secretaria Municipal de Educação teóricos negros renomados que produziam sobre a temática racial/étnica. Entre tais teóricos, estavam o professor Dr. Kabengele Munanga, a professora Dra. Iolanda de Oliveira, a professora Dra. Petronilha Beatriz Gonçalves e Silva, a professora Dra. Nilma Lino Gomes, a professora Dra. Eliane Cavalheiro, entre outras pessoas.

[7] Slogan do governo Antônio da Costa Santos, mais conhecido como Toninho do PT. Toninho foi um arquiteto, professor universitário e político brasileiro. Filiado ao PT, exercia o cargo de prefeito de Campinas quando foi assassinado a tiros às 22h15 do dia 10 de setembro de 2001, próximo ao Shopping Iguatemi de Campinas.

Tratava-se de um momento ímpar nas disputas pela construção de políticas públicas antirracistas nacionais.

Naquele período, o Brasil acabara de eleger Luís Inácio Lula da Silva para presidente e começava um governo que dialogava diretamente com os movimentos sociais. Como resultado de tal diálogo, foi criada a Lei n.º 10.639/2003, que altera e estabelece as diretrizes e bases da educação nacional, incluindo no currículo oficial da rede de ensino a obrigatoriedade do ensino de História e Cultura Afro-Brasileira e Africana. Pode-se dizer que foram muitas as ações que culminaram na aprovação da lei. Em primeiro lugar, para o avanço nas efetivações e construções de políticas púbicas antirracistas, foi fundamental a realização da I Conferência Mundial de Combate ao Racismo, Discriminação Racial, Xenofobia e Intolerância Correlata realizada em Durban, na África do Sul:

> As discussões das relações étnico-raciais na cidade fortaleceram-se com o advento da III Conferência Mundial de Combate ao Racismo, Discriminação Racial, Xenofobia e Intolerância Correlata (2001) realizada em Durban, África do Sul. A Declaração de Durban afirmava pautava a educação como um fator determinante na promoção, disseminação e proteção dos valores democráticos da justiça e da igualdade. Elementos essenciais para prevenir combater a difusão do racismo e de todas as demais formas discriminatórias (Geraldi; Micaela; Cruz, 2017, p. 128).

Passados dois anos de formação e estudo com educadores sobre a temática racial, a Secretaria Municipal de Educação instituiu o Programa Memória e Identidade Promoção da Igualdade na Diversidade (MIPID), um programa voltado para a formação e formulação de projetos na escola que trabalhava com a temática racial. Ao ser institucionalizado, o programa não se pautou apenas por um olhar oficial, pois havia mãos e almas vivas do movimento negro presentes em cada ação. Pode-se afirmar que o Movimento Negro foi o irmão mais velho desta ação. O poder público, ao ouvir os conselhos desse irmão mais velho, promoveu ações inéditas para aquele período histórico. Portanto, o MIPID seguiu os ensinamentos do mestre Kabengele ao discutir o preconceito étnico-racial na sua expressão máxima, denunciando a violência curricular e construindo a promoção da igualdade racial nos espaços escolares: "É através da educação que a herança social de um povo é legada às gerações futuras e inscrita na história" (Munanga, [1988] 2019, p. 23).

Encerrado esse parêntese fundamental, voltemos ao relato do encontro: o passeio se deu com o mestre seguindo pela calçada, de braços dados com a jovem Syssi Chrispim Micaela, apontando os lugares históricos do centro da cidade. Eventualmente, reduzia o ritmo dos passos, pois queria que aqueles momentos fossem o mais vagarosos possível. De nossa parte, ainda havia muita sede das suas palavras, era preciso ouvi-lo mais.

Ao longo do trajeto em direção ao instituto, o professor Kabengele dizia haver uma relação de parentesco entre *nós*, pois todos ali tinham "Chrispim" como nome. E ele afirmava ter encontrado mais uma neta, ainda que tenha feito a escolha de retirar do seu nome completo o sobrenome do colonizador.

No lugar de narradora, há a necessidade de explicitar que me entristeço por ter perdido minha raiz e não ter tido condições de ter feito esse retorno à África e à minha origem. Por isso, alegro-me por dar à minha filha um avô que fez essa passagem: "A memória, onde cresce a história, que por sua vez a alimenta, procura salvar o passado para servir o presente e o futuro. Devemos trabalhar de forma que a memória coletiva sirva para a libertação e não para a servidão dos homens" (Le Goff, 2013, p. 437).

A memória, além de ser um mecanismo de recuperação e conservação de experiências, se constitui também como um mecanismo de seleção e de eliminação. Além da memória individual, existe a memória coletiva, que se fundamenta através das redes de interação e evidencia uma experiência de comunidade. A própria memória a que chamamos latente vem à tona geralmente quando um interlocutor ativo intervém. (Meneses, 2007). Assim,

> Preservar a memória torna-se necessário porque a memória representa a presença do passado no presente e se refere a uma reconstrução psíquica intelectual de um passado que nunca é só individual, mas de um indivíduo inserido em um contexto familiar, social, político, cultural e econômico. Recuperar a memória é, portanto, recuperar experiências individuais e coletivas, pois ainda que a memória seja guardada por um indivíduo que tem como referência suas experiências e vivências, essa memória está marcada pelo

> grupo social com o qual conviveu e se socializou. Assim sendo, esse caráter social constitui-se em um elemento essencial da formação da sua identidade, da percepção de que tem de si mesmo e dos outros (Goellner, 2007, p. 236).

Ao percorrer as ruas da cidade, os diálogos eram direcionados para o tópico da estética herdada de uma Campinas mais antiga, anteriormente denominada "Chácara do Paraíso", que "ilustra o ponto final da regulamentação da Lei de Terras no Brasil" (Santos, 2002, p. 378). Desse modo, os cenários cultural, político e econômico da cidade instigam a pensar que ainda pulsa sobre o sentimento do campineiro a herança dos barões do café – homens brancos que relutaram em aceitar a abolição da escravatura que os beneficiava e efetivaram as desigualdades raciais na cidade. Conforme ressalta Antonio da Costa Santos, o Toninho,

> Campinas adquirira papel de destaque na economia paulista assim organizada, nas duas décadas anteriores à promulgação da Lei de Terras, liderando a produção canavieira até o ano de 1951, quando, pela primeira vez, o café superaria o papel da cana de açúcar que passava pela Barreira de Cubatão. Em 1854-1855, entretanto, não fornecia mais de 1/15 do açúcar exportado. Nesse ano, quase a metade do café exportado era de Campinas (Santos, 2002, p. 110).

Cabe salientar que após o 13 de maio de 1888, com o advento da abolição da escravatura, as condições de vida da população liberta passariam por uma provação ainda maior, uma vez que não houve projetos para adequar a população negra às exigências da sociedade brasileira: "Em vez de uma solução para a alocação da massa de libertos, optou-se pela imigração europeia, com um êxodo de grandes proporções, materializando, assim, a 'ideologia' do branqueamento [...]" (Jacino, 2008, p. 41). Isso evidencia que os projetos vigentes no período eram destinados ao branqueamento em massa da população, incentivando assim a imigração de brancos europeus, pois a maioria dos "brasileiros" era composta de negros e mestiços, e o contingente de mulheres era de negras e mestiças.

Segundo Moreira (2013), os conceitos não foram amenizados com a abolição, e sim aflorados com o preconceito relativo à cor da pele – o que não impediu que muitas mulheres fossem para as ruas trabalhar, seja como vendedoras, seja com seus tabuleiros nas cabeças – enfim, que sobrevivessem "dos seus próprios esforços". Desse modo, valorizar as práticas culturais[8] africanas seria uma rotina árdua, porém resistente.

> As mulheres conseguiam com mais facilidade se envolver com o trabalho e a produção de alimentos, chamariz muito importante para agregar negros e negras em casas coletivas. E no ambiente urbano as africanas tinham ainda mais desenvoltura para conseguir rendas como vendedoras de rua (Moreira *et al.*, 2006, p. 93).

Enfim, chegamos ao destino. Tocamos a campainha e um senhor branco de olhos azuis, Toloji, nos recebeu com um sorriso largo. Emocionado, o professor Kabengele Munanga se deparou com peças de Angola e buscou com os olhos encontrar peças que o levassem aos *lubas*, na África.

Figura 1: Chegada de Kabengele Munanga no Instituto Cultural Baba Toloji para apreciar peças e esculturas de Áfricas. Observa a Estátua de "Pé na Varanda". Acredita-se que a deixar na varanda traz bons auspícios.
Fonte: Syssi Chrispim Micaela.

[8] Quando as práticas das quitandeiras conhecidas no continente africano atravessaram o Atlântico adquiriu outro contexto, pois as negras, escravas, forras e livres pegavam os seus tabuleiros com seus petiscos e iam vender nas ruas das cidades dos estados de São Paulo, Rio de Janeiro, Bahia e Minas Gerais (DIAS, 1995).

Kabengele Munanga caminha pelo espaço apreciando a arte africana de diferentes países. Fala a respeito de uma escultura da Nigéria e atrai o nosso olhar para vermos as especificidades das belezas ali expostas.

Figura 2: Apreciação das peças originárias do Oeste da África, em especial de Angola. Fonte: Syssi Chrispim Micaela – Instituto Cultural Babá Toloji.

Ouvir aqueles ensinamentos nos fez sentir falta de uma política pública de cultura africana: "O colonizado não desfruta de nenhum dos atributos da nacionalidade; nem da sua, que é dependente, contestada, sufocada, nem, bem entendido, da do colonizador. Ele quase não pode contar com uma nem reivindicar a outra" (Memmi, 2007, p. 137).

As políticas sociais de inclusão[9] gestadas no Brasil, para além de garantir a expansão de setores econômicos, contribuíram para garantir a acumulação de capital. Pode-se dizer que tais políticas de inclusão reverberavam diferentes demandas: trabalho, educação, saúde e cultura, entre outros direitos básicos.

---

[9] De acordo com Silva (2012, p. 268), a inclusão social diz respeito a um conjunto de ações sociais, econômicas e políticas do combate à exclusão. Por meio de ações e interações, oportuniza a indivíduos e grupos excluídos a igualdade de direitos e oportunidades, bem como acesso a bens e serviços, tendo em vista novas sociabilidades e melhoria na qualidade de vida.

Desde meados do ano 2016, observa-se que há um forte movimento de deterioração das relações sociais que impactam na vida produtiva da população brasileira e das novas gerações.[10] Vivencia-se um Estado desconectado das políticas sociais, reaparece uma curva de ascensão elevada da pobreza e, consequentemente, gritam novas urgências sociais. Experimenta-se, assim, um declínio do atendimento de serviços básicos ofertados pelo Estado.[11] Neste marco, podemos colocar que políticas básicas como saúde, educação e cultura são duramente atingidas.

Nesse contexto de desmonte, os movimentos sociais atuam objetivando o desenvolvimento de políticas públicas para a efetivação de ações afirmativas. Cabe ainda dizer que se tem tornado objeto de inúmeras pesquisas que procuram construir para o fortalecimento do Estado de Direitos do país.

> A análise de políticas públicas não dispõe de uma teoria uniforme. No entanto, com a combinação moderna de métodos e um foco novo e peculiar, ela está contribuindo permanentemente para a formação teórica, que também modifica nosso conhecimento sobre a política processual tradicional (Beyme, 2000, p. 23).

De acordo com os estudos feitos por Dworkin (2001), as políticas afirmativas foram primeiramente inseridas nos Estados Unidos na década de 1960, com o objetivo de promover a igualdade social por meio da desigualdade positiva.

> As chamadas políticas de ação afirmativa são muito recentes na história da ideologia antirracista. Nos países onde já foram implantadas (Estados Unidos, Inglaterra, Canadá, Índia, Alemanha, Austrália, Nova Zelândia e Malásia, entre outros), elas visam oferecer aos grupos discriminados e excluídos um tratamento diferenciado para compensar as desvantagens devidas à sua situação de vítimas do racismo e de outras formas de discriminação. Daí

---

[10] Isso se deu com a expulsão das pessoas do campo e a atração para as cidades, processo intensificado nos anos de 1970, sobretudo nas regiões de fronteira agrícola, como sudeste e centro-oeste.

[11] FGTS, estabilidade no emprego, assistência médica, financiamento à moradia etc. (HENRIQUE, 1999, p. 76-78).

> as terminologias de "*equal opportunity policies*", ação afirmativa, ação positiva, discriminação positiva ou políticas compensatórias (Munanga, 2001, p. 31).

Seguindo esse caminho de análise, podemos dizer que as políticas afirmativas (*affirmative actions*) são entendidas como todo e qualquer esforço de promoção da igualdade dos grupos que sofrem ou são vulneráveis à discriminação. É errôneo tratar as ações afirmativas como sinônimas de cotas; elas vão além, pois implicam uma mudança de atitude e de comportamento da sociedade brasileira para a promoção da igualdade. Na sua singularidade, podemos dizer que a ação afirmativa visa tratar desigualmente os desiguais para criar condições de igualdade. As cotas apenas configuram uma parte dentre as diversas modalidades de ação afirmativa.

No Brasil, as políticas afirmativas vêm sendo amplamente debatidas desde os anos 1990, inicialmente nos movimentos sociais negros e posteriormente por órgãos institucionais; porém, pode-se dizer que a política passou a ser efetivada a partir dos anos 2000 e busca atender demandas amortizadas pela falta da política.

Na sua pesquisa de conclusão de mestrado, Casagrande (2019) discute sobre os acervos do Movimento Negro na cidade de São Paulo e afirma sobre a necessidade de reconhecer os documentos da cultura negra e promover a divulgação como formas de disputa pela memória.

Nesse sentido, o trabalho aponta que os acervos, quando estão destinados para atender a população em geral, propiciam um caminho para reconstrução da memória, que infelizmente vem carregada de ideias pré-concebidas e narrativas equivocadas. Tais ideias e narrativas provocam a invisibilidade da luta, da resistência e da cultura da população afro-brasileira. Dessa forma, está em jogo "[...] disputar com uma memória que foi construída baseada em estereótipos, que serviam para fortalecer um regime de diferenciação" (2019, p. 1). A mesma autora afirma que "a ausência de um grande centro de referência brasileiro sobre o Movimento Negro obriga os pesquisadores a fazerem verdadeiras peregrinações em busca de seus materiais de estudo" (Nogueira, 2019, p. 1).

A cena foi de total encantamento, pois, segundo os conhecimentos do professor Kabengele, há no instituto peças da arte africana que só existem em África. Ele acrescentou que viajou muito pela na América Latina, e o Instituto Cultural Babá Toloji é peculiar nas obras e peças africanas.

Figura 3: Registro parcial do Acervo do Instituto Cultural Babá Toloji. Neste espaço, localizado na parte térrea, há peças de diversos países de África.
Fonte: Syssi Chrispim Micaela.

Ao entrar em contato com as peças ali expostas, o mestre Kabengele começa a falar que os tambores estiveram presentes na sua infância, pois os tocava muito. A respeito dessas lembranças, é possível dizer que

> Não é o passado que lança luz sobre o presente ou que o presente lança sua luz sobre o passado; mas a imagem é aquilo em que o ocorrido encontra o agora num lampejo, formando uma constelação. Em outras palavras: a imagem é a dialética na imobilidade. Pois, enquanto a relação do presente com o passado é puramente temporal e contínua, a relação do ocorrido com o agora é dialética – não é uma progressão, e sim uma imagem, que salta. Somente as imagens dialéticas são imagens autênticas (isto é: não-arcaicas), e o lugar onde as encontramos é a linguagem. Despertar (Benjamin, 2009, p. 504).

Figura 4: Apreciação dos detalhes da peça de Geledés.
Fonte: Syssi Chrispim Micaela – Instituto Cultural Babá Toloji.

Animado com tudo o que via e sentia, Kabengele foi comentando sobre as especificidades de cada etnia e de cada tribo ao confeccionar sua arte. Isso porque a arte era um marco de territorialidade, pois distinguia as diferenças através dos minuciosos detalhes esculpidos nas peças.

Figura 5: Nesta apreciação, encontram-se peças do Oeste de África, Gabão, República do Congo e Angola no Instituto Cultural Babá Toloji.
Fonte: Syssi Chrispim Micaela.

Professor Kabengele, um homem pesquisador, acadêmico que percorreu diferentes países, ficou preocupado com todo o material rico e de certa forma escondido que ali estava. Imediatamente pediu para que eu escrevesse uma pesquisa sobre como a arte ali exposta poderia contribuir como uma possibilidade pedagógica, uma mediação para se estudar a arte, a cultura e a história da África. Nessa linha, Vigotski (2001, p. 315) diz que

> A arte é o social em nós, e se o seu efeito se processa em um indivíduo isolado, isto não significa, de maneira nenhuma, que suas raízes e essência sejam individuais. [...] O social existe e até onde apenas um homem e as suas emoções. [...] A refundição das emoções fora de nós realiza-se por força de um sentimento social que foi objetivado, levado para fora de nós, materializado e fixado nos objetos externos da arte, que se tornaram instrumento da sociedade.

Enquanto percorria os espaços do instituto, o professor Kabengele ficava ainda mais extasiado com a imensa riqueza ali guardada, e como antropólogo e acadêmico elaborava oralmente ações de preservação para toda aquela riqueza material e imaterial que estava diante dos seus olhos. Orientou para que fossem colhidas as narrativas e vídeos e que, mais tarde, fosse produzido um livro, pois Campinas precisa conhecer a história das pessoas da cidade. Ou seja, Campinas necessita efetivar ações afirmativas em prol da cultura negra.

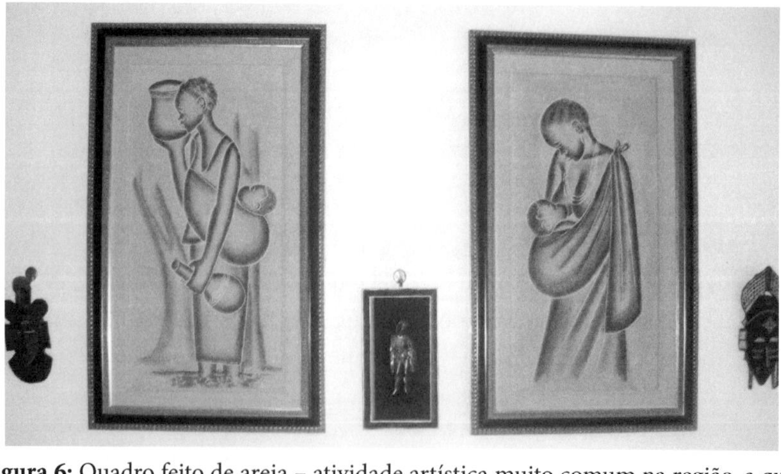

Figura 6: Quadro feito de areia – atividade artística muito comum na região, a qual possui areia de abundância.
Fonte: Syssi Chrispim Micaela – Instituto Cultural Babá Toloji.

Sem tergiversar, Kabengele afirma que Babá é um sacerdote, e a sua história precisa ser contata por nós, filhos de África. Certamente que a arte encontrada no instituto foi um disparador da memória do professor Kabengele, pois na medida em que Babá Toloji ia lhe mostrando as peças, ele ia resgatando as lembranças de sua infância.

Figura 7: Tambores do Congo, Costa do Marfim.
Fonte: Imagem do Acervo do Instituto Cultural Babá Toloji.

Narrativas históricas e processos identitários marcava ali, a produção de saberes africanos, alimentava-se o diálogo entre o Mestre e o Sacerdote e ambos rememoravam suas lembranças através das pequenas ranhuras que distinguia uma escultura da outra. Como muito bem nos lembra Homi K. Bhabha (2013) ao ler Fanon (2008) nos diz:

> No momento em que desejo, estou pedindo para ser levado em consideração. Não estou meramente aqui-e-agora, selado na coisitude. Sou a favor de outro lugar e de outra coisa. Exijo que se leve em conta minha atividade negadora na medida em que persigo algo mais do que a vida, na medida em que de fato batalho pela criação de um mundo humano – que é um mundo de reconhecimentos recíprocos. Eu deveria lembrar-me constantemente de que o verdadeiro salto consiste em introduzir a invenção dentro da existência. No mundo em que viajo, estou continuamente a criar-me. E é passando além da hipótese histórica, instrumental, que iniciarei meu ciclo de liberdade (Bhabha, 2008, p. 30).

Após percorrermos o espaço do instituto, Toloji nos convida para conhecer outras peças que não estão expostas. O professor Kabengele Munanga retira os sapatos em respeito ao lugar que irá adentrar. Ele encontra uma arte que na verdade é um dos mais importantes emblemas da realeza *luba*. Em muitos casos, eles são tidos como um receptáculo do espírito de um rei já falecido, pois os *lubas* se destacam pela produção de bancos elaborados, trabalham basicamente a madeira e são classificados como os mais hábeis.

Figura 8: Encontro de Kabengele Munanga com a peça originária da República dos Camarões que trazem o Rei Bamiléké, a Esposa e a comitiva.
Fonte: Syssi Chrispim Micaela.

No término da visita, o professor Kabengele Munanga propõe a organização de um trabalho com a preparação de um vídeo e posteriormente a organização de um livro, iniciando com a história de Babá Toloji para se chegar ao acervo. Orienta também que a cidade realize uma pesquisa de como a arte que compõe o Instituto Cultural Babá Toloji pode se tornar uma possibilidade pedagógica, uma mediação para se estudar a cultura e história da arte africana.

Nesse sentido, vale uma rápida incursão a respeito de Babá Toloji. O colecionador Luiz Antonio Castro de Jesus, baiano, tornou-se campineiro ao receber o título de cidadão campineiro numa seção solene realizada pela Câmara dos Vereadores do município de Campinas. Ao receber o título, Toloji concretiza também um sonho: inaugurar o Instituto Cultural Babá Toloji,[12] que leva seu nome de babalorixá. Babá Toloji é o babalorixá responsável pela casa de candomblé Comunidade da Tradição do Culto Afro Ilesin Ogun LaKayie Osinmole e o guardião de muitas memórias.

Na organicidade, o Instituto Cultural é criado a partir da lei municipal n.º 9.964 de 28 de dezembro de 1998. É dirigido por um Conselho Curador composto por quinze membros indicados pela comunidade e escolhidos entre instituições culturais que tenham como objetivos a preservação e o resgate da cultura negra africana e de sua influência histórica. Naquele território de cultura, ocorrem exposições e cursos de resgate da memória negra. O instituto oferece cursos de ações afirmativas vinculadas à cultura africana, como aulas de língua iorubá e Angola/Bantu.

As políticas regulatórias trabalham com ordens e proibições, decretos e portarias. Os efeitos referentes aos custos e benefícios não são determináveis de antemão; dependem da configuração concreta das políticas. Custos e benefícios podem ser distribuídos de forma igual e equilibrada entre os grupos e setores da sociedade, do mesmo modo como as políticas também podem atender a interesses particulares e restritos. Os processos de conflito, de consenso e de coalizão podem se modificar conforme a configuração específica das políticas (FREY, 2000, p. 224).

No Brasil, são poucas as instituições que contêm em seu acervo artefatos de origem africana e afro-brasileira. Podemos citar como principais instituições como o Museu Paraense Emílio Goeldi,[13] que contém uma coleção de arte africana desde a década de 1930; a coleção do Museu Afro-Brasileiro da Universidade Federal da Bahia,[14] inaugurado em 1982; a do Museu Nacional de Belas Artes[15] do Rio de Janeiro, e a do Museu Afro Brasil,[16] localizado no Parque Ibirapuera, em São Paulo, inaugurada em 2004.

---

[12] O Instituto Cultural Babá Toloji, localizado Bairro Jardim São Vicente, região periférica da cidade de Campinas, segunda maior cidade do estado de São Paulo e referência na promoção da cultura.

[13] Disponível em: https://museu-goeldi.br/. Acesso em: 22 abr. 2022.

[14] Disponível em: http://www.mafro.ceao.ufba.br/. Acesso em: 22 abr. 2022.

[15] Disponível em: https://www.mnba.gov.br/portal/. Acesso em: 22 abr. 2022.

[16] Disponível em: http://www.museuafrobrasil.org.br/. Acesso em: 22 abr. 2022.

Desse modo, o acervo exclusivo do Instituto Cultural Babá Toloji vem, em conjunto com outras instituições de cunho museológico, buscando preencher a lacuna existente no que diz respeito à democratização do saber acerca da cultura material africana e afro-brasileira, bem como contribuir para a equidade racial e cultural da cidade de Campinas.

Figura 9: Vista parcial da Exposição Temporária no Instituto Cultural Babá Toloji.
Fonte: Acervo do Instituto Cultural Babá Toloji.

A cultura é um trabalho, no sentido de que

> [...] não é uma questão do que as tradições fazem de nós, mas daquilo que nós fazemos das nossas tradições. Paradoxalmente, nossas identidades culturais, em qualquer forma acabada, estão à nossa frente. Estamos em processo de formação cultural. A cultura não é uma questão de ontologia, de ser, mas de tornar-se (Hall, 2003, p. 44).

Considerações finais

Concluir um trabalho sobre um encontro que abriu inúmeras possibilidades é difícil. Depois de um tempo dialogando com as intimidades, fortalecendo afetos, fica o sentimento da incompletude, porque sempre é uma conclusão inacabada. As lacunas avultadas no caminhar do texto, singular na escrita acadêmica, revelam que tudo é acabado e inacabado ao mesmo tempo: prenúncio de um florescer futuro e apontamentos de novas escritas.

O encontro do professor Kabengele Munanga com o Instituto Cultural Babá Toloji nos colocou frente a um movimento que requer elaboração de um projeto de cultura africana para a cidade de Campinas. Um trabalho que irá desafiar a ideologia da cultura de uma história únicas, revelando que apresentar um contra-argumento requer retomar caminhos da cosmologia africana.

Portanto, esperamos aqui ter contribuído com a reconstrução de novas narrativas que constituem a história do povo negro na cidade, através da valorização de sua história, memória e ancestralidade.

Atuar na ampliação e na divulgação do acervo do Instituto Cultural Babá Toloji proporcionará a difusão por meio das atividades, a cultura, a preservação da memória, a conservação e o restauro de obras, a educação patrimonial e as formações para professores sobre arte africana e afro-brasileira.

A busca é uma das indutoras da ação política. Dialogar com reflexões geradas na gnosiologia africana apontam um caminho possível.

Referências

ADICHIE, Chimamanda Ngozi. *Sejamos todos feministas*. Tradução de Christina Baum. São Paulo: Companhia das Letras, 2014.

AKOTIRENE, Carla. Osun é fundamento epistemológico: um diálogo com Oyèronké Oyèwúmi. *Carta Capital*, São Paulo, 21 de out. 2019. Disponível em: https://bit.ly/36HZ7Zq. Acesso em: 29 jun. 2020.

BHABHA. Homi, K. O Local da Cultura. 2. Ed. Belo Horizonte. Editora UFMG, 2013.

BENJAMIN, Walter. *Passagens*. Belo Horizonte: Editora UFMG; São Paulo. Imprensa Oficial do Estado de São Paulo, 2009.

BEYME, Klaus von. In: FREY, Klaus. Políticas públicas: um debate conceitual e reflexões referentes à prática da análise de políticas públicas no Brasil. *Revista Planejamento e Políticas Públicas – PPP*, v. 1, n. 21, p. 211-260, 2000.

CASAGRANDE, Fernanda dos Anjos. *Acervos do Movimento Negro na cidade de São Paulo: um olhar para os registros da luta negra*. 144 f. 2019. Dissertação (Mestrado em Ciência da Informação) – Programa de Pós-Graduação em Ciência da Informação, Escola de Comunicação e Artes, Universidade de São Paulo, 2019.

DWORKIN, Ronald. A discriminação compensatória. In: DWORKIN, Ronald. *Levando os direitos a sério*. Tradução de Nelson Boeira. São Paulo: Martins Fontes, 2002.

DWORKIN, Ronald. O caso de Bakke: as quotas são injustas?. In: DWORKIN, Ronald. *Uma questão de princípio*. Tradução de Luís Carlos Borges. São Paulo: Martins Fontes, 2001.

FANON, Frantz. Pele negra, Máscaras brancas. Tradução de Renato da Silveira. Salvador: EDUFBA, 2008.

FREIRE, Paulo. *Pedagogia da Autonomia*. Rio de Janeiro: Paz e Terra, 1996.

GERALDI, Corinta Maria Grisólia; MICAELA, Lucineia Chrispim Pinho; CRUZ, Rubia Cristina. Políticas públicas: os bastidores da implementação de um programa de igualdade racial na Secretaria Municipal de Campinas. In: EVANGELISTA, Francisco. *et al.* (Orgs.). *Africanidades, afrodescendências e educação: fundamentos, experiências e lições para o porvir*. Curitiba: Editora CRV, 2017.

HENRIQUE, Wilnês. O Capitalismo selvagem: um estudo sobre desigualdade no Brasil. Campinas: Unicamp, Instituto de Economia, tese de doutorado, 1999.

IPEA. *Atlas da Violência*. 2019. Disponível em: https://bit.ly/3K837Qy. Acesso em: 23 ago. 2000.

HALL. Stuart. Da diáspora: identidades e mediações culturais. In: SOVIK. Liv. (Orgs.). Belo Horizonte: Editora da UFMG, 2003.

JACINO, R. O branqueamento do trabalho. São Paulo: Nefertiti, 2008.

LE GOFF, Jacques. *História e Memória*. 7. ed. Campinas: Editora UNICAMP, 2013.

MEMMI, Albert. *Retrato do colonizado precedido de retrato do colonizador*. Rio de Janeiro: Civilização Brasileira, 2007.

MENESES. Ulpiano Bezerra de. Os paradoxos da memória. In: MIRANDA, Danilo Santos de (Org.). *Memória e cultura: a importância da memória na formação cultural humana*. São Paulo: Edições SESC SP, 2007.

MOREIRA, C. E. A. *et al. Cidades negras: africanos, crioulos e espaços urbanos no Brasil escravista do século XIX*. São Paulo: Alameda, 2006.

MOREIRA, Márcia Estefânia da Costa Berbare. *O papel das quituteiras na sociedade campineira*. 85 f. 2013. Monografia (Especialista em História e Cultura Afro-Brasileira) – Centro Salesiano Universitário de São Paulo, 2013.

MUNANGA, Kabengele. Políticas de ação afirmativa em benefício da população negra no Brasil: um ponto de vista em defesa de cotas. *Sociedade e Cultura*, v. 4, n. 2, p. 31-43, jul.-dez. 2001.

MUNANGA, Kabengele. Nosso racismo é um crime perfeito. *Revista Fórum*, n. 77, p. 14-19, ago. 2009.

MUNANGA, Kabengele. A educação colabora para a perpetuação do racismo. *Carta Capital*, 31 dez. 2012. Disponível em: https://bit.ly/3OvNw0q. Acesso em: 20 jun. 2020.

MUNANGA, Kabengele. *Negritude: usos e sentidos*. 4. ed. Belo Horizonte: Autêntica, 2019.

NOGUEIRA, Maria Eduarda. Falta de um centro de referência prejudica divulgação de acervo sobre o Movimento Negro. *Jornal USP*, 21 nov. 2019. Disponível em: https://bit.ly/36F3VyB. Acesso em: 22 abr. 2022.

OLIVEIRA, Yolanda de (Org.). *Relações raciais e educação: novos desafios*. Rio de Janeiro: DP&A, 2003.

SANTOS, Antonio da Costa, Campinas, das origens ao futuro: compra e venda de terra e água e um tombamento na primeira sesmaria da Freguesia de NOSSA Senhora da Conceição das Campinas do Mato Grosso de Jundiaí. Campinas, SP. Editora da Unicamp, 2002.

SANTOS, Carlos José Ferreira dos. *Nem tudo era italiano: São Paulo e a pobreza (1890-1915)*. 2. ed. São Paulo: Annablume; FAPESP, 2003.

SILVA, Carlúcia Maria. Inclusão social. In: CASTRO, Carmem Lúcia Freitas de Castro; GONTIJO, Cynthia Rúbia Braga; AMABILE, Antônio Eduardo de Noronha (Orgs.). *Dicionário de Políticas Públicas*. Barbacena: EDUMG, 2012.

VIGOTSKI, Lev S. Psicologia da Arte. Tradução de Paulo Bezerra. São Paulo: Martins Fontes, 2001.

CAPÍTULO 13

Homenagem ao professor Dr. Kabengele Munanga na concessão do título de Doutor *Honoris Causa* pela UFRJ em 25 de maio de 2021

Jadir Anunciação de Brito

Magnífica Reitora Profa. Dra. Denise Pires de Carvalho
Excelentíssimo Vice-Reitor Carlos Frederico Leão Rocha
Excelentíssimo Vice-Decano do Centro de Filosofia e Ciência Humanas, Prof. Dr. Vantuil Pereira
Excelentíssima Diretora do Núcleo de Políticas Públicas em Direitos Humanos (NEPP-DH) Maria Celeste Simões Marques
Excelentíssimo Homenageado Prof. Dr. Kabengele Munanga, professor titular aposentado da USP
Excelentíssima Guarda de Honra, constituída pelo Prof. Dr. Flávio Gomes do Instituto de História, Profa. Dra. Márcia Cristina Souza, da Faculdade de Direito, Profa. Dra. Maria da Soledade Simeão dos Santos, da Escola de Enfermagem Anna Ney
Prof. Dr. Sergio Luiz Baptista da Silva, da Faculdade de Educação
Excelentíssimos senhores e senhoras conselheiras do CONSUNI da UFRJ presentes a esta homenagem
Excelentíssima autoridades presentes remotamente
Ilustríssimos familiares do homenageado
Ilustríssimo público presente remotamente

Em 2020, antes da pandemia, fui indicado por minha universidade para realizar a presente saudação ao nosso professor Dr. Kabengele

Munanga. Sinto-me imensamente honrado por homenagear este homem negro, brasileiro-congolês que possui uma trajetória de vida que tanto nos honra e que hoje ingressa nos quadros da UFRJ com a presente concessão deste título de Doutor *Honoris Causa* pela UFRJ.

A partir da minha iniciativa, o NEPP-DH aprovou no seu conselho a proposição de concessão do título de Doutor *Honoris Causa* ao professor Dr. Kabengele Munanga. Posteriormente, através de requerimento assinado pelo então diretor do NEPP-DH, o professor Dr. Vantuil Pereira, a proposta de concessão desta honraria foi aprovada por unanimidade pelo Conselho de Coordenação do Centro de Filosofia e Ciências Humanas e igualmente pelo Conselho Universitário da UFRJ, o CONSUNI, em 2019.

Em primeiro lugar, peço licença à nossa ancestralidade para homenagear o professor Dr. Kabengele Munanga, que é esse nosso querido mais velho, como assim falamos na comunidade negra. Estão em festa a comunidade acadêmica negra da UFRJ e as de muitas outras universidades. Neste curto tempo de pronunciamento, tenho o desafio de falar sobre a trajetória afrodiaspórica desse professor, que atravessou o Atlântico Negro e vem deixando um grande legado às suas margens. O professor Munanga é um pan-africanista, um pesquisador dos estudos africanos e afro-brasileiros e um lutador pela conquista de direitos da população negra no Brasil. A sua contribuição intelectual na luta antirracista está presente na Antropologia, nas Ciências Sociais, na Filosofia, no Direito, nas Políticas Públicas, nas Artes, na Educação, nos Estudos Africanos, das Relações Étnico-Raciais e das Ações Afirmativas no Brasil.

Esta cerimônia de concessão do título de Doutor *Honoris Causa* ao professor Dr. Kabengele Munanga foi adiada em 2020 em razão da pandemia da Covid-19, que neste mês de maio de 2021 continua a causar muitas perdas de vidas e sequelas aos sobreviventes, com impactos socioeconômicos e iniquidades em saúde que incidem com maior gravidade sobre os corpos negros que habitam os territórios das periferias e favelas brasileiras.

A realização desta Cerimônia no dia de hoje, 25 de maio de 2021, que é o Dia da África, pode ser compreendida por um movimento não linear do Tempo como se apresenta na cultura iorubá. O professor emérito Dr. Muniz Sodré, da Escola de Comunicação da UFRJ, no seu livro Pensar nagô,[1] comenta que Exu inventa o seu Tempo e cita o aforismo nagô: "Exu matou um pássaro ontem com a pedra que atirou hoje". E o professor Muniz Sodré explica:

> O enunciado em tela referente a Exu bem poderia ser interpretado como um axioma moral que busca no presente a chave motriz das ações desencadeadas no passado em contraposição reflexiva à lei de causa e efeito ou à ideia ocidental de progresso como efeito de ações passadas. Seria, portanto, uma valorização do passado, do vigor de fundação do grupo.

Exu é mensageiro, porta-voz, intérprete, como ensina Nei Lopes na sua *Enciclopédia Brasileira da Diáspora Africana*.[2] O professor Dr. Renato Nogueira, da Universidade Federal Rural do Rio de Janeiro, completa sobre o aforismo de Exu na cultura iorubana: "É o orixá que abre caminho para o acontecimento. Na mitologia, quando joga a pedra por trás do ombro e mata o pássaro no dia anterior, Exu reinventa o passado. Ensina que as coisas podem ser reinauguradas a qualquer momento".[3]

Sob essa compreensão do Tempo iorubano de temporalidades transversais, que rompem com a linearidade temporal ocidental, é que a presente cerimônia é realizada neste dia 25 de março, Dia Internacional da África – o que ressalta, nesta homenagem, a dimensão ancestral e os laços afetivos, culturais, intelectuais, religiosos e políticos entre a diáspora africana no Brasil e o continente africano.

Hoje, por uma dessas transversalidades temporais do Tempo iorubano, completa-se um ano do assassinato de George Floyd nos Estados Unidos e algumas semanas do massacre da favela de Jacarezinho no Rio de Janeiro, e estes eventos demonstram como os corpos negros, especialmente os masculinos, na diáspora africana continuam sendo submetidos a uma política de morte do racismo que estrutura as sociedades capitalistas.

A presente cerimônia, por outro lado, é realizada em um tempo de reflexões importantes no Brasil sobre as lutas antirracistas, das

---

1 SODRE, Muniz. *Pensar nagô*. Rio de Janeiro: Vozes, 2017.

2 LOPES, Nei. *Enciclopédia brasileira da diáspora africana*. São Paulo: Selo Negro, 2004.

3 Disponível em: https://bit.ly/38ZuAH9. Acesso em: 22 abr. 2022.

quais o professor Kabengele Munanga participou com muitas contribuições. Neste ano de 2021, está em curso no Brasil o balanço sobre a Década Igualdade Racial, com as discussões sobre os vinte anos da Conferência Mundial da ONU contra o Racismo, a Discriminação Racial, a Xenofobia e Intolerância Correlata, realizada em Durban, na África do Sul. Também estão em curso as análises sobre os efeitos da Década Afrodescendente da ONU de 2015 a 2024, as avaliações sobre a implementação do Estatuto da Igualdade Racial e estudos sobre as políticas de ações afirmativas nas universidades públicas que em 2022 passarão por debate legislativo sobre a sua renovação.

É neste tempo cheio de transversalidades que o professor Kabengele Munanga, esse brasileiro-congolês, antropólogo, doutor em Antropologia pela USP e professor titular aposentado pela USP, é hoje o nosso homenageando nesta sessão do Conselho Universitário da UFRJ, com a concessão do título de Doutor *Honoris Causa*.

Caminhos da vida do professor Kabengele Munanga

Homem dedicado à família, pai, avô, o professor Kabengele Munanga é casado com uma psicóloga paulistana, a Sra. Irene Kabengele, companheira fundamental na jornada de vida do professor. Ela, mãe de Mulumba, nascido no Brasil, e de Bukassa, Kolela, Ilunga e Mbiya, filhos da Sra. Yombo (*in memoriam*).

Como escreveu recentemente a colega e amiga, a antropóloga e professora aposentada pela UFBA Dra. Maria Lourdes Siqueira para um livro que será publicado em homenagem ao professor Munanga: "Há uma força ancestral que o professor Kabengele Munanga trouxe consigo lá de sua aldeia Bakwa Kalonji".

Diz ainda a professora Dra. Maria de Lourdes:

> As origens do professor Kabengele Munanga vêm do Reino do Congo – uma das civilizações mais prestigiosas da África Central, que remonta ao fim do século XIV. A unidade base da estrutura política do Congo é a aldeia, cujo núcleo era formado pelos membros da linhagem maternal localizados.[4] É nessa estrutura que o

[4] MUNANGA, Kabengele. *Origens africanas do Brasil contemporâneo: histórias, línguas, culturas e civilizações*. São Paulo: Global, 2009.

professor Kabengele tem suas origens, partindo da aldeia Bakwa Kalonji, filho do senhor Ilunga Kalama e da senhora Mwanza Wa Biaya, que viveu 100 anos e foi considerada uma senhora generosa, solidária, muita amada pelas pessoas.

Em 1969, o professor Munanga foi o primeiro antropólogo a se formar na Universidade de Lubumbashi, na República Democrática do Congo. Ao terminar a sua graduação, ele ganhou uma bolsa de estudos para cursar o mestrado na Université catholique de Louvain, na Bélgica. Em 1971, Kabengele retorna ao Congo para fazer um trabalho de campo e encontra obstáculos da ditadura de *Mobutu Sese Seko*, ficando em Lubumbashi sem ter condições de concluir a sua pós-graduação.

Pelos caminhos do Atlântico Negro, o nosso homenageado chega à cidade de São Paulo em julho de 1975, a convite do professor Fernando Mourão, diretor do Centro de Estudos Africanos da Universidade de São Paulo, com uma bolsa de dois anos para estudantes africanos oferecida por esta universidade pública. Tal bolsa possibilitou que o professor Munanga concluísse o seu doutoramento, iniciado na Université catholique de Louvain, na Bélgica.

Ainda no ano de 1975, o professor Kabengele chega a Salvador, na Bahia, para realizar pesquisas no Centro de Estudos Afro-Orientais (CEAO-UFBA), tendo sido acompanhado por outros jovens africanos Olabiyi (*in memoriam* – 2020) e Dohú. Estes, então jovens africanos, fizeram pesquisas com Pierre Fatumbi Verger, François Marie de L'Espinay e com intelectuais e ativistas na Bahia.

Em outubro de 1977, na USP, Munanga realizou a defesa da sua tese de doutorado sobre os *Basanga* de Shaba, que é um grupo étnico do antigo Zaire, hoje República Democrática do Congo. Após a defesa da sua tese, o professor Kabengele volta ao Congo, mas é preso pela ditadura de *Mobutu Sese Seko.* Como o professor sempre foi um uma pessoa que atuou de forma coletiva e em rede, houve um esforço de professores e pesquisadores em vários países que permitiu a sua fuga para Espanha e depois para o Brasil. Um dos pesquisadores muito solidários nesse processo que merece ser lembrado nesta homenagem foi José Maria Nunes Pereira na época, do Centro de Estudos Afro-Asiáticos da Universidade Cândido Mendes. Nesse retorno ao Brasil, o professor Kabengele retoma a sua carreira acadêmica na USP, após ter sido professor visitante por dois anos na Universidade Federal do Rio Grande do Norte, em Natal.

Em 1980, o professor Kabengele Munanga ingressa na USP como docente, tendo sido o primeiro docente negro a ocupar este cargo na Faculdade de Filosofia, Letras e Ciências Humanas (FFLCH) dessa universidade. Assim, na década dos anos 1980, o professor Kabengele Munanga se juntava à geração pioneira dos pouquíssimos docentes negros e negras presentes em universidades brasileiras, a exemplo da professora Dra. Lélia Gonzalez na PUC-RIO, o professor Dr. Milton Santos, que desde os 50 foi professor na Universidade Católica de Salvador e na Universidade Federal da Bahia, e posteriormente foi professor titular na USP, e a professora Dra. Petronilha Beatriz Gonçalves e Silva, que em 1989 foi aprovada em um concurso na Universidade Federal de São Carlos (UFSCar).

Durante 32 anos, o professor Kabengele lecionou Antropologia no curso de graduação em Ciências Sociais e no Programa de Pós-Graduação em Antropologia da USP, tendo ocupado cargos de diretor do Museu de Arqueologia e Etnologia, de vice-diretor do Museu de Arte Contemporânea e de diretor do Centro de Estudos Africanos da FFLCH, na USP. Lembro-me que professor Kabengele Munanga, no final dos anos 1990 e no início dos anos 2000, nos recebia de forma afetiva, amorosa, atenciosa e paciente como um verdadeiro pai e avô, sem, obviamente perder o rigor acadêmico. O professor Kabengele Munanga foi um grande orientador para a nossa formação, sempre nos oferecendo as ferramentas acadêmicas para as nossas pesquisas. E também sempre nos deu apoio nas lutas antirracistas. Entre elas estão episódios que vivenciamos na USP, especialmente no debate sobre as cotas que foi realizado no final dos anos 1990. E esse apoio ocorreu, mesmo em um momento difícil das lutas pelas cotas na USP. Um desses fatos foi um "Padê para Exu" em frente a reitoria da USP sob o comandado do estudante Fernando Conceição, então integrante do Núcleo de Consciência Negra da USP e que hoje é professor titular da Universidade Federal da Bahia. Outro fato foi a solidariedade do professor Kabengele Munanga quando da prisão de Fernando Conceição; este fato consta no *Jornal da ADUSP*:

> O fato é que fui pego escrevendo com tinta spray num muro em frente à Reitoria da USP a frase que agora consta do boletim de ocorrência: "Fuvest é racista!". Um dos agentes da Guarda Universitária

> comentou depois comigo que o lapso de tempo entre o final da palavra "racista" e o ponto de exclamação foi o suficiente para eu ser pego. Ou seja, ganhei um processo nas costas por causa de uma exclamação! Não se discutiu ainda se a Fuvest, que seleciona 80% de ricos e brancos anualmente para ingressar na USP, é ou não o que a frase diz. Nem se a luta por cotas para negros nos bancos universitários é ou não legítima e se os meios para chegar a seus resultados dispensariam pichações.[5]

Em 2012, o professor Kabengele é aposentado compulsoriamente pela USP, após 32 anos de atividades de ensino, pesquisa e a extensão na FFLCH (Faculdade de Filosofia, Letras e Ciências Humanas da Universidade de São Paulo.

O professor Kabengele Munanga, seguindo o caminho circular do Tempo iorubano nas suas transversalidades temporais, novamente desembarca às margens do Atlântico Negro na Bahia, na cidade de Cachoeira, onde vai passar a lecionar como professor visitante sênior (CAPES) entre os anos de 2014 e 2020 na *UFRB (Universidade Federal do Recôncavo da Bahia).* Sobre esta experiência de viver em Cachoeira e no Recôncavo baiano, certa vez mencionou: "Ah!, aqui eu me sinto em terras africanas. Basta abrir a porta e é como quando eu vou para a África"![6]

Na UFRB, o professor Munanga atuou diretamente como docente nos cursos de pós-graduação, nos mestrados em Ciências Sociais e História da África, da Diáspora e dos Povos Indígenas, no Centro de Artes, Humanidades e Letras, em Cachoeira, cidade onde residiu, e na qual tornou-se uma pessoa querida, afetuosamente saudada nas ruas como um de seus diletos filhos.

Neste período do seu retorno à Bahia, a Assembleia Legislativa da Bahia (ALEBA), em 2016,[7] concedeu ao professor Munanga o título de cidadão baiano. O professor Kabengele viveu intensamente as dinâmicas da vida cultural da cidade de Cachoeira, no Recôncavo baiano, tendo estado sempre presente nas atividades comunitárias, civis e religiosas da região. Neste período, o professor Kabengele também continuou o seu ativismo político antirracista, tendo sido o presidente da comissão que

---

[5] Disponível em: https://bit.ly/39cbhdY. Acesso em: 22 abr. 2022.

[6] Disponível em: https://bit.ly/3OpErGu. Acesso em: 22 abr. 2022.

[7] Disponível em: https://bit.ly/3k2CKkv. Acesso em: 22 abr. 2022.

estabeleceu os pilares da política institucional da UFRB para o controle da implementação da política de cotas, que gerou a criação pioneira entre as universidades federais da Comissão de Heteroidentificação da Autodeclaração da Política de Reserva de Vagas, tendo sido um avanço que serviu de referência para outras universidades brasileiras. Em 2017, cada vez mais inserido nas culturas da Bahia, o professor Kabengele Munanga recebeu o título de "Soba" – o líder de um povo – em cerimônia religiosa na Comunidade do Caxuté, no baixo sul da Bahia, uma comunidade religiosa de matriz banto-indígena que celebrou a presença e a contribuição à formação cultural brasileira do povo banto, matriz à qual o professor Kabengele pertence como originário da República Democrática do Congo, no continente africano.

O nosso homenageado nas suas lutas antirracistas, sempre se notabilizou como um homem da unidade das lutas, e nas suas palavras: "É preciso unir as lutas, sem abrir mão das especificidades".[8] Por mais de três décadas de trabalho na USP, o professor Munanga escreveu mais de 150 textos, distribuídos entre artigos de periódicos, capítulos de livros e livros diretamente escritos e organizados. Além da extensa produção de livros e artigos, o professor e intelectual Kabengele participou de 98 bancas de mestrado e 150 bancas de doutorado, sendo importante destacar esses aspectos, porque mesmo com os seus compromissos familiares e sua militância antirracista, o nosso homenageado professor ele sempre cumpriu a liturgia da produção acadêmica institucional.

O professor Kabengele Munanga foi orientador de várias gerações de estudantes que hoje são pesquisadores, docentes, políticos, e cito a título de exemplo os seus orientandos Jacques d'Adesky, Nilma Lino Gomes, Alex Ratts, Janaína Damaceno Gomes, Juarez Tadeu de Paula Xavier, José Prudêncio Ratts, Ronilda Ribeiro, Sérgio Figueiredo Ferretti, Andreas Hofbauer, José Luís Cabaço, entre outros e outras.

A escrita do professor Munanga é longa e marcada por muitos caminhos importantes. Entre as suas principais publicações, destacam-se *Os Basanga de Shaba: um grupo étnico do Zaire, que foi publicado pela Coleção Antropologia da Edusp em 1986; Negritude: usos e sentidos*, que foi publicado pela primeira vez em 1986, com uma segunda edição

[8] Disponível em: https://bit.ly/36I0AyU. Acesso em: 22 abr. 2022.

em 2009 e com uma nova publicação em 2019 pela editora Autêntica; e *Revolta dos colonizados* (1995). E, no seu giro para as políticas públicas antirracistas, o professor Kabengele organiza o livro *Estratégias e políticas de combate à discriminação racial* (1996), no qual transcreve algumas comunicações apresentadas durante o seminário internacional "Estratégias e Políticas de Combate às Práticas Discriminatórias" ocorrido em São Paulo em 1995.

No seu livro Rediscutindo a mestiçagem no Brasil, cuja primeira edição foi publicada em 1999 – obra que já está na quinta edição pela editora Autêntica em 2019 –, o professor Kabengele Munanga trata das relações étnico-raciais, das políticas de ações afirmativas e da implementação das cotas e traz as considerações sobre as fraudes nas ações afirmativas e as discussões sobre o colorismo. O professor interpreta essas mudanças à luz da questão da mestiçagem, considerando as suas representações e os usos político-ideológicos no Brasil do século XXI. Em 2002, o professor Munanga organizou o livro *Cem anos e mais de bibliografia sobre o negro no Brasil* com o apoio do Centro de Estudos Africanos da Universidade de São Paulo e da Fundação Cultural Palmares. Em 2004, o professor Kabengele publicou, juntamente com a professora Nilma Lino Gomes, o livro *Para entender o negro no Brasil de hoje: história, realidades, problemas e caminhos* pela editora Global; em 2006, o professor Munanga organizou o livro *Superando o racismo na escola* pela Secretaria de Educação Continuada do Ministério da Educação em 2005. No ano de 2009, o professor Kabengele publicou o livro *Origens africanas do Brasil contemporâneo: histórias, línguas, culturas e civilizações* pela editora Global.

É importante destacar que há uma tese de doutorado de Julvan Moreira de Oliveira pela USP sobre o pensamento de Kabengele no Brasil, com o título *Africanidades e educação: ancestralidade, identidade e oralidade no pensamento de Kabengele Munanga*.

O nosso homenageado publicou, na primeira década dos anos 2000, dois textos paradigmáticos sobre a importância das cotas na educação superior do Brasil. O primeiro foi "Políticas de ação afirmativa em benefício da população negra no Brasil: um ponto de vista em defesa de cotas", pela *Revista Sociedade e Cultura*, v. 4, n. 2, jul.-dez. 2001, p. 31-43,[9]

[9] Disponível em: https://bit.ly/3vX6Vzd. Acesso em: 22 abr. 2022.

e o segundo foi – Algumas considerações sobre "raça", ação afirmativa e identidade negra no Brasil: fundamentos antropológicos" pela Revista USP, São Paulo, n. 68, p. 46-57, dez.-fev. 2005-2006.[10]

Prêmios

Kabengele Munanga recebeu vários prêmios e títulos honoríficos, dentre os quais destacam-se: Comenda da Ordem do Mérito Cultural, pela presidência da República Federativa do Brasil (2002); Grau de Oficial da Ordem do Rio Branco do Ministério das Relações Exteriores, Palácio do Itamaraty (2013); Troféu Raça Negra em 2012, pelo Afro-Brás e Faculdade Zumbi dos Palmares; Prêmio de Direitos Humanos da USP em 2018; e o Prêmio Roquete Pinto pela ABA em 2020.

Ativismo

Munanga apoiou de forma intensa a luta antirracista no Brasil, e sobre a sua relação com o ativismo negro ele disse:

> Portanto a minha entrada no Movimento Negro foi mesmo como pesquisador. Não foi como ativista negro, mas militante intelectual. Tenho defendido as causas, realizado publicações como um estudioso engajado. Não é um discurso totalmente neutro.[11]

O nosso homenageado apoiou a formação e a trajetória de vários pesquisadores, pesquisadoras e ativistas no Brasil, assim como esteve presente em vários momentos das lutas antirracista nas universidades brasileiras. Dentre estes eventos, o professor Kabengele esteve presente no I *Encontro de Docentes e Pesquisadores e Pós-Graduandos Negros* das Universidades Paulistas realizado na Faculdade de Filosofia e Ciências da Universidade Estadual Paulista (UNESP), em Marília (SP) de 21 a 23 de setembro de 1989. Apoiou e foi palestrante do I Seminário Nacional de Universitários Negros (SENUN) em Salvador, que reuniu estudantes negros e negras do Brasil, tendo sido um dos eventos precursores da ABPN e dos contemporâneos coletivos

[10] Disponível em: https://bit.ly/3MshX5M. Acesso em: 22 abr. 2022.

[11] Disponível em: https://bit.ly/3EJ50Ci. Acesso em: 22 abr. 2022.

estudantis negros nas universidades. No seu pronunciamento no SENUN de 1993, resgatado recentemente pela professora Dra. Maria de Lourdes, o professor Kabengele disse:

> O universitário negro tem um compromisso. Esta questão deveria merecer uma grande discussão e deveria sempre estar presente em nossas preocupações. Se a questão principal, penso eu, é uma questão política, ou seja, a questão da participação do negro na estrutura do poder na distribuição do produto social e econômico numa sociedade de classes, esta questão tem de ser discutida numa visão dinâmica e não estática. Uma tal visão não pode deixar de lado o intelectual negro que, além de ser vítima e objeto de discriminação racial é também sujeito de reflexão crítica sobre sua própria sorte. Resumindo essa dupla experiência de objeto/sujeito de e vítima/observador, o universitário negro tem algo específico a oferecer como contribuição, seja a nível de conhecimento, seja a nível de sugestão das propostas de mudanças.[12]

Em 1995, na USP, no curso dos debates sobre ações afirmativas nesta universidade, o pesquisador apoiou movimentos estudantis e de técnicos que atuavam no Núcleo de Consciência Negra (NCN) da universidade, entidade fundada na USP em 1987 por servidores técnico-administrativos, docentes e estudantes de graduação e pós-graduação da universidade.

No final dos anos 1990 e início dos anos 2000, Kabengele teve um papel ativo e fundamental no debate nacional sobre cotas e as políticas afirmativas no Brasil, especialmente nos preparativos para a III Conferência Mundial da ONU em 2002, realizada em Durban, na África do Sul, que discutiu as políticas públicas contra o racismo, a discriminação racial, a xenofobia e intolerância correlata. Neste percurso, ele esteve na Audiência Pública da ADPF 186 sobre Ações Afirmativas em março de 2009, convocada pelo STF para discutir a constitucionalidade das cotas.[13] Participou, junto com outros pesquisadores e pesquisadoras, das discussões técnicas e políticas para a aprovação da Lei 10.639/2003, que foi alterada pela Lei n. 11.645 de 10 março de 2008, que estabelece

---

12 Trecho de palestra do professor Kabengele Munanga no I SENUN em Salvador em 1993.

13 Disponível em: https://bit.ly/3k2hBqu. Acesso em: 22 abr. 2022.

as diretrizes e bases da educação nacional, para incluir no currículo oficial da rede de ensino a obrigatoriedade da temática História e Cultura Afro-Brasileira e Indígena.

Pelo seu posicionamento em defesa da implementação das ações afirmativas no Brasil, o Munanga sofreu muitos ataques de conservadores e racistas que não aceitavam a criação de políticas públicas antirracistas racializadas, de natureza reparatória e compensatória aos efeitos das desigualdades raciais no Brasil e que quebravam os privilégios brancos no direito do acesso à educação e aos recursos públicos da educação superior. E, neste sentido, cito um importante e histórico trecho da professora emérita da UFMG, professora Dra. Nilma Lino Gomes, ex-ministra da Igualdade Racial no prefácio do livro *Rediscutindo a mestiçagem no Brasil*, que diz acerca das posições do nosso homenageado nas lutas antirracistas.

> Esse posicionamento rendeu a Kabengele críticas contundentes, as quais ele respondeu om seriedade e de forma epistemológica e política. Nesse momento, faço um mea-culpa da nossa ausência de posicionamento como intelectuais negras e negros, de maneira coletiva e explícita, aos ataques sofridos pelo professor. Não que o professor não soubesse se defender sozinho, mas, devido a sua importância intelectual e política para a intelectualidade negra, para a comunidade negra organizada e para todos aqueles que lutam contra o racismo no Brasil e em outros lugares do mundo, um posicionamento nosso se fazia necessário. As críticas duras e maniqueístas a ele dirigidas eram também a todos nós, negras e negros, que nos posicionamos contra o racismo. Mas, como um guerreiro não foge à luta, ele não esperou por ninguém. O próprio Kabengele fez a sua defesa de forma pública, escrita com um brilhantismo acadêmico próprio dele, e a circulou pela internet, silenciando os seus adversários políticos e acadêmicos.[14]

É sobre este compromisso de ser um intelectual engajado na luta antirracista que o nosso homenageado disse em 2018, no Prêmio de Direitos Humanos da USP e no seu discurso de agradecimento:

---

[14] MUNANGA, Kabengele. *Rediscutindo a mestiçagem no Brasil: Identidade nacional versus identidade negra*. 5. ed. Belo Horizonte: Autêntica, 2020. (Coleção Cultura Negra e Identidades.)

> Acredito que não teria muito sentido fazer ciência sem consciência dos problemas da sociedade em que estamos inseridos. E a verdadeira consciência, feliz ou infelizmente, não aceita o silêncio e a indiferença diante de qualquer forma de injustiça que anula os direitos humanos fundamentais de uma cidadã e de um cidadão.[15]

ABPN

O I Congresso Brasileiro de Pesquisadores/as Negros/as, realizado de 22 a 25 de novembro de 2000 em Recife, Pernambuco, retomou as discussões realizadas no I SENUN, quando muito daqueles estudantes que estavam neste evento continuaram nas universidades como pesquisadores e docentes. A Associação Brasileira de Pesquisadores Negros/as, a ABPN, foi fundada nos anos 2000 e tem como objetivo promover o ensino, pesquisa e extensão acadêmico-científica sobre temas de interesse das populações negras do Brasil. É uma instituição que se edificou, como a própria reconhece, direta e indiretamente com as reflexões e ações do professor Kabengele Munanga. Muitos dos pesquisadores negros afiliados à ABPN detêm um grau intelectual e social influenciado pela produção e pelo ativismo do professor Kabengele Munanga.

NEABIs

Outra contribuição do professor de Munanga foi na construção dos NEAB (Núcleos de Estudos Afro-Brasileiros). Por estes caminhos das temporalidades iorubanas aqui já mencionadas, a história dos primeiros passos do nosso homenageado no Brasil foi na Bahia, em 1975, no CEAO-UFBA. A história dos Núcleos de Estudos Afro-Brasileiros (NEABs), vinculados a instituições de ensino superior do Brasil, para muito pesquisadores e pesquisadoras tem início em 1959, com a criação do Centro de Estudos Afro-Orientais (CEAO) na Universidade Federal da Bahia (UFBA).

No decorrer dos anos, os NEABs passaram a incluir estudos indígenas, denominando-se NEABIs (Núcleos de Estudos Afro-Brasileiros e Indígenas), que têm um papel fundamental na implementação

[15] Disponível em: https://bit.ly/3v6e2G2. Acesso em: 22 abr. 2022.

das leis federais 10.639/2003 e 11.645/2008, que incluem as culturas afro-brasileiras e indígenas no ensino brasileiro. Atualmente, essa rede de cooperação científica fomentada pelos NEABIs reúne mais de cem núcleos espalhados por instituições em todas as regiões brasileiras.

Na UFRJ, ecoa há muitos anos uma produção acadêmica e um ativismo e um movimento antirracista entre docentes, técnicos e estudantes que também possui influências do pensamento e da prática do professor Kabengele. O percurso das lutas antirracistas na UFRJ, seja por meio do trabalho de pesquisadores e pesquisadoras, seja por lutas conduzidas por docentes, técnicos e estudantes de forma individual e coletiva, foi muito importante para a implantação das cotas em nossa universidade na primeira década dos anos 2000 e para a sua continuidade nas lutas atuais. É importante destacar que os técnicos administrativos da UFRJ tiveram um papel fundamental nas lutas antirracistas em nossa universidade. Neste sentido, é importante citar que no ano 2007 houve o IV Encontro Nacional de Negros e Negras da Fasubra na UFRJ, cuja pauta foram agendas antirracistas no campo das ações afirmativas.

Um dos resultados das lutas antirracistas de décadas dos técnico-administrativos na UFRJ, com a colaboração de alguns docentes negros e negras, foi a criação da Câmara de Política Racial, que foi organizada a partir de 2018 para responder à ausência de discussão da pauta antirracista nos meios institucionais da UFRJ e cooperar na construção de políticas antirracistas na universidade. A câmara se consolidou através da Portaria 2.271, de 20 de março de 2019, quando se instituiu o Fórum Permanente de Políticas de Pessoal. Na atual gestão da reitoria da UFRJ, a Câmara de Política Racial continua institucionalizada, sendo um espaço que se organiza com diversidade étnico-racial, sendo integrada pela representação dos três segmentos da comunidade universitária: docentes, técnicos e estudantes. Atualmente, a Câmara de Política atua na implementação do controle social e administrativo das políticas públicas de acesso às vagas da graduação, pós-graduação e às vagas dos concursos públicos para servidores conforme a Lei 12.990/2014, que disciplina as cotas em concursos públicos, e a Lei 12.711/2012, que disciplina o acesso ao ensino superior por meio de cotas. A Câmara também vem promovendo um programa permanente de formação de servidores técnico-administrativos e docentes para integrarem as Comissões de Heteroidentificação da UFRJ, sendo uma das mais atuantes do Brasil.

Coletivos negros

Era uma manhã do 10 de abril de 2018 e neste dia, o Programa de Pós-Graduação em Antropologia Social (PPGAS) do Museu Nacional da Universidade Federal do Rio de Janeiro e o Coletivo Negro Marlene Cunha promoveram a aula inaugural do curso, ministrada pelo professor Munanga com o tema "Políticas afirmativas e a situação do negro no Brasil hoje". O auditório estava lotado, com a presença de muitos jovens dos coletivos estudantis da UFRJ. Aquele evento no Museu Nacional da UFRJ demonstrou o alcance intergeracional da obra e do ativismo de Kabengele.

A UFRJ possui vários coletivos estudantis negros que passaram a ter um papel decisivo na recepção de estudantes cotistas, na produção de outros fundamentos epistemológicos para a graduação e a pós-graduação, no controle social das ações afirmativas e no avanço das pautas de acesso e permanência estudantil. Estes coletivos são formados por sujeitos epistemológicos e políticos muito relevantes para as universidades no combate ao racismo sistêmico no ensino superior. Os coletivos são a continuidade de gerações estudantes ativistas pretos e pretas que desde 1989, no primeiro encontro de pesquisadores negros em Marília, passando pelo SENUN, em Salvador, em 1993, e pelo encontro nacional de estudantes e Coletivos Negros Universitários de 2016 na UFRJ, trazem para a UFRJ não só diversidade de cores, mas também outras formas de vida, outras visões de mundo e novas formas de produzir conhecimento. Em homenagem ao professor Kabengele, cito aqui o nome de alguns destes coletivos, muitos dos quais estavam em 2018 na aula inaugural do Programa de Pós-Graduação em Antropologia Social (PPGAS) do Museu Nacional da Universidade Federal do Rio de Janeiro, e eles são: Coletivo NegreX (Medicina); Coletivo Preto Virgínia Bicudo (CPVLB-Psicologia); Coletivo Negro Mary Seacole (Enfermagem); Coletivo Negro Cláudia Silva Ferreira da FND; Coletivo de Negras e Negros do Serviço Social UFRJ-Dona Ivone Lara (CNNDIL-Serviço Social); Coletivo de Negros e Negras da Biologia (Biologia); Coletivo Negro da Geografia; Conceição Evaristo, da Letras; Coletivo Negro Ẹbí da Biologia; Carolina de Jesus, do IFCS; Coletivo Beatriz Nascimento, da História; Coletivo Cláudia Silva Ferreira, de Direito; e Coletivo Tereza de Benguela, das Relações Internacionais.

Uma das conquistas dos coletivos estudantis nesta universidade foi a criação da Comissão de Coletivos Negros da UFRJ em 2019 por meio de uma portaria da pró-reitora de Políticas Estudantis (PR-7), que continua em vigor na atual gestão da reitora professora Dra. Denise Pires e que vem possibilitando uma articulação institucional dos coletivos para as reivindicações sobre das demandas de ações afirmativas no acesso e permanência dos estudantes cotistas na UFRJ.

Coletivo de docentes negros e negras

Neste ano 2021, no curso das atividades remotas, dois fatos muito importantes e imbricados com a produção acadêmica e com a militância antirracista do professor Kabengele Munanga aconteceram na UFRJ. O primeiro deles é o surgimento do Coletivo de Docentes Negras e Negros, talvez o primeiro do Brasil, que reúne docentes de vários *campi* e unidades na UFRJ e vem produzindo um importante debate e mobilização na universidade em torno de pautas históricas das lutas antirracistas na UFRJ. Este coletivo é composto por docentes de diferentes níveis da carreira docente e oriundos de todos os centros da UFRJ (CCJE, CCMN, CCS, CFCH, CLA e CT), do Fórum de Ciência e Cultura e do Campus de Macaé e são provenientes de vinte unidades da universidade. Em março de 2021, este coletivo elaborou um manifesto que foi entregue à nossa reitora, Denise Pires, com pautas antirracistas históricas das lutas sociais da UFRJ. Entre os pontos deste manifesto, destacam-se as reivindicações: 1) Elaborar e aprimorar políticas e ações antirracistas na UFRJ; 2) Realizar mapeamentos sobre o marcador raça/etnia para identificar a distribuição de docentes negras/os e indígenas entre as diferentes unidades da UFRJ; 3) Ampliar e fortalecer políticas públicas para destinar bolsas de extensão e de iniciação científica, artística e cultural para estudantes de graduação negras/os; 4) Garantir o acompanhamento e a implementação do disposto na resolução CONSUNI n. 15/2020, que torna efetiva na UFRJ a reserva de 20% das vagas em concursos de magistério superior para negras/os, prevista pela Lei 12.990/2014; 5) Tornar obrigatória a reserva de vagas para negras/os e indígenas nos processos seletivos para ingresso de discentes em todos os programas de pós-graduação da UFRJ; 6) Constituir, no âmbito da PR-2, uma comissão de acompanhamento das ações afirmativas na pós-graduação, com a participação da Comissão de Acompanhamento e Desenvolvimento de Políticas Antirracistas da UFRJ; 7) Construir e viabilizar ações de visibilização, de reconhecimento e de valorização da memória da produção acadêmica e tecnológica de docentes negras/os e indígenas da UFRJ; 8) Demandar, nos diferentes cursos de formação de professores, a inclusão de disciplinas e conteúdos destinados a preparar as/os estudantes de licenciatura da UFRJ; 9) Inserir políticas de acolhimento de saúde mental (ou as demandas reconhecidamente identificadas) para docentes negras/os e indígenas da UFRJ para garantir sua permanência na instituição; e 10) Atuar de forma ativa e intencional, visando à promoção de articulação, sobretudo nos tópicos que tenham pautas em comum ao que for discutido pela Comissão de Acompanhamento e Desenvolvimento de Políticas Antirracistas da UFRJ.

O segundo fato de grande importância este ano na UFRJ, que também mantém intrínseca relação com a trajetória e o legado do professor Kabengele Munanga, foi a retomada, em fevereiro de 2021, do grupo pró-institucionalização do NEABI-UFRJ. Este grupo voltou a se reunir após quase dez anos de discussões, e reúne docentes, pesquisadores e estudantes negros/negras, indígenas, brancos/brancas em torno das temáticas e agendas indígenas, afro-brasileiras e antirracistas na UFRJ. Neste grupo do NEABI há também a participação de estudantes de graduação e pós-graduação e técnico-administrativos de todos centros da UFRJ, do *campus* de Macaé e do CAP-UFRJ. Este grupo prepara um projeto e um regulamento que conterá as propostas de funcionamento das suas atividades na UFRJ no campo do ensino, da pesquisa e da extensão para implementação na UFRJ conforme estabelecem as leis federais 10.639/2003 e 11.645/2008, que incluem as culturas afro-brasileiras e indígenas no ensino brasileiro. Este documento será encaminhado para debate nas instâncias superiores da UFRJ e também à reitoria da UFRJ na pessoa da reitora professora Dra. Denise Pires.

Conclusão

Chegando ao final deste nosso percurso, continuamos a viver o racismo à brasileira, como disse o professor Kabengele Munanga. Esse racismo é cis-heteronormativo e indissociável das estruturas de classes sociais da nossa sociedade capitalista. O racismo persiste no

Brasil e continua presente estruturalmente nas instituições brasileiras, inclusive nas universidades públicas do Brasil, afinal a universidade integra a sociedade e reproduz as suas relações étnico-raciais racistas, aporofóbicas e patriarcais. Isto vai significar que negros, negras e os povos originários indígenas, assim como comunidades quilombolas e grupos periféricos, não terão as mesmas igualdades oportunidades que brancos terão no acesso a emprego, renda, aos recursos públicos, à educação e à saúde, como o Kabengele Munanga tão bem nos ensinou.

Celebramos as conquistas nas lutas antirracistas, mas precisamos estar atentos aos retrocessos em curso. Apesar das conquistas institucionais dos últimos anos, precisamos avançar mais, inclusive na UFRJ. Estas conquistas estão em risco com o processo de sucateamento das universidades públicas no Brasil, com os cortes e a falta de estrutura que já nos acompanha há alguns anos, como vem sendo apontando a reitora professora Dra. Denise Pires no atual debate público. Não há possibilidade de continuidade das políticas públicas antirracistas, especialmente as ações afirmativas no atual quadro de sucateamento das universidades públicas. A trajetória deste pan-africanista brasileiro-congolês que lutou e continua lutando pela conquista de direitos para a população negra no Brasil é também resultado do investimento das universidades públicas brasileiras na sua vida e, por isso, esta cerimônia em homenagem ao nosso mais velho passa pela compreensão da importância de uma universidade pública, gratuita, com qualidade de ensino e diversidade estrutural que Munanga tanto defendeu e defende ao longo da sua vida.

No curso da navegação do professor Munanga nas correntes marinhas do Atlântico Negro, ocorreram embarques e desembarques nas margens da diáspora brasileira, e o final deste pronunciamento, que é um recomeço no Tempo da circularidade nagô, esse processo tem continuidade. E, por isso, lembro Abdias do Nascimento[16] na sua pintura *Quilombismo (Exu e Ogum)*, que nos leva a pensar novamente no *Oriki que* diz que "Exu matou um pássaro ontem com a pedra que jogou hoje". O Tempo iorubano é circular e, como nos ensinou o mestre Abdias, significando que a palavra trafega entre mundos; aqui, passado, presente e futuro não são momentos que fragmentam o Tempo. A temporalidade nagô circula sob estes olhares e assim realiza o giro, cujo

[16] Disponível em: https://bit.ly/3EMrYs3. Acesso em: 22 abr. 2022.

movimento que não é retilíneo e nos convoca a sentir, agir e pensar sobre as tradições africanas, afro-brasileiras e indígenas no contexto da cultura e da sociedade capitalistas da branquitude.

E nessa gira, o querido professor Dr. Kabengele Munanga pode dizer que continuamos o seu legado na diáspora africana. E, como diz a escritora e antropóloga baiana Goli Guerreiro,[17] está em curso a terceira diáspora africana, que

> [...] é o deslocamento de signos provocado pelo circuito de informação tecnológico/virtual tais como discos, filmes, cabelos, slogans, gestos, modas, bandeiras, ritmos, ícones, ideologias etc. É um movimento que investe no circuito de comunicação da diáspora negra que se tornou possível com a globalização eletrônica e se potencializou através da Web colocando em conexão virtual os repertórios culturais de cidades como Salvador, Kingston, Havana, New York, New Orleans, Londres, Lisboa, Dakar, Luanda, Johanesburgo etc.[18]

E assim podemos dizer, querido mestre Kabengele, que o giro da sua trajetória continua na diáspora africana brasileira, agora também especialmente em movimento nas redes sociais através dos jovens e das jovens afronautas do mundo contemporâneo.

Neste encontro ancestral, termino esta homenagem com o poema de Conceição Evaristo “Vozes-Mulheres”.

Vozes-Mulheres[19]
A voz de minha bisavó
ecoou criança
nos porões do navio.
Ecoou lamentos
de uma infância perdida.

A voz de minha avó
ecoou obediência
aos brancos-donos de tudo.

A voz de minha mãe
ecoou baixinho revolta

[17] Disponível em: https://bit.ly/3ECVtfK. Acesso em: 22 abr. 2022.

[18] Disponível em: https://bit.ly/3vC5LZt. Acesso em: 22 abr. 2022.

[19] Disponível em: https://bit.ly/37Hzng5. Acesso em: 22 abr. 2022.

no fundo das cozinhas alheias
debaixo das trouxas
roupagens sujas dos brancos
pelo caminho empoeirado
rumo à favela.

A minha voz ainda
ecoa versos perplexos
com rimas de sangue
e
fome.

A voz de minha filha
recolhe todas as nossas vozes
recolhe em si
as vozes mudas caladas
engasgadas nas gargantas.

A voz de minha filha
recolhe em si
a fala e o ato.
O ontem – o hoje – o agora.
Na voz de minha filha
se fará ouvir a ressonância
O eco da vida-liberdade.[20]

Por todo esse legado, pelo giro da sua continuidade é que hoje saudamos o nosso novo Doutor *Honoris Causa* UFRJ, o professor Kabengele Munanga, que continue sempre a agir assim.

---

[20] EVARISTO, Conceição. *Poemas de recordação e outros movimentos*. Rio de Janeiro: Malê, 2017. p. 10-11.

ANEXOS

MANUSCRITO

Palestra proferida no 1º Seminário Nacional de Estudantes Universitários Negros, em 5 de setembro de 1993, Salvador (Bahia)

Kabengele Munanga

Manuscrito

Prof. Kabengele Munanga
1º SENUN - Salvador-Ba
5 de Setembro de 1993

Num encontro do gênero, organizado em Marília em setembro de 1989, reunindo docentes, pesquisadores e pós-graduandos negros das Universidades paulistas, não faltaram críticas. A idéia do encontro foi considerada por alguns negros como uma proposta elitista que poderia levar ao aprofundamento das classes sociais no seio do próprio segmento negro. A crítica branca considerava a idéia como um tipo de racismo às avessas, uma espécie de gueto intelectual negro sobre uma questão que afinal é nacional e deveria ser aberta ao pensamento de todos.

Não sei se os organizadores do 1º SENUN sentiram as mesmas reações, pois as opiniões mudam rapidamente e já estamos em 1993. De qualquer modo, a questão fundamental, a de saber se a elite intelectual negra, pouco importa seu pequeno número, deva ou não assumir alguma posição de destaque nos problemas dos negros na sociedade, permanece. O universitário negro tem ou não compromisso com a sua sociedade histórica de origem, a chamada sociedade afro-brasileira e qual seria a natureza desse compromisso. Esta questão deveria merecer uma grande discussão e deveria sempre ser presente em nossas preocupações.

Se a questão principal, penso eu, é uma questão política, ou seja, a questão da participação do negro na estrutura do poder e na distribuição do produto social e econômico numa sociedade de classes, esta questão tem de ser discutida numa visão dinâmica e não estática. Uma tal visão não pode deixar de lado o intelectual e universitário negro que, além de ser vítima e objeto de discriminação racial é também sujeito da reflexão crítica sobre sua própria sorte. Reunindo essa dupla experiência de objeto/sujeito - de vítima/observador, o universitário negro tem algo específico a oferecer como contribuição, seja a nível de conhecimento, seja a nível de sugestão das propostas de mudanças. Vejo este encontro como um debate aberto, durante o qual os universitários negros têm a oportunidade de discutir e de dialogar com a sociedade como um todo e dizer a ela

2

democraticamente o que elas como elite formada ou em formação como vítimas e como pesquisadores pensa de sua situação e da sociedade na qual são inseridos.

Nem sempre o universitário negro diz e deve dizer coisas opostas ao universitário branco engajado na luta pela igualdade de condições e de oportunidades na vida entre brancos e negros, pois não se trata de uma guerra de hegemonia entre intelectuais brancos e negros que estão no mesmo barco. Mas, às vezes a voz do intelectual negro enquanto vítima mesmo dizendo as mesmas coisas que seu colega branco pode ter um valor e uma força diferente junto às maiorias negras sociologicamente minorizadas.

Sabemos todos da dificuldade teórica de definir quem é negro no Brasil por causa da prática e da ideologia do branqueamento. Porém, sabemos que existe um discurso científico produzido por pessoas identificadas como "afro-brasileiras" a partir do duplo critério biológico-ideológico. O Seminário ofereceria a esses intelectuais afro-brasileiros uma oportunidade que outros tipos de seminário geralmente dominados pelo "estrelismo" intelectual branco não lhes ofereceriam.

Se a questão fundamental, como já disse, é uma questão política, ela passa pela questão da formação ou melhor da busca da identidade do negro no Brasil, identidade esta a ser entendida do meu ponto de vista como meio e não como finalidade. Em muitos debates desta natureza, já convidei os participantes para que pudessem aprofundar comigo o conceito de identidade para que possamos enquanto militantes definir melhor e orientar o tipo de identidade que queremos na nossa luta contra a discriminação racial. Pretendo aqui convidar vocês novamente a voltar a esta discussão pois sem a nossa identidade não sabemos quem somos nós, quem são os outros. Breve, sem identificarmos e sem identificarmos os outros não saberemos como lutar e contra quem lutar.

A identidade é uma realidade sempre presente em todas as sociedades humanas. A definição de si e a definição do outro tem funções conhecidas: fortalecer a unidade do grupo e defender sua cultura, facilitar politicamente a mobilização dos membros do grupo em torno dos interesses comuns, etc

2

Os negros serão capazes de formar sua identidade e sua unidade
baseando-se somente na pigmentação da pele, num país onde a
tendência geral é fugir da categoria "cor" (escura), de acordo com a
prática de embranquecimento sustentada pela ideologia de
democracia racial? Poderiam os negros construir sua identidade
com base numa cultura já expropriada, e cujos símbolos fazem parte
da cultura nacional?

Tomar consciência histórica da resistência cultural e da importância
de sua participação na cultura brasileira atual, é importante e
deveria fazer parte do processo de busca da identidade, faz parte da
elite negra politizada. Mas basear a busca e a construção da identidade
na "atualmente" dita cultura negra é problemático, pois, a nível do vivido,
outros segmentos da população brasileira poderiam lançar mão
da mesma cultura, e nem todos os negros que a nível da retórica
"cantam" a cultura negra a vivem real e separadamente dentro do
contexto brasileiro, da mesma maneira que não existiriam brancos
vivendo separadamente uma cultura dita "branca".

A complexidade se torna maior quando as identidades não são
separadas como as dos grupos étnicos ou das nações que vivem em
territórios geograficamente separados, mas quando convivem num
mesmo território, numa situação de contatos multirraciais e multiétnicos,
a exemplo dos países como os Estados Unidos, o Brasil, etc.

A problemática do contato entre identidades diferentes está na
questão da partilha do espaço, entre outros. Nessa partilha, o racismo
visa principalmente não a intolerância daquele que é diferente,
mas sim o medo e o horror da semelhança escondida na diferença.
Ora, na nossa busca de identidade, preconiza-se que cada grupo
respeita sua imagem, sua memória; que a cultive e alimenta-se dela,
respeitando ao mesmo tempo a imagem do outro grupo. Em breve,
respeito das diferenças e das identidades entre segmentos étnicos. Ora,
uma tal solução só é possível quando o espaço do povo é claramente
delimitado. Como cultivar seu jardim quando esse não é separado dos
jardins dos outros? No Brasil atual, as cercas e as fronteiras entre
identidades vacilam, as imagens se tocam, os deuses se tocam?

A mestiçagem que é uma das realidades do Brasil não existe
apenas do ponto de vista biológico, no sentido da miscigenação física.
Ela se coloca também do ponto de vista dos cruzamentos interculturais.
A questão da separação das identidades culturais se tornam mais problemática
quando as imagens se assimilam, se misturam, se unificam.
Na famosa mistura de sangue, tanto recusada como procurada
o que está em jogo é o contato entre duas identidades, sendo o contato
sexual a forma mais aguda e sagrada desse contato.

(3) A análise da identidade afro-brasileira, ora em construção, ora em situação de resistência segundo os discursos, arrisca tornar-se confusa se não forem teoricamente discutidos alguns fatores que constituem a sua substância. Por isso, algumas indagações sobre as questões de fundo são importantes, se queremos evitar a superficialidade. O problema fundamental que se coloca é saber por onde deve passar o discurso sobre esta identidade do afro-brasileiro: passaria pela cor da pele unicamente e que cor seria, passaria pela cultura, passaria pela consciência do oprimido. Esse discurso, sabe-se, passa necessariamente pela questão da côr da pele e pela cultura por razões históricas conhecidas. Com efeito, a alienação do negro tem-se realizado pela inferiorização de sua cultura e de seu físico.

Dois problemas podem, então, ser colocados, politicamente em relação a uma identidade submetida a côr da pele e à cultura dentro do contexto brasileiro

4

4

Quem negaria hoje que o mestiço tanto cultural como biológico é o elemento mais crescente da população brasileira? Por isso, tem-se, acredito eu, dificuldades metodológicas na definição de uma identidade racial e cultural "pura", que não se mistura com as identidades dos outros e que caracterizam na atualidade os grupos étnico-raciais brasileiros.

No Brasil, a proposta antirracista dos movimentos negros é, como já foi frisado, diferencialista, ou seja, a luta pela igualdade numa sociedade pluricultural e plurirracial, contrariamente ao antirracismo assimilacionista dos anos 30, que defendia a igualdade e a posição individual sem referência à comunidade histórico-cultural dos indivíduos. Tenhamos a coragem de dizê-lo, a busca da identidade na retórica dos movimentos negros não perturba mais a classe dominante. Pelo contrário, esta lança mão dessa busca para reiterar e confirmar a existência no Brasil da proclamada "democracia racial" e para negar a existência do racismo, expressando-se por isso através das próprias contribuições culturais negras convertidas em símbolos da cultura nacional.

Uma parcela significativa dentro do discurso antirracista brasileiro, reunindo tanto os pensadores da chamada direita como da chamada esquerda se enquadra na perspectiva integracionalista. Uns pensam que a mudança radical da estrutura social será uma condição sine qua non para integrar todos os oprimidos da sociedade, sem discriminação de cor, de sexo e de religião. Outros pensam que a integração viria através da educação, que proporcionaria a mobilidade social a todos e acabaria com os complexos de inferioridade e de superioridade entre negros e brancos.

Os de direita acusam aos negros em busca de identidade de criar falsos problemas ao falar da identidade negra numa sociedade cultural mestiça. Os de esquerda os acusam de dividir a luta de todos os oprimidos cuja identidade numa sociedade capitalista deveria ser a mesma entre todos os oprimidos.

Será possível conciliar os dois discursos antirracistas que, embora legítimos não se comunicam, sem recorrer à teoria do próprio Brasil? Poderá a teoria do Brasil ser construída com base apenas nas diferenças sem considerar as semelhanças resultadas dos intercruzamentos e vice-versa?

5

Antes de buscar as saídas, não seria cauteloso e aconselhável que tentamos a coragem de encarar e de analisar o Brasil tal como ele é de fato e não como o projetamos e o desejamos que fosse?

— Qual é o papel do universitário negro nesse todo?

— Uma Universidade que o povo negro quer?

— Como garantir o acesso do negro na Universidade?

Sem dúvida, o acesso do negro na Universidade e no ensino superior de modo geral é absolutamente necessário tanto aos negros como aos demais membros da sociedade. A Universidade abre a porta à formação da massa crítica, à aquisição e à produção do conhecimento e à tecnologia. A entrada na Universidade permite ao negro o acesso ao espaço conceitual dominado pelos membros brancos da sociedade; é uma forma de participação à cultura intelectual e como tal lhe oferece uma certa mobilidade social e uma certa intimidade cultural com seu compatriota branco. Visto sob este ângulo o acesso do negro à Universidade significa uma entrada no espaço que lhe foi negado, mas não significa absolutamente uma saída no sentido de escapar dos preconceitos raciais. Aliás, quantas vezes já ouvimos a expressão "acabar com os preconceitos raciais". Os preconceitos fazem parte de todas as culturas humanas e tiram sua matéria prima nas diferenças, reais ou fictícias. Os preconceitos são invisíveis e incomensuráveis e não há como acabar com eles, nem pelas leis. ~~Enquanto que~~ No entanto o racismo enquanto ideologia não depende absolutamente da educação e de uma boa formação universitária. É possível lutar contra uma ideologia e acabar com ela pelas armas políticas de uma ideologia oposta. Todos os discursos doutrinários elaborados pelos filósofos, naturalistas e raciologistas ocidentais desde o século das luzes encontraram respostas opostas por parte de uma visão científica desenvolvida numa ótica ideológica diferente. Colocando-me apenas a nível do discurso antirracista, o universitário negro e o intelectual negro terão muito a contribuir. A mobilidade social resultada de uma formação universitária não significa necessariamente a regressão da discriminação racial e da ideologia racista. Olhe o que acontece nos Estados Unidos onde os negros conquistaram desde os anos 60 graças a sua luta em favor dos direitos cívicos acesso às Universidades e aos estabelecimentos de ensino superior e consequentemente uma ascensão social notável a nível de classe média, a discriminação racial não recuou ~~[illegible]~~ e diz-se que a tendência é piorar. Vê a situação da África do Sul que tem muitos alunos negros na Universidade e mais universitários negros do que no Brasil, com uma qualidade de vida relativamente melhor, e há alguma

6

esperança, isso se deve a uma luta política sem trégua. 6

Que universidade o povo negro quer? Uma Universidade que contempla as realidades e as necessidades do povo brasileiro no qual o negro se inclui. Não vejo como o negro poderia participar dos debates sobre as reformas universitárias, vivendo fora dela e conhecendo mal seus problemas e dificuldades? A primeira dificuldade a vencer é garantir o acesso à Universidade e uma vez dentro dela participar da luta de todos para sua transformação. Como garantir esse acesso? Não pelo Vestibular que se pratica a exclusão do negro da Universidade. O Vestibular é apenas a finalização de um longo processo de exclusão da criança negra que começa na barriga da mãe por uma alimentação insuficiente, passando pela escola materna, primeiro grau e segundo grau. Desde já se coloca a questão da igualdade de oportunidades. Quando o jovem negro termina o 2º grau, geralmente numa escola pública da periferia, de baixa qualidade, ele não tem condições de igualdade para competir uma vaga na Universidade com seu colega branco que vem da escola particular e que talvez tenha mais tempo para estudar, pois o aluno negro começa desde cedo a trabalhar para contribuir na sustentação da família.

Alguns países caso dos Estados Unidos, algumas colônias européias na África tiveram algumas experiências interessantes, que poderão ser discutidas no caso do Brasil. Evidentemente, eu gosto de roupas sob medida e não de roupas prontas com retoque. Ultimamente, ventila-se a possibilidade da política de cotas utilizada nos Estados Unidos e que teve como resultados concretos o acesso de muitos jovens negros nas Universidades. A realidade norte americana é diferente da nossa. Em primeiro lugar as Universidades públicas nos Estados Unidos são pagas, aqui são de graça. As escolas públicas de 1º e 2º graus não devem ter um nível tão baixo como as nossas. Como o desnível entre alunos negros e brancos não é tão alto é possível garantir algumas vagas nas Universidades e algumas bolsas de estudos ou empréstimos. Nossa questão é outra e eu não acho que a política das cotas resolverá a questão de desnível e de desigualdade entre alunos negros e brancos. A resposta duradoura se colocaria a meu ponto de vista na melhoração do nível da escola pública de 1º e 2º graus. Os analgésicos não curam as doenças cujo melhor remédio ataca pelas raízes e não pelos sintomas. Claro que se o Brasil e a sociedade brasileira não tem vontade política suficiente para buscar os verdadeiros remédios, talvez vale apenas procurar alguns analgésicos de acordo com a realidade brasileira, enquanto se busca soluções definitivas.

7

7

Finalizando, um olhar negro para o futuro

Vê-se nos últimos anos uma mudança de opinião sobre a existência do racismo no Brasil, uma confissão por parte de certas personalidades políticas e governamentais sobre a existência da discriminação racial no Brasil, uma mudança de opinião dentro de alguns partidos políticos e de uma fração da imprensa. A criação dos chamados "Conselhos Estaduais do desenvolvimento da Comunidade negra" em alguns estados, de secretarias especiais sobre a questão afro-brasileira" ou da criação ultimamente no Estado de São Paulo da "Delegacia especializada contra a discriminação racial" são provas concretas dessa mudança de atitude; essa confissão em si já representa uma pequena abertura no caminho da luta, mas é ainda muito tímida e precisa concretizá-la pela instrumentalização dos programas e de medidas concretas contra a discriminação + A conquista constitucional na qual a ~~tal~~ prática de discriminação racial foi reconhecida como crime inafiançável e sujeito a reclusão e não mais como antes crime simples contravenção penal. O reconhecimento do Zumbi dos palmares como herói negro e não como herói nacional, a introdução em alguns Estados ~~da hist~~ do estudo da história e da cultura negra, e da história da África no currículo escolar, etc.. tudo isso é resultado da luta do negro. É em função de tudo isso que podemos especular sobre o futuro. Não se trata evidentemente de um futuro objetivo, mas apenas de uma percepção baseada sobre alguns elementos e algumas conquistas simbólicas. Futuro que dependerá em grande parte dos próprios negros: da nossa politização em torno da questão racial, de nossa coesão enquanto grupo excluído e aqui se coloca politicamente a questão da identidade cuja solidariedade é um dos elementos chaves de nossa capacidade em capitalizar as conjunturas históricas da nossa sociedade e nos mobilizarmos eleitoralmente, de nossa capacidade a fazer alianças políticas com membros de outros grupos étnicos.

Esse futuro depende também de toda a sociedade branca, do governo, dos partidos políticos e outras instituições.
É um futuro de luta sem fim, uma luta sem trégua, pois seremos sempre diferentes e sujeitos aos preconceitos e dependendo da conjuntura estes se transformarão em comportamentos discriminatórios.
Fazer da luta uma das razões da nossa vida.

9

TRANSCRIÇÃO

Palestra proferida no 1º Seminário Nacional de Estudantes Universitários Negros, em 5 de setembro de 1993, Salvador (Bahia)[1]

Kabengele Munanga

Num encontro do gênero, organizado em Marília, em setembro de 1989, reunindo docentes, pesquisadores e pós-graduandos negros das universidades paulistas, não faltaram críticas. A ideia do encontro foi considerada por alguns negros como uma proposta elitista, que poderia levar ao aprofundamento das classes sociais no seio do próprio segmento negro. A crítica branca considerava a ideia como um tipo de racismo às avessas, uma espécie de gueto intelectual negro sobre uma questão que afinal é nacional e deveria ser aberta ao pensamento de todos.

Não sei se os organizadores do 1º SENUN sentiram as mesmas reações, pois as opiniões mudam rapidamente e já estamos em 1993. De qualquer modo, a questão fundamental, a de saber se a elite intelectual negra, pouco importa seu pequeno número, deve ou não assumir alguma posição de destaque nos problemas dos negros na sociedade, permanece. O universitário negro tem ou não compromisso com a sua sociedade histórica de origem, a chamada sociedade afro-brasileira, e qual seria a natureza desse compromisso. Esta questão deveria merecer

[1] Transcrição do discurso feito pelo professor Kabengele Munanga no 1º Seminário Nacional de Estudantes Universitários Negros, realizado em Salvador (Bahia), em 1993. O texto, com as marcas das nuances próprias da oralidade, traz em semente uma série de discussões que serão aprofundadas na obra *Rediscutindo a mestiçagem no Brasil: identidade nacional versus identidade negra* (2004), bem como um espectro de reflexões que se transformaram em políticas públicas afirmativas na primeira década dos anos 2000. Texto adaptado por Fabiana Lima – Universidade Federal do Sul da Bahia. (N.O.)

uma grande discussão e deveria sempre estar presente em nossas preocupações.

Se a questão principal, penso eu, é uma questão política, ou seja, a questão da participação do negro na estrutura do poder e na distribuição do produto social e econômico numa sociedade de classes, essa questão tem de ser discutida numa visão dinâmica e não estática. Uma tal visão não pode deixar de lado o intelectual e universitário negro que, além de ser vítima e objeto de discriminação racial, é também sujeito da reflexão crítica sobre sua própria sorte. Reunindo essa dupla experiência de objeto/sujeito – de vítima/observador, o universitário negro tem algo específico a oferecer como contribuição, seja a nível de conhecimento, seja a nível de sugestão das propostas de mudanças. Vejo este encontro como um debate aberto, durante o qual os universitários negros têm a oportunidade de discutir e de dialogar com a sociedade como um todo e dizer a ela democraticamente o que eles, como elite formada ou em formação, como vítimas e como pesquisadores, pensam de sua situação e da sociedade na qual estão inseridos.

Nem sempre o universitário negro diz e deve dizer coisas opostas ao universitário branco engajado na luta pela igualdade de condições e de oportunidades na vida entre brancos e negros, pois não se trata de uma guerra de hegemonia entre intelectuais brancos e negros que estão no mesmo barco. Mas, às vezes, a voz do intelectual negro enquanto vítima, mesmo dizendo as mesmas coisas que seu colega branco, pode ter um calor e uma força diferente junto às maiorias negras sociologicamente minorizadas.

Sabemos todos da dificuldade teórica de definir quem é negro no Brasil por causa da prática e da ideologia do branqueamento. Porém, sabemos que existe um discurso científico produzido por pessoas identificadas como "afro-brasileiras" a partir do duplo critério biológico-ideológico. O seminário ofereceria a esses intelectuais afro-brasileiros uma oportunidade que outros tipos de seminário, geralmente dominados pelo "estrelismo" do intelectual branco, não lhes ofereceriam.

Se a questão fundamental, como já disse, é uma questão política, ela passa pela questão da formação, ou melhor, da busca da identidade do negro no Brasil, identidade esta a ser entendida, do meu ponto de vista, como meio e não como finalidade. Em muitos debates desta natureza, já convidei os participantes para que pudessem aprofundar o conceito de identidade para que possamos, enquanto militantes, definir melhor e orientar o tipo de identidade que queremos na nossa luta contra a discriminação racial. Pretendo aqui convidar vocês novamente a voltar a esta discussão, pois, sem a nossa identidade, não sabemos quem somos nós, quem são os outros. Em breve, sem [nos] identificarmos e sem identificarmos os outros, não saberemos como lutar e contra quem lutar.

A identidade é uma realidade sempre presente em todas as sociedades humanas. A definição de si e a definição do outro têm funções conhecidas: fortalecer a unidade do grupo e defender sua cultura, facilitar politicamente a mobilização dos membros em grupo em torno dos interesses comuns etc.

Os negros serão capazes de formar sua identidade e sua unidade baseando-se somente na pigmentação da pele, num país onde a tendência geral é fugir da categoria "cor escura", de acordo com a prática de embranquecimento sustentada pela ideologia de democracia racial? Poderiam os negros construir sua identidade com base numa cultura já expropriada e cujos símbolos fazem parte da cultura nacional?

Tomar consciência histórica da resistência cultural e da centralidade de sua participação na cultura brasileira atual é importante e deveria fazer parte do processo de busca da identidade, por parte da elite negra politizada. No entanto, basear a busca e a construção de identidade na "atualmente" dita cultura negra é problemático, pois, a nível do vivido, outros segmentos da população brasileira poderiam lançar mão da mesma cultura, e nem todos os negros que a nível da retórica "cantam" a cultura negra, a vivenciam real e separadamente dentro do contexto brasileiro, da mesma maneira que não existiriam brancos vivendo separadamente uma cultura dita "branca".

A complexidade se torna maior quando as identidades não são separadas como as dos grupos étnicos ou das nações que vivem em territórios geograficamente separados, mas quando convivem num mesmo território, numa situação de contatos multirraciais e multiétnicos, a exemplo de países como os Estados Unidos, o Brasil etc.

A problemática do contato entre identidades diferentes está na questão da partilha do espaço, entre outros. Nessa partilha, o racismo visa principalmente não à intolerância daquele que é diferente, mas sim ao medo e ao horror da semelhança escondida na diferença. Ora, na nossa busca de identidade, preconiza-se que cada grupo respeite suas imagens, sua memória; que a cultive e alimenta-se dela, respeitando ao mesmo tempo a imagem do outro grupo. Ora, uma tal solução só é possível quando o espaço do povo é claramente delimitado. Como cultivar seu jardim quando este não é separado dos jardins dos outros? No Brasil atual, as cercas e as fronteiras entre identidades oscilam, as imagens se tocam, os deuses se tocam?

A mestiçagem, que é uma das realidades do Brasil não existe apenas do ponto de vista biológico, no sentido da miscigenação física, se coloca também do ponto de vista dos cruzamentos interculturais. A questão da separação das identidades culturais se torna mais problemática quando as imagens se assimilam, se misturam, se unificam. Na famosa mistura de sangue, tanto recusada como procurada, o que está em jogo é o contato entre duas identidades, sendo a relação sexual a forma mais aguda e sagrada forma desse contato

A análise da identidade afro-brasileira, ora em construção, ora em situação de resistência. Segundo os discursos, arrisca a se tornar confusa se não forem teoricamente discutidos alguns fatores que constituem a sua substância. Por isso, algumas indagações sobre as questões de fundo são importantes se queremos evitar a superficialidade. O problema fundamental que se coloca é saber por onde deve passar o discurso sobre esta identidade do afro-brasileiro: passaria pela cor da pele unicamente e que cor seria, passaria pela cultura, passaria pela consciência do oprimido? Esse discurso, sabe-se, passa necessariamente pela questão da cor da pele e pela cultura por razões históricas conhecidas. Com efeito, a alienação do negro tem se realizado pela inferiorização de sua cultura e de seu físico.

Dois problemas podem, então, ser colocados politicamente em relação a uma identidade submetida à cor da pele e à cultura, dentro do contexto brasileiro.

Quem negaria hoje que o mestiço tanto cultural como biológico é o elemento mais crescente da população brasileira? Por isso, tem-se, acredito eu, dificuldades metodológicas na definição de uma identidade racial e cultural "pura", que não se mistura com as identidades dos outros e que caracteriza, na atualidade, os grupos étnico-raciais brasileiros.

No Brasil, a proposta antirracista dos movimentos negros é, como já foi frisado, diferencialista, ou seja, a luta pela igualdade numa sociedade pluricultural e plurirracial, contrariamente ao antirracismo assimilacionista dos anos 30, que defendia a igualdade e a posição individual sem referência à comunidade histórico-cultural dos indivíduos. Tenhamos a coragem de dizê-lo, a busca da identidade na retórica dos movimentos negros não perturba mais a classe dominante. Pelo contrário, esta lança mão dessa busca para reiterar e confirmar a existência no Brasil da proclamada "democracia racial" e para negar a existência do racismo, expressando-se, por isso, através das próprias contribuições culturais negras convertidas em símbolos da cultura nacional.

Uma parcela significativa dentro do discurso antirracista brasileiro, reunindo tanto os pensadores da chamada direita como da chamada esquerda, se enquadra na perspectiva integracionista. Uns pensam que a mudança radical da estrutura social será uma condição *sine qua non* para integrar todos os oprimidos da sociedade, sem discriminação de cor, de sexo e de religião. Outros pensam que a integração vivida através da educação, que proporcionaria a mobilidade social a todos e a acabaria com os complexos de inferioridade e de superioridade entre negros e brancos.

Os de direita acusam os negros em busca de identidade de criar falsos problemas ao falar da identidade negra numa sociedade cultural mestiça. Os de esquerda os acusam de dividir a luta de todos os oprimidos cuja identidade numa sociedade capitalista deveria ter a mesma entre todos os oprimidos.

Será possível conciliar os dois discursos antirracistas que, embora legítimos, não se comunicam, sem recorrer à teoria do próprio Brasil? Poderá a teoria do Brasil ser construída com base apenas nas diferenças sem considerar as semelhanças resultadas dos intercruzamentos a vice-versa?

Antes de buscar as saídas, não seria cauteloso e aconselhável que tenhamos a coragem de encarar e de analisar o Brasil tal como ele é de fato e não como o projetamos e o desejamos que fosse? Qual é o papel do universitário negro nesse todo? Qual é a universidade que o povo negro quer? Como garantir acesso do negro à universidade?

Sem dúvida, o acesso do negro na universidade e no ensino superior de modo geral é absolutamente necessário tanto aos negros como aos demais membros da sociedade. A universidade abre portas à formação da massa crítica, à aquisição e à produção do conhecimento e da tecnologia. A entrada na universidade permite ao negro o acesso ao espaço conceitual dominado pelos membros brancos da sociedade; é uma forma de participação da cultura intelectual e como tal lhe oferece uma certa mobilidade social e uma certa intimidade cultural com seu compatriota branco. Visto sob este ângulo, o acesso do negro à universidade significa uma entrada no espaço que lhe foi negado, mas não significa absolutamente uma saída no sentido de escapar dos preconceitos verbais. Aliás, quantas vezes já ouvimos a expressão "acabar com os preconceitos raciais". Os preconceitos fazem parte de todas as culturas humanas e tiram sua matéria-prima das diferenças, reais ou fictícias. Os preconceitos são invisíveis e incomensuráveis, e não há como acabar com eles, nem pelas leis. No entanto, o racismo enquanto ideologia não depende absolutamente da educação e de uma boa formação universitária. É possível lutar contra uma ideologia e acabar com ela pelas armas políticas de uma ideologia oposta.

Todos os discursos doutrinários elaborados pelos filósofos, naturalistas e raciologistas ocidentais desde o século das luzes encontraram respostas opostas por parte de uma visão científica desenvolvida numa ótica ideológica diferente. Colocando-me apenas a nível do discurso antirracista, o universitário negro e o intelectual negro terão muito a contribuir. A mobilidade social resultada de uma formação universitária não significa necessariamente a repressão da discriminação racial e da ideologia racista. Olhe o que acontece nos Estados Unidos onde os negros conquistaram desde os anos 60, graças a sua luta em favor dos direitos cívicos, acesso às universidades e aos estabelecimentos de ensino superior e, consequentemente a uma ascensão social notável a nível de classe média, a discriminação racial não recuou e diz-se que a tendência é parar.

Que universidade o povo negro quer? Uma universidade que contemple as realidades e as necessidades do povo brasileiro no qual o negro se inclui. Não vejo como o negro poderia participar dos debates sobre as reformas universitárias vivendo fora dela e conhecendo mal seus problemas e dificuldades. A primeira dificuldade a vencer é garantir o acesso à universidade, e uma vez dentro dela participar da luta de todos para sua transformação. Como garantir esse acesso? Não é pelo vestibular que se pratica a exclusão do negro da universidade. O vestibular é apenas a finalização de um longo processo de exclusão da criança negra que começa na barriga da mãe por uma alimentação insuficiente, passando pela escola materna, primeiro grau e segundo grau. Desde já se coloca a questão da igualdade de oportunidades. Quando o jovem negro termina o 2º grau, geralmente numa escola pública da periferia, de baixa qualidade, não tem condições de igualdade para competir a vaga na universidade com seu colega branco, que vem da escola particular e que talvez tenha mais tempo para estudar, pois o aluno negro começa desde cedo a trabalhar para contribuir no sustento da família.

Alguns países, caso dos Estados Unidos e de algumas colônias europeias na África, tiveram experiências interessantes que poderão ser discutidas no caso do Brasil. Evidentemente, eu gosto de roupas sob medida e não de roupas prontas com retoque. Ultimamente, ventila-se a possibilidade da política de cotas utilizada nos Estados Unidos e que teve como resultados concretos o acesso de muitos jovens negros nas universidades. A realidade norte-americana é diferente da nossa. Em primeiro lugar, as universidades públicas nos Estados Unidos são pagas, aqui, são de graça. As escolas públicas dos 1º e 2º graus não devem ter um nível tão baixo como as nossas. Como o desnível entre alunos negros e brancos não é tão alto, é possível garantir algumas vagas nas universidades e algumas bolsas de estudos ou empréstimos. Nossa questão é outra e eu não acho que a política das cotas resolverá a questão de desnível e de desigualdade entre alunos negros e brancos. A resposta duradoura se colocaria a meu ponto de vista na melhora do nível da escola pública de 1º e 2º graus. Os analgésicos não curam as doenças cujo melhor remédio ataca pelas raízes e não pelos sintomas. Claro que, se o Brasil e a sociedade brasileira não têm vontade política suficiente para buscar os verdadeiros remédios, talvez venha apenas procurar alguns analgésicos de acordo com a realidade brasileira, enquanto não se busca soluções definitivas.

Finalizando, um olhar negro para o futuro.

Vê-se nos últimos anos uma mudança de opinião sobre a existência do racismo no Brasil, uma confissão por parte de certas personalidades políticas e governamentais sobre a existência da discriminação racial no Brasil, uma mudança de opinião dentro de alguns partidos políticos e de uma fração da imprensa. A criação dos chamados "Conselhos Estaduais do Desenvolvimento da Comunidade Negra" em alguns estados, de secretarias especiais sobre a questão afro-brasileira ou da criação, ultimamente no estado de São Paulo, da "Delegacia especializada contra a discriminação racial" são provas concretas dessa mudança de atitude. Esta confissão em si já representa uma pequena abertura no caminho da luta, mas é ainda muito tímida e precisa concretizá-la pela instrumentalizacão dos programas e de medidas concretas contra a discriminação. A conquista constitucional na qual a prática de discriminação racial foi reconhecida como crime inafiançável e sujeito à reclusão e não mais como antes uma simples contravenção penal. O conhecimento do Zumbi dos Palmares como herói negro e não como herói nacional, a introdução em alguns estados do estudo da história e da cultura negra e da história da África no currículo escolar etc. Tudo isso é resultado da luta do negro. É em função de tudo isso que podemos especular sobre o futuro.

Não se trata evidentemente de um futuro objetivo, mas apenas de uma percepção baseada sobre alguns elementos e algumas conquistas simbólicas. Futuro que depende, em grande parte, dos próprios negros; da nossa politização em torno da questão racial, da nossa coesão enquanto grupo excluído, e aqui se coloca politicamente a questão da identidade cuja solidariedade é um dos elementos-chave de nossa capacidade em capitalizar as conjunturas históricas da nossa sociedade e nos mobilizarmos eleitoralmente; de nossa capacidade de fazer alianças políticas com membros de outros grupos étnicos.

Esse futuro depende também de toda a sociedade branca, do governo, dos partidos políticos e de outras instituições. É um futuro de luta sem fim, pois seremos sempre diferentes e sujeitos aos preconceitos, e dependendo da conjuntura esses se transformarão em comportamentos discriminatórios. Por isso, torna-se imperioso fazer da luta uma das razões da nossa vida.

O papel da universidade na luta antirracista e na defesa das políticas de ações afirmativas

Texto da Aula Magna do professor Kabengele Munanga no Programa de Pós-Graduação em Políticas Públicas em Direitos Humanos da UFRJ (PPG-PPDH/UFRJ)

Inicialmente, gostaria de agradecer o honroso convite do PPDH para proferir esta Aula Magna que tem uma estreita relação com o título de Doutor *Honoris Causa* que me foi outorgado pela UFRJ faz uma semana. Cumprimento novamente as professoras doutoras Maria Celeste Marca, diretora do NEPP-DH, e Joana Varga, coordenadora saindo do PPDH. Agradeço à nova coordenadora, Profa. Dra. Ana Claudia Tavares, e ao Prof. Dr. Jadir de Brito pelas generosas saudações e apresentações. Saúdo todas as turmas de estudantes do PPDH, futuras estrelas nos debates e defesas dos direitos humanos não apenas no Brasil, mas em toda a humanidade. Com meus 81 anos, não verei vocês chegarem ao topo por causa da lei da entropia, mas tenho certeza de que vocês chegarão com uma maturidade mais descolonizada que a minha.

Vinte e cinco de maio foi, para mim, um dia de grandes emoções que ainda estão se remexendo dentro de mim. Mas hoje é um dia de reflexões, de provocações, de chover no molhado para rememorar a história recente das políticas afirmativas na universidade brasileira. Rememorar não para chorar ou lamentar o que teria acontecido de ruim, mas para repensar e evoluir na nossa visão do mundo e dos problemas da nossa sociedade.

O tema desta aula, ou seja, o papel da universidade na luta antirracista e na defesa das políticas de ações afirmativas é de uma grande imensidade, se considerarmos que a bibliografia sobre o negro tem mais de cem anos de pesquisa na universidade brasileira. Visto deste ângulo, uma análise mais completa do papel da universidade na luta contra o racismo deveria considerar essa complexa bibliografia em várias áreas de conhecimento que se interessaram pelo assunto. Uma tal análise exigiria a intervenção de muitos pesquisadores numa abordagem multidisciplinar e interdisciplinar, tarefa muito difícil de ser cumprida por um único pesquisador. Neste sentido, vou escolher algumas pistas para entrar no assunto, embora consciente de minhas limitações.

A universidade, como a própria palavra o indica, é uma instituição de caráter universal. No início, ela nasceu como projeto de alguma sociedade, para depois se difundir no tempo e no espaço. Globalizou-se e tomou dimensões e significações que não possuía no ponto de partida. Hoje, todas as universidades do mundo, apesar do seu caráter universal, são projetos das sociedades que as criaram com objetivos definidos. As entendemos como espaços institucionalizados, compreendendo prédios, equipamentos, laboratórios, bibliotecas, salas de aula, entre outros, onde atuam estudiosos, pesquisadores, professores, estudantes, técnicos e funcionários que, de uma maneira ou de outra, interferem e participam na produção do conhecimento, inventando ciências e tecnologias e divulgando-as através de publicações, aulas, ensinamentos, conferências, palestras e outros meios, em benefício da humanidade, de suas sociedades, com seu desenvolvimento.

As áreas de produção do conhecimento científico ou áreas científicas se ampliaram também no tempo e no espaço, acompanhando as dinâmicas das sociedades com suas demandas, problemas e dificuldades ou sua evolução de modo geral. Assim, além das áreas tradicionais, como Ciências da Natureza, Ciências Exatas, Ciências Humanas, Ciências Médicas, Ciências do Comportamento, Ciências da Comunicação e Artes, entre outras, surgem continuamente novas disciplinas cuja lista é interminável.

Em todas as áreas do conhecimento nascem cientistas e intelectuais. Um cientista pode ser um intelectual e vice-versa, mas nem todo cientista é intelectual. Com efeito, os intelectuais são aqueles estudiosos que além de produzir conhecimento mantêm regularmente durante suas vidas de estudiosos uma análise e um discurso críticos constantes sobre as sociedades, sobre o mundo, a humanidade e suas realidades ou problemas. Apesar de não estarem a serviço de uma ideologia ou de um partido político, os intelectuais, enquanto membros da sociedade, podem tomar partido ou se posicionar diante dos problemas que exigem mudanças ou soluções, colocando em xeque o princípio positivista da neutralidade científica.

É neste sentido que se fala de intelectuais orgânicos da sociedade, que são aqueles intelectuais que deliberadamente e de modo engajado se colocam ou colocam seus conhecimentos para solucionar os problemas da sociedade. As questões da sociedade são múltiplas ou diversas, e neste sentido são todos problemas sociais e não devem ser reduzidos ao único critério socioeconômico. Porém, seus enfrentamentos em busca de soluções devem passar por sua especificidade, para não se afogar na generalidade de um humanismo abstrato.

Este breve introito me abre a porta para situar a questão central da aula, ou seja, o papel da universidade na luta e no combate contra o racismo e na defesa das políticas afirmativas. Em outros termos, o que fazem ou têm feito os estudiosos, pesquisadores e intelectuais que atuam nas universidades para enfrentar o racismo na sociedade brasileira? Ficando apenas na área das Ciências Humanas, qual é o papel de um pesquisador diante dos fenômenos sociais? Ele consiste, primeiramente, em observar os fenômenos da sociedade, descrevê-los, analisá-los em busca de sua explicação e, em segundo lugar, apontar algumas pistas ou caminhos de mudança, e, quando interpelado, se posicionar em solidariedade com a demanda e os interesses da sociedade, de acordo com os resultados e experiências de suas pesquisas.

Até a abolição da escravatura no Brasil, o negro não era um assunto de observação científica sistemática em todas as disciplinas científicas, a não ser nos relatos de alguns viajantes ocidentais. A Historiografia o reduziu, por muito tempo, aos estudos sobre o tráfico negreiro, escravidão e abolição como se sua história fosse congelada depois da abolição. Neste sentido, as questões relativas à sua inclusão na sociedade livre, tais como o preconceito, a discriminação racial e, consequentemente, as desigualdades raciais, deixaram de ser observadas, descritas, analisadas e explicadas em busca de sua inclusão na sociedade de classe.

Quando a observação sistemática começou, no fim do século XIX e início do século XX, a partir dos trabalhos pioneiros de Nina Rodrigues, colocou-se o acento sobre os fenômenos de resistência negra na cultura brasileira, começando pelo estudo das religiões de matrizes africanas como o candomblé, passando mais tarde pelos estudos de outras manifestações culturais como a música, a dança, a culinária e as artes plásticas, entre outras. Visto deste ângulo, a cultura negra no Brasil interessou mais aos pesquisadores universitários do que a situação social dos homens e das mulheres negros que a produziram. Enquanto isso, se construía paulatinamente a ideologia da democracia racial brasileira.

A Segunda Guerra Mundial e o holocausto de milhões de judeus e milhares de ciganos abriram os olhos do mundo sobre o fenômeno racismo, levando a UNESCO a promover e patrocinar projetos de pesquisa sobre o racismo em alguns países ocidentais castigados pelo nazismo. Em busca de um modelo de relações raciais harmoniosas, a UNESCO soube que o Brasil já havia inventado esse modelo e que ele poderia beneficiar outros países do mundo onde as relações raciais eram conflituosas. Assim, patrocinou, nos anos 1960, um projeto de pesquisa para melhor conhecer esse modelo e averiguar sua veracidade.

Além de pesquisadores estrangeiros atuando no país, participaram deste projeto pesquisadores nacionais do eixo São Paulo – Rio de Janeiro no sudeste do país, e do eixo Bahia – Pernambuco no nordeste do país. Esses pesquisadores não chegaram às conclusões consensuais. Para os pesquisadores do eixo São Paulo – Rio de Janeiro, liderado pela chamada Escola de Sociologia de São Paulo, as relações raciais harmoniosas sustentadas pela ideologia de democracia racial não se comprovaram, daí a ideia do mito de democracia racial.

Na luta pela ascensão social na sociedade de classes, os negros encontravam barreiras de natureza racial que impediam sua mobilidade social. Para os estudiosos do eixo Bahia – Pernambuco, ou seja, do nordeste do Brasil, os negros encontravam sim barreiras em sua mobilidade social, mas essas barreiras nada tinham a ver com o mito de superioridade e inferioridade racial entre negros e brancos, mas sim com a discriminação de classe social ou econômica, confirmando, numa certa medida, a existência da democracia racial.

Foi a partir desse projeto da UNESCO que se abriu nas universidades brasileiras uma área de pesquisa denominada Relações Raciais, que vem se fortalecendo dos anos 1960 para cá. Todos os pesquisadores que vieram na esteira desse projeto, embora com enfoques diferentes, afirmaram e denunciaram a existência do racismo no Brasil e desconstruíram o mito de democracia racial. Mas, até então, tratava-se de um discurso de denúncia e não de proposta concreta para superar o racismo e suas práticas. Mas as coisas começam a mudar timidamente com o ingresso na Academia de raros jovens pesquisadores negros. Eles vão renovar os temas de pesquisa, introduzindo questões que têm a ver com as políticas de intervenção e ampliando os horizontes do discurso sobre a situação do negro na sociedade.

Uma tendência esquerdista entre os pesquisadores apostava na ideia de que o racismo só será radicalmente suprimido graças à luta de classes sociais quando a sociedade capitalista vigente for completamente aniquilada pela vitória da ditadura do proletariado. Neste sentido, não tendo mais a classe social pobre, onde se encontra a quase maioria absoluta da população negra, o racismo será, consequentemente, derrotado. Outros pesquisadores que podemos hipoteticamente situar na direita, ainda presos ao mito de democracia racial, continuam a pensar que a solução contra o racismo só se daria através da promoção social do negro pela educação, daí a defesa de políticas ditas universalistas que passariam pela elevação do nível da escola pública onde estudam filhos de todos os pobres, brancos e negros.

Nas duas propostas, de esquerda e de direita, não se coloca em questão a existência do racismo em si, ou seja, da crença na superioridade e inferioridade entre brancos e não brancos como explicaçao fundamental das desigualdades entre os dois segmentos da sociedade e da sub-representação do negro em todas as áreas e setores da vida nacional em termos de comando e responsabilidade. A relação dialética entre raça e classe, no sentido de instrumentalização de uma por outra, não está em consideração nas duas propostas retóricas. No vislumbre dessas propostas enganadoras, a maioria dos militantes e ativistas negros não abriu olhos para ver o que estava acontecendo em outros países capitalistas e socialistas que conviviam com outros modelos de racismos – o que atrasou bastante a busca de outras alternativas de combate contra o racismo.

Este quadro muda radicalmente a partir de 1995, ano de rememoração dos trezentos anos da morte de Zumbi dos Palmares. Numa marcha imemorial, realizada em Brasília em 20 de novembro daquele ano pelo Movimento Negro brasileiro, marcha esta denominada "Marcha Zumbi dos Palmares contra o Racismo, pela Cidadania e a Vida", a expressão "ação afirmativa" foi textualmente pronunciada pela primeira vez no manifesto entregue ao então presidente da república, Fernando Henrique Cardoso. Cinco anos se passaram entre a Marcha Zumbi dos Palmares e a III Conferência Mundial contra o Racismo, a Discriminação Racial, a Xenofobia e a Intolerância Correlata, organizada pela ONU, em Durban, África do Sul, em agosto/setembro de 2001.

O relatório final, apresentado nessa conferência sob a responsabilidade da Secretaria do Estado dos Direitos Humanos, continha propostas de cotas para negros, indígenas e outras minorias. Os resultados das propostas desse relatório começaram a surtir seus efeitos a partir de 2002, quando a Universidade Estadual do Rio de Janeiro, com base numa lei estadual, institucionalizou sistema de cotas, beneficiando negros e indígenas e brancos oriundos de escolas públicas. Seguindo o exemplo, dezenas de universidades públicas federais e estaduais começaram também a implementar sistemas de cotas com as mesmas finalidades.

A partir deste começo das chamadas cotas raciais, que podemos considerar como propostas da universidade brasileira contra o racismo e a desigualdade racial, viu-se algo até então inédito no país: uma divisão radical entre intelectuais, pesquisadores e estudiosos que até então estiveram no mesmo barco na denúncia e condenação do racismo à brasileira com base em suas pesquisas. Eles se dividiram de modo maniqueísta em pró-cotistas e anticotistas.

Percebe-se que alguns pesquisadores brasileiros do grupo contra cotas, que passaram anos de suas pesquisas denunciando o racismo, deixaram de falar do racismo e dos caminhos para superá-lo e concentraram suas energias sobre a "raça", como se esta não existisse no imaginário coletivo dos brasileiros e dos cidadãos de muitos países do mundo. Por que tanta atenção sobre a raça quando seu filhote, o racismo, está presente nas instituições, na estrutura e na cultura brasileiras e continua a envenenar o cotidiano das relações entre seres brancos e negros? Sem dúvida, estamos todos felizes de estar distantes da época em que a antropologia era fundamentada na hierarquização biológica das raças, cuja existência científica tentou-se descrever e explicar.

Até a metade do século XX, as distinções raciais serviram como corpo científico justificador e legitimador das relações de dominação material e simbólica exercida por alguns grupos sobre outros. Em outros termos, a "raça" se tornou uma categoria social a serviço dos sistemas de poder que produziu hierarquias essenciais irredutíveis e forneceu uma justificativa aos crimes de massa. De fato, o racismo biológico se constitui num dos pilares intelectuais do colonialismo e do nazismo com sua política de genocídio.

Por isso, a vontade das Nações Unidas, através da UNESCO, ao afirmar a unidade do ser humano, começou pelo processo de destruição e desaparecimento da nociva doutrina das "raças" para poder erradicar os maus racistas. Porém, percebeu-se que nos planos prático e teórico a supressão da categoria "raça" na luta contra a segregação e a colonização não trouxe os resultados esperados. Como dar então conta dessa persistência das representações raciais da sociedade? Como falar da discriminação racial sem minimamente admitir que as raças existam nos imaginários, sobrevivendo à sua invalidação científica?

Estamos todos de acordo que a "raça" é uma categoria do imaginário, e não um produto da natureza, mas nem por isso devemos considerá-la como uma pura mistificação, pois ela tem causado danos pesados em termos de vida e sofrimentos na história recente da humanidade. Certos, outros fatores devem ser considerados na análise dos fenômenos da discriminação racial, mas não há como descrevê-los sem considerar que as "raças" existem pelo menos no imaginário das pessoas. Como adverte Pap Ndiaye, é muito importante fazer a distinção entre o objeto e a noção. Enquanto objeto, a "raça" não tem mais sentido, mas enquanto noção, ela serve como ferramenta e categoria de análise e, neste sentido, útil para dar conta das experiências sociais. Em outros termos, ela é válida para análise social da mesma maneira que outras categorias, como as de "nação" e de "gênero", que são também imaginárias no sentido de que são histórica e politicamente construídas.

Rejeitar absolutamente a noção de "raça" em nome do antirracismo, como se o racismo não existisse na sociedade brasileira e, consequentemente, defender a tradição racista e antirracista contida no mito de democracia racial torna difícil a reflexão sobre as características sociais da discriminação no Brasil, que são justamente fundamentadas na noção de raça enquanto representação social presente em nossos imaginários. É preciso que nossos colegas do outro grupo percebam que o abandono da categoria "raça" não vai erradicar o racismo à brasileira e deixem de colocar na cabeça de seus estudantes e leitores a confusão entre a raça enquanto noção e a raça enquanto objeto e realidade.

A noção de raça é útil enquanto categoria de reflexão sobre os processos de constituição dos grupos raciais, mas ela é também útil para reflexão sobre a ação contra a discriminação racial. Enquanto categoria de análise, a noção de raça será sempre presente nos trabalhos científicos dos intelectuais racialistas e não racialistas, na linguagem dos racistas e antirracistas, dos pró-ação afirmativa e dos contra ação afirmativa, com aspas ou sem aspas. Hoje, alguns que não usam aspas tentam fugir desta noção, substituindo-a pela noção de etnia, um eufemismo confortável, falando politicamente correto.

No entanto, o racismo não deixa de existir pelo fato de usar etnia no lugar da "raça". Mas por que só agora, a partir do debate sobre ações afirmativas desencadeado em 2000, que a "raça", cuja existência científica foi negada há cerca do meio século, explode como grande novidade científica e como argumento de grande peso contra as políticas afirmativas? Por que nossos especialistas nunca falaram disso antes até em seus argumentos contra o racismo cuja existência brasileira alguns admitem? Por que continuaram, em seus textos e obras científicas, a falar de raça? Por que só agora, e não antes?

Talvez não encontrem melhores argumentos de peso capazes de comover brasileiras e brasileiros, brancos e negros. Soa muito forte quando você disse, como ouvi falar um deles numa entrevista ao vivo na CBN, que "as cotas vão transformar a gente em 'raças'"; as raças são cães e não seres humanos. Chegou até a essa vulgarização! Dizem que "as ações afirmativas "raciais", ao juntar "pardos" aos "pretos" numa única categoria de negros, produzem efetivamente um Brasil de apenas três raças: "negros", "brancos" e "índios", fazendo desaparecer os "morenos", "caboclos" e "mulatos". Outros, como Ali Kamel, esquecem os indígenas e falam de um Brasil bicolor, compreendendo apenas brancos e negros.

Essa estrutura lógica perpassa pelos livros *A persistência das raças*, de Peter Fry; *Divisões perigosas*, de Peter Fry, Yvonne Maggie, Marco Chor Maio e companhia, um livro que conta com textos de 38 autores; *Não somos racistas*, de Ali Kamel; *Uma gota de sangue*, de Demétrio Magnoli; e *A utopia brasileira e os movimentos negros*, de Antonio Risério. Esta mesma lógica vai contaminar a grande imprensa como o *Jornal Nacional*, *O Globo*, *Folha de S. Paulo*, *Estado de São Paulo*, *Brasiliense*, *Jornal de Brasília* e *Veja*, entre outros. Sabemos do poder da grande imprensa na formação da opinião pública junto à população e até junto aos governantes.

Todo esse tiroteio não foi à toa; não foi apenas um conflito de ideias entre intelectuais. Havia em jogo, além do processo de implementação de cotas já em experimentação em dezenas de universidade públicas estaduais e federais, dois projetos de lei em tramitação no Congresso Nacional: o PL 73/1999, conhecido como Projeto-Lei das Cotas, e o PL 3.198/2000, conhecido como Projeto-Lei do Estatuto da Igualdade Racial. Era preciso barrar a qualquer custo a votação destes projetos de lei no Congresso, antes que fosse tarde demais; era preciso frustrar e barrar o avanço surpreendente da adoção de sistemas de cotas em algumas universidades públicas do país.

Daí a corrida desenfreada contra o relógio que resultou na publicação dos livros citados e na tradução de livros estrangeiros que tinham um conteúdo antipolíticas afirmativas, como foi o caso do livro *Ação afirmativa ao redor do mundo*, do afro-americano Thomas Sowell, com duas edições pela Editora UniverCidade acompanhadas de entrevistas do autor nas emissoras importantes como Globo News. Citações deturpadamente extraídas dos pronunciamentos de personagens importantes como Martin Luther King e Barak Obama foram inteligentemente manipuladas e apresentadas como argumentos de peso contra ações afirmativas.

De acordo com a estratégia montada, deixaram de falar de dezenas de resenhas que destruíram as teses de Thomas Sowell nos Estados Unidos e omitiram um dos estudos mais sistemáticos, fidedignos e autorizados feito até hoje sobre o impacto das ações afirmativas nos Estados Unidos. Este estudo foi coordenado por William Bowen e Derek Bok, respectivamente Ex. Reitores das universidades de Princeton e Harvard, e publicado no livro *O curso do rio*, cuja síntese pode ser lida na obra de Joachim Barbosa Gomes. Esta obra desmente a tese de Sowell de que as ações afirmativas só provocaram conflitos nos países do mundo que as adotaram e não puderam promover a inclusão racial. Com estatísticas em apoio, o livro mostra o extraordinário impacto do sistema de políticas afirmativas na redução das desigualdades raciais nos Estados Unidos em matéria de educação.

Como se não bastasse, promoveram também dois manifestos com o objetivo de barrar o andamento dos dois projetos de lei citados, a Lei das Cotas e a Lei do Estatuto de Igualdade Racial, junto à Câmara dos Deputados e do Senado Nacional. O conteúdo dos dois manifestos, o primeiro protocolado em 30 de maio de 2006 e o segundo em 28 de abril de 2008, é quase o mesmo, apesar de terem uma redação diferente. Eles exaltam o princípio constitucional "Todos iguais na República Democrática", insistem sobre o tema dos livros, condenando os dois PL como propostas de divisão em "raça" e "etnias" da sociedade brasileira e ferem o espírito constitucional da igualdade entre cidadãos.

Sempre se apoiando em Martin Luther King como se ele fosse seu aliado, eles citam o trecho do seu mais famoso discurso "Eu tenho um sonho de que os meus quatro filhos viverão um dia numa nação onde não serão julgados pela cor de sua pele, mas pelo conteúdo de seu caráter", mas se omitem de dizer que Luther King sempre alçou seu sonho universalista na necessidade de reparações e políticas compensatórias, inclusive de cotas. Omitirem-se de dizer que três anos antes do famoso discurso Luther King havia visitado a Índia a convite pessoal de Nehru e teve a oportunidade de conhecer de perto o sistema de cotas implementados naquele país para incluir os *dalits* ou intocáveis excluídos pelo sistema de castas.

É bom que se diga *en passant*, como assinala o professor José Jorge de Carvalho, que esse grupo anticotas que se apresenta como composto de "intelectuais da sociedade civil, sindicalistas, empresários e ativistas dos movimentos negros e outros movimentos sociais" são basicamente acadêmicos, pois no total de 113, 80 deles são professores universitários e pesquisadores. Desses 80, apenas 1 era negro e 1 estudante não citada. O que significa que não conseguiram nenhuma parceria com estudantes, nem brancos, nem negros.

Apesar de não serem representativos da sociedade civil brasileira como pretenderam, a investida desse grupo teve um peso considerável em seu combate contra políticas afirmativas, pois contaram com o apoio da grande imprensa e de alguns parlamentares e políticos conservadores como Demóstenes Torres, então presidente da Comissão de Constituição, Justiça e Defesa da Cidadania, que se tornou também relator do PL 3.198/2000, que instituiria o Estatuto da Igualdade Racial. Esse estatuto, cujo processo de avaliação foi detalhadamente analisado no recente livro da autoria dos professores Sales Augusto dos Santos, João Vitor Moreno e Dora Lúcia Bertúlio, teria sido aprovado em 2007, mas levou dez anos de tramitação no Congresso (de 7 de junho de 2000 a 16 de junho de 2010), por causa dessa pesada investida.

A proposta original do então deputado Paulo Paim, enriquecida no texto substitutivo do deputado Reginaldo Germano, além de ficar paralisada nas duas câmaras, passou por inúmeras modificações mutiladoras por causa da ação desse grupo. No texto final do estatuto aprovado, como o mostram os professores Sales Augusto dos Santos, João Vitor Moreno e Dora Lúcia Bertúlio, foi retirada a palavra raça e, consequentemente, as ações previstas para combater o racismo. O conceito de raça foi, em vários pontos do texto, substituído pelo conceito de etnia, embora este fosse também rejeitado por alguns deles como Peter Fry e Yvonne Maggie.

Com o tempo, muitos de seus argumentos se esgotaram, pelo fato destes serem desmentidos pela experiência das universidades que adotaram o sistema de cotas. Alegações, tais como a dificuldade de definir quem é negro no Brasil; a excelência; o mérito; os conflitos raciais; imitação de modelo que nada tem a ver com a realidade brasileira; a humilhação dos negros considerados como se não tivessem a capacidade de entrar pela mesma porta do vestibular tradicional por eles considerado como justo e democrático não tinham mais a força que delas esperavam para barrar a marcha histórica em ação contrária à deles.

Jogaram a última cartada: insistir sobre a inconstitucionalidade das cotas, apoiando em seu segundo manifesto de 28 de abril de 2008, intitulado "113 cidadãos antirracistas contra cotas raciais", entregue ao Supremo Tribunal Federal em apoio à Ação de Inconstitucionalidade (ADI) impetrada pela Confederação Nacional dos Estabelecimentos de Ensino (CONFEN) e pelo partido Democratas. "Todos são iguais na República Democrática" é o *slogan*-propaganda do manifesto. Como comenta o professor José Jorge de Carvalho em seu manuscrito "120 anos de Luta pela Igualdade Racial no Brasil – Manifesto em Defesa da Justiça e Constitucionalidade das Cotas", em resposta a este segundo manifesto anticotas,

> que o patronato das escolas particulares que lucram com os padrões de exclusão educacional existentes faça tal exigência é perfeitamente compreensível. Que professores universitários, majoritariamente de instituições públicas de ensino superior, sindicalistas e ativistas do movimento negro partilhem exatamente esse mesmo projeto de aumento de desigualdade é algo difícil de justificar à opinião pública.

A última investida, baseada na interpretação enviesada da Constituição, culminou com a ação do partido Democratas que protocolou uma arguição de Descumprimento do Preceito Fundamental (ADPF) n. 186 diante do STF, em forma liminar, para impedir que a UnB matriculasse os 652 cotistas aprovados no segundo vestibular do ano de 2009, exigindo, além disso, que o STF anulasse a decisão autônoma do Conselho de Ensino, Pesquisa e Extensão (CEPE) da UnB quando este aprovou, em julho de 2003, o "Plano de Metas para Integração Social, Racial e Étnica da Universidade de Brasília", documento que organiza toda a política de cotas adotada pela UnB e que embasou legalmente a admissão de 3.000 cotistas desde o segundo semestre de 2004 até o primeiro de 2009. Cito aqui o professor José Jorge de Carvalho.

Essa ação do Democratas levou o STF, antes de fazer a sentença, a escutar a opinião de diversos setores da sociedade na Audiência Pública por ele organizada de 3 a 5 de março de 2010. Informa José Jorge de Carvalho, no documento citado, que 8 das 113 pessoas que assinaram o manifesto contra cotas trabalhavam para o Democratas na condição de "especialistas", entre elas três professores da Universidade Federal do Rio de Janeiro (UFRJ); dois ligados à Universidade de São Paulo (USP); um da Universidade Federal de Minas Gerais (UFMG); e um da Universidade do Estado do Rio de Janeiro (UERJ).

Como no manifesto dos 113, aqui dominam representantes das duas universidades que mais reagem negativamente à inclusão dos negros e rejeitam até mesmo a discussão do tema. Nessa Audiência Pública anterior ao julgamento da inconstitucionalidade impetrada pelo Democratas representado pela advogada Roberta Kaufmann, assistimos a um verdadeiro exercício da democracia. Todos, pró e anticotas, tiveram a liberdade de expor seus pontos de vista dentro do tempo máximo concedido, salvo o senador Demóstenes Torres, que teve mais tempo. Ele deitou e rolou e disse barbaridades.

Me parecia um jogo de futebol entre duas equipes. A equipe A, composta pelos anticotas, tinha como estratégia acusar, atacar e condenar. Rejeitou a discussão sobre o conteúdo de inclusão contido nas cotas e fechou os olhos às estatísticas e aos indicadores sociorraciais produzidos pela IBGE e pelo IPEA, estatísticas que eles acusam também como racialização do Brasil. A equipe B, dos pró-cotas, em sua estratégia de defesa tentou mostrar o conteúdo inclusivo das cotas contra a racialização da qual estavam sendo acusadas. Quem assistiu aos pronunciamentos dos dois campos opostos pode subjetivamente fazer seu julgamento sobre a qualidade dos argumentos defendidos.

Aonde quero chegar com esta história conhecida de muitos e muitas aqui presentes? É apenas uma retórica que me ajuda a recuperar o fio condutor que me leva a responder à questão central colocada nesta conferência, ou seja, o papel da universidade contra o racismo. O pluralismo do pensamento não empobrece, pelo contrário, enriquece. A questão que se coloca é escolher de que lado se colocar: do lado da demanda e dos interesses das populações que estudamos ou do lado da ideologia dominante que visa a manutenção do *status quo* e dos interesses de um grupo?

Os que defendem as cotas, ativistas negros e intelectuais e pesquisadores de todas as cores, não advogam para que raças biológicas sejam reconhecidas no Brasil, pois todos sabem muito bem fazer a distinção entre raça enquanto noção e categoria de análise e raça enquanto objeto. Eles sabem muito bem que a "raça" da qual falam é uma representação ou uma construção sociológica e político-ideológica. Eles sabem muito bem que tanto brancos quanto negros, apesar das diferenças somáticas observáveis, são categorias histórica e politicamente construídas.

Os negros são negros e os brancos são brancos porque foram classificados em categorias raciais específicas. Porém, essas categorias não são congeladas, pois, segundo momentos e lugares, elas não incluem as mesmas pessoas. Isto não implica que as pessoas concernidas se definam necessariamente como tais. Me lembro aqui do episódio contado pelo escritor afro-americano James Baldwin em seu romance *Nobody Knows my Name* [Ninguém conhece meu nome]. Ele conta que na ocasião do Congresso de Escritores Negros em Paris em 1956, o chefe da delegação americana, John David, um afro-americano de pele clara, viu-se interrogado por um francês que lhe perguntou por que ele se apresentava como negro, apesar de sua evidência branca.

"É um negro, com certeza", lhe respondeu Baldwin, do ponto de vista legal nos Estados Unidos, e, mais do que isso, ele é negro por escolha e militância e por experiência de vida. Assisti a uma cena semelhante em 1976, na semana do negro organizada pelo meu departamento na Universidade de São Paulo, quando os saudosos historiador Clóvis Moura e o cientista social Eduardo de Oliveira e Oliveira, mestiços indisfarçáveis, se apresentaram como negros. As pessoas brancas presentes na sala, onde eu era o único negro também indisfarçável, ficaram escandalizadas e lhes perguntaram porque eles se consideravam como negros no Brasil. Ambos responderam que era uma escolha política.

Numa conferência internacional de Antropologia no Québec, Canadá, para a qual fui convidado em 2007, o único indígena canadense presente, Georges Siou, professor de História da Universidade de Ottawa, em seus pronunciamentos falava sempre dos males que o Homem Branco tinha causado ao seu povo. No entanto, pela cor da pele, ele era a pessoa mais branca dos brancos presentes na conferência. Aqui está o exemplo da cor como construção política, ou seja, como categoria social de dominação. Visto deste ângulo, os defensores das cotas não querem fazer desaparecer os morenos e caboclos como estão sendo acusados.

Algumas pessoas politicamente construídas se assumem como negras, e outras, não, mas nenhuma foi excluída do processo de ingresso pelas cotas nas universidades que as adotaram. Bastaria fazer uma fotografia das alunas e dos alunos cotistas de todas as universidades que adotaram o sistema para ver que negros assumidos e não assumidos, caboclos e morenos são todos representados. O episódio dos irmãos gêmeos da UnB e o DNA de Netinho da Beija Flor são bem conhecidos entre nós. Se dependesse só da genética humana ou da genética molecular, acho que não teria mais problemas de discriminação nos países que revolucionaram essa disciplina.

Aqui, parece que o grande geneticista Sérgio Danilo Pena é capaz de dizer que negros brasileiros não podem reivindicar cotas, porque geneticamente já estão longe dos africanos, ou seja, não são mais negros. Voltando ao mito de democracia racial, os defensores das cotas foram acusados de negar a questão socioeconômica que atinge todos os brasileiros, brancos e negros, e que deveria ser a bandeira de luta de todos. Estamos de acordo que não se deve considerar o racial independentemente do social, porque o racial é uma modalidade do social, e este deve ser considerado numa perspectiva ampla e não estritamente classista.

Nenhum defensor das cotas está contra a melhoria da escola pública, mesmo sabendo das dificuldades dessa melhoria diante dos *lobbies* dos donos das escolas particulares e da dificuldade de mobilizar todos os segmentos da sociedade para que a escola pública mude efetivamente e não retoricamente. Enquanto isso, os filhos da maioria da população brasileira, brancos e negros, não devem ficar de braços cruzados, eternamente punidos e excluídos do ensino superior de qualidade, esperando até melhorar a escola pública e até quando? Comparar uma comissão de controle composta por seis pessoas na UnB, na Universidade Federal de Santa Maria e na Federal de São Carlos com os tribunais raciais de Nuremberg ou de inquisição na Península Ibérica é forte demais para minha cabeça. Comparar o Brasil com Ruanda em vez de compará-lo com a Espanha ou a Bélgica, onde o multiculturalismo tem um conteúdo separatista, é falsificar a História, pois aqui o que se busca é a inclusão dos outros, e não a separação.

Quando se implementa uma política social em qualquer país do mundo, tem que se dizer para que segmento da sociedade é dirigida essa política, ou seja, tem que se nomear o grupo ou as pessoas a serem beneficiadas. Neste sentido, as cotas para ingresso na universidade pública foram destinadas aos negros e indígenas. Os ativistas negros e intelectuais brasileiros envolvidos na demanda disseram "cotas para negros e indígenas". Não disseram "cotas raciais". Dizer cotas para negros e indígenas e cotas raciais são coisas diferentes. Seria injusto, por causa dos argumentos dos pesquisadores anticotistas, negar a contribuição da universidade brasileira na luta contra o racismo.

O exemplo de cerca de 100 universidades públicas que adotaram sistemas de cotas sem esperar o amparo das leis é bastante ilustrativo. Outras universidades, que ficaram presas aos princípios de mérito e de excelência e ao mito de democracia racial, prejudicam certamente a luta contra o racismo. Não houve unanimidade, mas sim progressos e resistências que certamente prejudicaram o desencadeamento do processo.

Como estamos no início de um processo cuja duração não podemos prever, a universidade brasileira tem ainda muita contribuição a dar na luta contra o racismo. Alguns programas de pós-graduação já estão discutindo, hoje, medidas afirmativas ou cotas para o ingresso de alunos negros e indígenas nos cursos de pós-graduação onde ainda são sub-representados. Essas medidas não dependem do amparo das leis, mas sim apenas da autonomia acadêmica que todas as universidades têm.

Eis algumas reflexões sobre o tema que me passaram pela cabeça com a consciência das limitações e das dúvidas que todos temos.

Muito lhes agradeço.

Kabengele Munanga
2 de junho de 2021

RELICÁRIO DE IMAGENS

Organização:

Bukassa Kabengele e Fernanda Felisberto

Um pouco de onde eu vim....

Arquivo pessoal da família

Kabengele Munanga na Universidade Oficial do Congo, 1965.

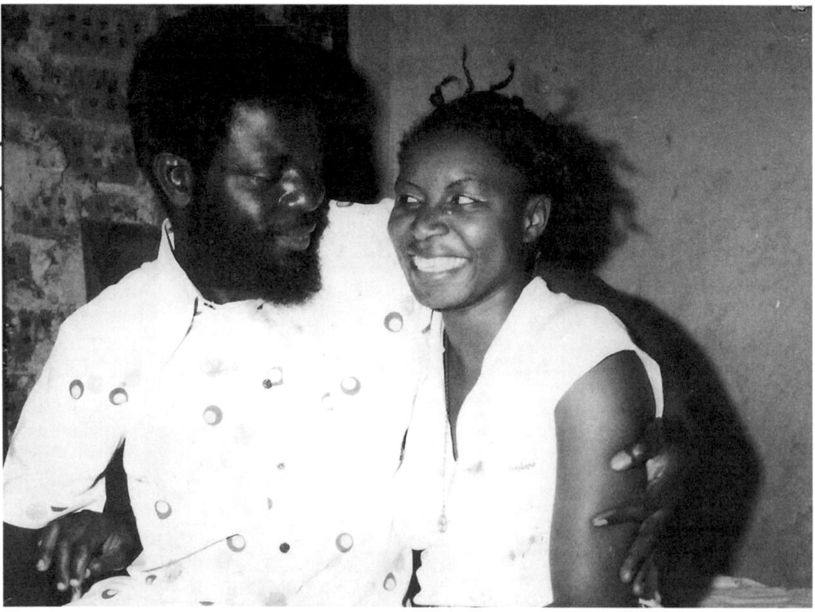

Arquivo pessoal da família

Kabengele e sua primeira esposa, Yombo.

Arquivo pessoal da família

Kabengele e seus irmãos Mulumba e Bukassa, na aldeia Bena-Tshitala, no Congo, 2001.

Um cidadão brasileiro...

Arquivo pessoal da família

Kabengele Munanga datilografando sua tese em 1977.

Arquivo pessoal da família

Kabengele Munanga e filhos.

Arquivo pessoal da família

Kabengele Munanga no concurso para professor titular da USP, 2000.

Arquivo pessoal da família

Kabengele Munanga com sua família.

Arquivo pessoal da família

Kabengele Munanga com sua esposa, Irene, e seus netos.

Arquivo pessoal da família

Kabengele Munanga e família.

Arquivo pessoal da família

Kabengele Munanga e sua esposa, Irene.

Sobre os autores e as autoras

Alessandra Pio | Pedagoga, doutora em Educação, professora da UFRN/CERES e da especialização EREREBÁ/CPII-RJ. Membro dos grupos de pesquisa GEPARREI/CPII e do LENTE/UFRN, onde prioriza pesquisas sobre trajetórias de alunos negros e metodologias didáticas antirracistas.

Alex Ratts | Mestre em Geografia e doutor em Antropologia pela USP. Professor na UFG nos cursos de graduação e pós-graduação em Geografia e de pós-graduação em Antropologia. Desenvolve estudos com espacialidades e identidades culturais, étnicas, raciais, de gênero e sexuais. É ativista e poeta.

Bukassa Kabengele | Ator e cantor congo-brasileiro. Faz televisão, cinema e teatro. Em 2019 ganhou prêmio de melhor ator em um dos maiores festivais internacionais de cinema do mundo (SSIFF/Espanha), tornando-se um dos raros brasileiros a alcançar esse feito.

Elisabete Aparecida Pinto | Professora Associada I da UFBA, assistente social pela PUC-Campinas, mestra em Ciências Sociais Aplicadas à Educação pela UNICAMP, doutora em Psicologia Social pela PUC-SP. Integra o Núcleo de Estudos Gênero, Raça/Etnia e Geração (NEP-GREG) e lidera o Núcleo de Pesquisa Ações Afirmativas e Assistência Estudantil.

Fabiana Lima | Doutora em Estudos Étnicos e Africanos pela UFBA. Professora Adjunta da UFSB/IHAC - Campus Jorge Amado, atuando nas áreas de Artes e Ciências Humanas. Com experiência em Educação e

Relações Étnico-Raciais, Estudos Literários e Culturais, tem trabalhado com produção literária afro-brasileira, relações raciais na educação, artes negrodescendentes e diaspóricas, culturas africanas e afro-brasileira, ensino de literatura, produção de material didático em educação para as relações étnico-raciais e formação de professores. Filha de Xangô e Oxum, reúne justiça e amorosidade em suas ações.

Fernanda Felisberto | Doutora em Literatura Comparada pela UERJ, professora de Literatura Brasileira no Departamento de Letras do Instituto Multidisciplinar e no campus Nova Iguaçu da UFRRJ, tutora do Pet-Conexões Baixada (UFRRJ/IM). Organizadora da antologia de contos *Terras de Palavras* (2004); pesquisadora da coleção Literatura e Afrodescendência no Brasil: Antologia Crítica, organizada pelo Prof. Dr. Eduardo de Assis Duarte; Coordenadora do Ciclo de Seminários Mulheres Nas Artes: Conceição Evaristo, promovido pela Escola do Olhar do Museu de Arte do Rio (MAR). Integrante do Conselho Editorial para a publicação dos manuscritos de Carolina Maria de Jesus.

Fernanda R. Miranda | Bacharela, mestra e doutora em Letras pela USP, sua tese recebeu o Prêmio Capes de Teses 2020 e foi publicada pela Editora Malê sob o título: *Silêncios prEscritos: estudo de romances de autoras negras brasileiras (1859-2006).* É professora adjunta de Literatura na UNIFESSPA.

Fernando Conceição | Professor titular na UFBA. É formado em jornalismo e tem doutorado e mestrado em Ciências das Comunicações pela Escola de Comunicação e Artes da UFBA.

Jadir Anunciação de Brito | Professor associado da UFRJ no Núcleo de Políticas Públicas em Direitos Humanos e no Programa de Pós-Graduação em Políticas Públicas em Direitos Humanos. Doutor em Direito do Estado (PUC-SP), têm experiência em Direitos e Políticas Públicas, Promoção da Igualdade e Antirracismo e Estudos Políticos e Direitos Humanos.

Juarez Tadeu de Paula Xavier | Professor na UNESP; docente do curso de Jornalismo e do Programa de Pós-Graduação de Mídia e Tecnológica

(FAAC/UNESP/Bauru). Orientando do Prof. Dr. Kabengele Munanga no PROLAM/USP.

Luci Chrispim Pinho Micaela | Bacharel em Economia, mestre em planejamento e doutoranda no PPGE/UNICAMP. Coidealizadora e assessora no Programa Memória e Identidade: Promoção da Igualdade na Diversidade na Rede Municipal de Educação de Campinas (2001-2004).

Luiz Márcio S. Farias | Professor do Instituto de Matemática da UFBA e do Programa de Pós-Graduação em Ensino, Filosofia e História das Ciências da mesma instituição, do qual foi coordenador de 2014 a 2018. Graduado (UFBA/UCSAL), mestre (UJF-França) e doutor (UM2-França) em Matemática, tem experiência na área de Matemática Aplicada e Ciências, em particular em Environnement Informatique pour l'Apprentissage Humain (EIAH).

Maria de Lourdes Siqueira | Pedagoga pela UFMA, especializada em Comunidades Rurais Latino Americanas pelo Centro Regional de Educação Fundamental para América Latina (UNESCO/México), mestra em Ciências Sociais pela PUC-SP, doutora em Antropologia Social e Etnologia pela EHESS, Paris, França, tem pós-doutorado em Antropologia pela School of Oriental and African Studies (SOAS) pela University Of London e pela University of South Africa (UNISA). Professora aposentada da UFBA, diretora da Associação Cultural Bloco Afro Ilê Aiyê, foi diretora da Fundação Cultural Palmares e membro do CNPIR. Áreas de pesquisa: referencias ancestrais africanas e afro-brasileiras, resistência, diversidades e processos de construção de identidades e lutas contra racismo e desigualdades.

Nilma Lino Gomes | Pedagoga e mestra em Educação pela UFMG, doutora em Antropologia Social pela USP, com pós-doutorado em Sociologia pela Universidade de Coimbra e em Educação pela UFSCar. Professora titular emérita da FaE/UFMG. Integra o corpo docente da pós-graduação em educação Conhecimento e Inclusão Social (FAE/UFMG). Foi ministra do governo da presidenta Dilma Rousseff da Secretaria de Políticas de Promoção da Igualdade Racial (SEPPIR), entre 2015 e 2016.

Olabiyi Babalola Joseph Yai (*in memoriam*) | Ex-Embaixador da República do Benin junto a ONU, Presidente do Conselho Executivo da UNESCO. Especialista em línguas africanas, literatura, alfabetização, poesia oral e cultura de Diásporas Africanas. Foi também reitor do Departamento de Línguas Africanas da Universidade da Flórida.

Petronilha Gonçalves e Silva | Professora Emérita da UFSCar, nasceu em Porto Alegre, em 1942, no bairro Rio Branco, então conhecido como Colônia Africana. Licenciada em Letras, mestre e doutora em Educação, foi professora visitante na Universidad Autónoma del Estado de Morelos (México), em Stanford e na Georgia State University (EUA), e na University of South Africa. Foi conselheira da Câmara de Educação Superior do Conselho Nacional de Educação. Tem publicações na área da Educação e Relações Étnico-Raciais. Integra o Conselho do Amiru Shonghoy Hassimi O. Maiga, chefe do Povo Songhoy, no Mali.

Petrônio Domingues | Doutor em História pela USP, com pós-doutoramentos pela Rutgers – The State University of New Jersey (EUA) e pela UFRJ. Professor da UFS, é Bolsista Produtividade em Pesquisa do CNPq. Publicou alguns livros, como: *Diásporas imaginadas: Atlântico Negro e histórias afro-brasileiras* (2020, em parceria com Kim D. Butler) e *Protagonismo negro em São Paulo: história e historiografia* (2019), que foi indicado como finalista do Prêmio Jabuti.

Sergio Luiz Baptista da Silva | Professor Associado I do Departamento de Didática da Faculdade de Educação e do Programa de Pós-Graduação em Políticas Públicas em Direitos Humanos da UFRJ. Lidera o Laboratório de Pesquisa e Estudos em Gêneros, Sexualidades e Raça em Educação e Direitos Humanos (GE-SER). Graduado, mestre e doutor em Letras (Língua e Literatura Francesa) pela USP.

FSC
www.fsc.org
MISTO
Papel | Apoiando o manejo florestal responsável
FSC® C092828

2021
CARBON NEUTRAL
SAVE cerrado

Este livro foi composto com tipografia Minion Pro e impresso em papel Off-White 80 g/m² na Formato Artes Gráficas.